Peter Scherle (Hg.)

Aus dem Vollen schöpfen?

Herborner Beiträge

herausgegeben vom

Theologischen Seminar Herborn

Band 7

LIT

Peter Scherle (Hg.)

Aus dem Vollen schöpfen?

Kirche zwischen Erschöpfung und Neuschöpfung

LIT

Bibliografische Information der Deutschen Nationalbibliothek
Die Deutsche Nationalbibliothek verzeichnet diese Publikation in der Deutschen Nationalbibliografie; detaillierte bibliografische Daten sind im Internet über http://dnb.d-nb.de abrufbar.

ISBN 978-3-643-13248-2

Verlagskontakt:
Fresnostr. 2 D-48159 Münster
Tel. +49 (0) 2 51-62 03 20
E-Mail: lit@lit-verlag.de http://www.lit-verlag.de

Auslieferung:
Deutschland: LIT Verlag Fresnostr. 2, D-48159 Münster
Tel. +49 (0) 2 51-620 32 22, E-Mail: vertrieb@lit-verlag.de

E-Books sind erhältlich unter www.litwebshop.de

Inhalt

MIT GRENZEN LEBEN
Perspektiven für den Pfarrberuf

Einleitung

Das Christentum versteht den Raum des Lebens als Schöpfung, leidet an der Beschädigung der Schöpfung und erhofft in der verheißenen Neuschöpfung eine Verwandlung und Heilung aller Lebensverhältnisse. Wir leben als Geschöpfe mit und in Grenzen und können doch im Vorgriff auf die Neuschöpfung „aus dem Vollen schöpfen". Die Kirche beteiligt sich jedoch als Arbeitgeberin, als Handelnde, als Institution und in Ausbildungszusammenhängen mittels aufwändiger Kampagnen und Aktivitäten in erheblichem Maße an der Entgrenzung der Lebensverhältnisse, die zu einer um sich greifenden Erschöpfung zu führen scheint.

Diese „Herborner Beiträge" wollen den zwar weit verbreiteten, aber auch verzerrten Eindruck einer „erschöpften Kirche" zum Anlass nehmen, die Grundspannung christlicher Existenz zwischen Schöpfung und Neuschöpfung zu reflektieren. Dies geschieht in drei Schritten.

Die Entgrenzung menschlichen Lebens zeigt am Beginn des 21. Jahrhunderts in Kirche und Gesellschaft ihre Rückseite. Die ständig vorangetriebene Selbstoptimierung, die immer tiefer in die Menschen hinein greift, führt zu vielfältigen Symptomen einer tiefen Erschöpfung. Der Diskurs darüber verrät selbst einiges über den Zustand unserer Lebensverhältnisse. Das Leiden an diesen Zuständen verändert unser Verständnis von beruflicher oder ehrenamtlicher Arbeit. (Teil 1)

Kirchliche Praxis ist von diesen Entwicklungen geprägt. Sie muss sich und ihr Handeln aber ganz grundsätzlich auf den Grund und die Voraussetzungen ihres Glaubens hin reflektieren. Im Blick auf das Abendmahl, das Ehrenamt, die Seelsorge, die öffentliche Theologie im Sinne einer gesellschaftsrelevanten Reformulierung systematischer Glaubensinhalte sollen die jeweiligen Spannungen ausgelotet werden, um Orientierungen für das kirchliche und pastorale Handeln zu gewinnen. (Teil 2)

Schließlich sollen Perspektiven für den kirchlichen Alltag entwickelt werden, die uns helfen wollen, einer konkreten und ganz grundsätzlichen

Entgrenzung zu widerstehen und erneut mit hilfreichen Grenzen leben zu lernen. Die Kirche erschiene so als schöpferisches Geschöpf (des Wortes), die die „Unterbrechung" wertschätzt und in Gestalt von Pastoralkollegs und geistlichen Übungen anbietet. Einige Thesen im Blick auf eine kreative Gestaltung der Rahmenbedingungen für das Pfarramt runden den Band ab. (Teil 3)

Da die „Herborner Beiträge" sich aus der Arbeit des Theologischen Seminars Herborn ergeben und Denkbewegungen nachzeichnen, die sich in der Ausbildung evangelischer Pfarrerinnen und Pfarrer ergeben, freuen wir uns über Autorinnen und Autoren, die sich auf diese Denkbewegungen einlassen. Dafür und für ihre Beiträge danken wir an dieser Stelle sehr herzlich Dorothee Hillingshäuser vom Zentrum Verkündigung in Frankfurt, Oberkirchenrat Dr. Holger Ludwig, dem Referenten für Personalförderung und Hochschulwesen in der Kirchenverwaltung der EKHN, der Pröpstin für Rhein-Main Gabriele Scherle und dem Propst für Rheinhessen Dr. Volker Schütz.

Ein ganz besonderer Dank geht an Vikar Dr. Thomas Krenski, der diesen Band in der Entstehung so engagiert und kundig begleitet hat. Er hat nicht nur alle Beiträge technisch bearbeitet und äußerst sorgfältig redigiert, sondern den Autorinnen und Autoren auch viele inhaltliche Anregungen und Literaturhinweise gegeben, so dass die einzelnen Artikel an Tiefe und Weite gewinnen konnten. So hat auch er sich in diesen Band „eingeschrieben".

Peter Scherle

ERSCHÖPFT

Beobachtungen zum Zustand von Kirche und Gesellschaft

Die ausgebrannten Kinder Kains

Theologische Perspektiven auf die gesellschaftliche Funktion des Erschöpfungsdiskurses

Peter Scherle

„Keiner denkt bei dem Wort gerade und genau das, was der andre, und die noch so kleine Verschiedenheit zittert, wie ein Kreis im Wasser, durch die ganze Sprache fort.“ (Wilhelm von Humboldt)

In den letzten Jahren hat sich in kirchlichen und gesellschaftlichen Diskussionen die These von einer tief reichenden Erschöpfung fest etabliert. Dabei steht vordergründig der erschöpfte Mensch – genauer: „Das erschöpfte Selbst“[1] im Zentrum. Eine ganze Industrie aus Beratungsliteratur und institutionellen Heilungsangeboten hat sich gebildet, um dem ausgebrannten „unternehmerischen Selbst“[2] zu helfen, wieder zu alter Leistungsfähigkeit zu finden.

Wer den Blick etwas weitet, wird feststellen, dass es noch einen weiteren Erschöpfungs-Diskurs gibt, der diesen ersten rahmt. Die Erschöpfung des Individuums, dem in der neoliberalen Gesellschaftserzählung alle Last aufgelegt wurde, wird gerahmt von der Behauptung, dass das „alte Europa“ zutiefst erschöpft sei. Damit wird die Freiheits- und Befreiungsgeschichte der europäischen Völker ebenso diskreditiert, wie die sozialmarktwirtschaftliche Erzählung, die den Gesellschaften Europas bis in die 1980er Jahre Orientierung gab. Der alte Kontinent, so wollen es Marktradikale ebenso wie autoritäre Regime gerne sehen, ist ausgebrannt. Der Einzelne wäre besser dran, wenn er sich klar machte, dass das Selbst ein Produkt seiner eigenen Optimierungskraft ist, das sich durch den Konsum von Fit-

1 Ehrenberg (2004).
2 Bröckling (2007).

ness, Kultur, Spiritualität oder Bionahrung selbst modelliert. Von der Gesellschaft, von Solidarsystemen und demokratischen Prozessen ist da wenig zu erwarten, weshalb sich „gelenkte Demokratien“ anbieten.[3]

Diese Erzählung vom erschöpften freiheitlich-demokratischen Europa, das sich nach den beiden Weltkriegen herausgebildet hatte, hat sich bis vor kurzem großer Beliebtheit erfreut. Sie war – wenn auch aus ganz unterschiedlichen Gründen und Perspektiven – von den beiden Päpsten Benedikt XVI.[4] und Franziskus[5] in den letzten Jahren ebenso zu hören wie von neoliberalen Thinktanks in den USA und Europa[6] oder aus Regierungskreisen in Russland, China oder Saudi-Arabien.

Inzwischen bröckelt diese Erzählung vom ausgebrannten alten Kontinent. Der wesentliche Grund dafür ist die erkennbare Attraktivität der Staaten Europas, in denen sich freiheitlich-solidarische Lebensformen gehalten haben. Die vielen Menschen, die hier Zuflucht suchen, widerlegen die Behauptung, Europa sehe weltgeschichtlich alt aus. Hierzulande löst das bei jungen Menschen einen existentiellen Lernprozess aus, der wachsenden Optimismus und gesteigertes politisches Interesse dokumentiert, wie die neueste Shell-Jugendstudie zeigt.[7] Diese Lernprozesse beziehen sich auch – wie schon zuvor bei der eher skeptischen Generation Y – auf neue Vorstellungen von ‚guter‘ Arbeit, die nicht zum Burnout führt. Dabei werden die praktischen Herausforderungen keineswegs ignoriert. Aber das Vertrauen in unsere freiheitlich-solidarische Lebensform und in ihre gesellschaftliche

---

3 Vgl. dazu Crouch, (2008). Die Wirkung dieser Tendenzen bringt auf den Punkt: de Saint Victor, (2015).

4 Glaube, Vernunft und Universalität. Erinnerungen und Reflexionen. Rede in der Aula der Universität Regenburg am 12.9.2006.

5 Hier Ansprache vor dem Europaparlament 25.11.2014.

6 Hier wären z.B. zu nennen der amerikanische „Volker Fund“ und die 1947 gegründete „Mont Pélerin Society“; vgl. dazu: Kraft, Michael Gerhard, Der Aufstieg des marktradikalen Denkens. Zum Zusammenhang von Methodologie, Wissenschaft und Ethik im Neoliberalismus, in: Ötsch / Thomasberger (2009), 97–124

7 Vgl. Shell-Jugendstudie. Klaus Hurrelmann, einer der Autoren der Studie, spricht von der „Generation R wie *relaxed*“, weil sie anders als die „Generation Y“ nicht durch eine globale ökonomische Krise geprägt war (Die Zeit Nr. 42, 15.10.2015, 67). Zur ganzen Wahrheit gehört aber auch, dass ca. 15% der Jugendlichen als sozial abgehängt zu bezeichnen sind. Diese sind eher resignativ gestimmt und dürften sich durch die „Flüchtlingskrise“ unmittelbar bedroht sehen.

Kraft scheint wieder zu wachsen, während dieses Zutrauen umgekehrt bei jenen Älteren, die meinen, sie müssten das „christliche Abendland" verteidigen, wohl verloren gegangen ist.

Es darf angenommen werden, dass das, was hierzulande oft als „Flüchtlingskrise" bezeichnet wird, auch unsere Wahrnehmung einer gesellschaftlichen Erschöpfung verändern wird, da die zivilgesellschaftlichen Kräfte stärker als vermutet sind.

Es zeigt sich allerdings jetzt schon, dass die Rede von der Erschöpfung der europäischen Demokratien eng verbunden ist mit politischer und ökonomischer Deregulierung, mit dem Rückbau von Solidarsystemen und einer „Vermarktlichung"[8] aller Lebensbereiche, die alle Menschen zu „Ich-AG's" auf Märkten transformiert, die miteinander beständig konkurrieren.[9]

Weil diese Erschöpfungs-Erzählung aber so schnell nicht verschwinden wird, lohnt es sich diese Erzählung zu kennen und ihre Macht über unsere Lebensdeutungen zu verstehen. Das gilt umso mehr, als diese Sicht auf das Leben und die Lebensverhältnisse auch tief in die Kirchen eingedrungen ist. Der Mythos von der beständigen Selbstoptimierung und vom Ende der freiheitlich-demokratischen Institutionen prägt insbesondere die Sicht der evangelischen Kirchen auf ihre Entwicklung weit mehr, als es der Botschaft von der freien Gnade Gottes gut tut. Deshalb soll dieser Text auch nicht enden ohne die Frage nach der alternativen Erzählung.

Entgrenzte Arbeit – Die Herkunft des Burnout

Das Thema des Burnout ist eng verbunden mit den veränderten Arbeitsverhältnissen in unserer Gesellschaft.[10] In den letzten drei Jahrzehnten ha-

---

8 Neckel (2008), 33.

9 Bude (2014), 44; „Aber diese Totalmobilmachung der Wettbewerbsenergien hat ihren gesellschaftlichen Preis. Der besteht in der Ausbreitung einer postkompetitiven Verbitterungsstörung unter den Zweiten und Dritten, die sich als gedemütigte Verlierer empfinden." (58)

10 Neckel / Wagner (2013a), 7: „Mithilfe des Burnout-Syndroms wird offenbar ein Unbehagen am Leistungsdruck im heutigen Berufsleben, an der Beschleunigung von Arbeit und Kommunikation, an alltäglicher Überforderung und neu empfundenen Formen der Entfremdung artikuliert, die den persönlichen Zumutungen einer entfesselten Wettbewerbsgesellschaft den Rang einer öffentlich debattierten Pathologie verleihen."

ben wir eine Entgrenzung der Arbeit und ihre Subjektivierung (Stichworte: „Ich-AG“, das „unternehmerische Selbst“, die „Kompetenzmaschine“[11], der „Intrapreneur“) erlebt. Gemeint ist damit der Versuch, in der Arbeitswelt möglichst umfassend auf die Ressourcen der Person zuzugreifen.[12] Und doch hat auch diese neue Entwicklung eine längere Vorgeschichte.

Die wesentlichen Umbrüche bei der Herausbildung der modernen Arbeitsgesellschaft waren: die – durch die Reformation mitbeförderte – ‚utopische Aufladung‘ der Arbeit durch die Aufklärung (soziale Anerkennung, materielle Teilhabe, politische Partizipation und sinnhaftes Leben durch Arbeit), sowie die Ausdehnung der Arbeitszeit bis an die physischen Grenzen im Zuge der Industrialisierung im 18. Jahrhundert (14 Stunden an 6 Tagen) und die gewerkschaftlichen Kämpfe um die Begrenzung der Arbeitszeit im ausgehenden 20. Jahrhundert (7 Stunden an 5 Tagen).

Die Phase der erneuten Ausdehnung (auf faktisch über 40 Wochenstunden) und der Flexibilisierung der Arbeitszeit (Wochenend-, Schicht-, Abend-, und Nachtarbeit; Arbeitszeitkonten usw.) begann mit dem emanzipatorischen Impuls sozialer Bewegungen seit den 1960er Jahren, die strikte Abgrenzung von Arbeit und Freizeit zugunsten eines selbstbestimmten, ganzheitlichen Lebens aufzuheben (7 Tage-Woche mit selbstbestimmten Rhythmen). Die Einbeziehung der ganzen Person in den Arbeitsprozess wurde seit den 1980er Jahren zum kulturellen Modell der Modernisierungsprozesse in der Arbeitswelt – inzwischen auch in den vorgelagerten Bildungsinstitutionen – und führt zu jener neuen Form der Entgrenzung der Arbeitszeit, die wir heute diskutieren: die zeitlich, räumlich und personal kaum abgrenzbare Verfügbarkeit bei gleichzeitig rechtlich begrenzter Arbeitszeit.

Bei der Verschmelzung von Arbeit und Freizeit setzen sich einerseits die Imperative der Erwerbsarbeit in der Lebensführung durch, andererseits wird die Arbeitswelt mit Erwartungen an die Lebensführung aufgeladen. Nehmen wir noch die Tatsache dazu, dass das gesamte Leben – sagen wir pauschal: durch die globale Vernetzung ganz unterschiedlicher Modernisierungspfade – komplexer bzw. unübersichtlicher geworden ist, dann lässt

---

[11] Foucault (2004), 319.

[12] Vgl. Leghissa (2014), 26.

sich besser verstehen, warum die Erschöpfung durch Arbeit zu wachsen scheint, obwohl unsere Arbeitszeiten und Arbeitslasten in geschichtlicher Perspektive geringer geworden sind.

Die Entgrenzung der Arbeit(szeit) ist Teil der Umbrüche der Arbeitsgesellschaft, der „Flexibilisierung" und vor allem „Subjektivierung"[13] der Erwerbsarbeit. Diese Entwicklung hat zwei Seiten: Zum einen wird von den Arbeitgebern – über die vertraglich vereinbarte Arbeitskraft (einschließlich ihrer zeitlichen Begrenzung) hinaus – auf personale Fähigkeiten und Motivationen der Arbeitnehmer zugegriffen. Zum anderen können Arbeitnehmer – indem sie ihr persönliches „Arbeitsvermögen"[14] einbringen – mehr zu Subjekten ihrer Arbeit werden.

Darüber hinaus nutzen Arbeitgeber/innen (einschließlich der Kirchen und Gewerkschaften) dieses Phänomen, indem sie von einer disziplinierenden Führung (Fordismus), auf Führung durch Zielvereinbarungen, Budgetierung usw. (Postfordismus) umstellen, so dass die Arbeitnehmer/innen sich als ‚Ich-AG' verstehen.[15] Die vertraglich begrenzte Arbeit wird dadurch personal, zeitlich und räumlich entgrenzt. Die ArbeitnehmerInnen, denen auskömmliche Arbeitsplätze knapp werden, werden zu „Arbeitskraftunternehmern"[16], die ihre Flexibilität auch auf das Privatleben überträgt.[17] Die Arbeitnehmerin, die nach wie vor zusätzlich die Familienarbeit integrieren muss, ist davon noch stärker betroffen.

Die Chance auf Selbstverwirklichung in der Erwerbsarbeit, auf „gute" Arbeit in asymetrischen Arbeitsverhältnissen, wächst für wenige hoch-

---

13 Vgl. dazu Voss, Gerd Günter / Weiss, Cornelia, Burnout und Depression – Leiterkrankungen des subjektivierten Kapitalismus oder: Woran leidet der Arbeitskraftunternehmer?, in: Neckel / Wagner (2013a), 29–57. „Zum einen müssen nun umfassender ‚subjektive' Potenziale eingesetzt werden, die weit über die zuvor beruflich erforderlichen Fähigkeiten hinausgehen: Kreativität, Kommunikativität, Sozialkompetenzen und vieles andere mehr. Zum anderen (und vor allem) geht es darum, dass Beschäftigte ihr ‚Subjektsein', das heißt ihre Fähigkeit, ihr Handeln selbstbestimmt steuern zu können und zu wollen, im Rahmen der Arbeit wesentlich stärker einsetzen müssen" (32).

14 Pfeiffer (2004).

15 Han (2014), 14: „Jeder ist heute ein *selbstausbeutender Arbeiter seines eigenen Unternehmens*. Jeder ist Herr und Knecht in einer Person. Auch der Klassenkampf verwandelt sich in einen *inneren Kampf mit sich selbst*."

16 Der Begriff wurde geprägt von Voß / Pongratz (1998), 131–158.

17 Sennett (2005). Dazu: Skala (2015).

qualifizierte und kaum ersetzbare Arbeitnehmer/innen.[18] Gering und durchschnittlich qualifizierte Arbeitnehmer/innen werden, auch wenn sie ihr ganzes „Arbeitsvermögen" einsetzen, in prekären und niedrig entlohnten Arbeitsverhältnissen (inklusive der Scheinselbständigkeit) bleiben. Beide verbindet zwar die Gefahr, dass ihr Arbeitsvermögen erschöpfend genutzt wird, jedoch mit unterschiedlichen Konsequenzen hinsichtlich der weiteren Chancen auf dem Arbeitsmarkt.

Burnout als (gesellschaftliche) Diagnose

Die Diagnose einer Erschöpfung, z.B. in Gestalt des Burnout, lässt sich in gesellschaftliche Prozesse einzeichnen.[19] Markant waren die „Neurasthenie" am Ausgang des 19. Jahrhunderts, die „Managerkrankheit" in der Zeit des deutschen Wirtschaftswunders nach dem 2. Weltkrieg und die Diagnose eines „Burnout" im Kontext der Entgrenzung von Arbeit seit den 1980er Jahren.

Die Neurasthenie, die etwa von 1880 bis 1914 massenhaft diagnostiziert wurde, war schon damals auf die modernen Lebensumstände zurückgeführt worden, vor allem die Beschleunigung und die Reizüberflutung. Das Nervensystem schien überlastet.[20] Die Krankheit wurde allerdings vor allem bei sogenannten „brain-workers" in den USA und später auch in Europa festgestellt, also der städtischen Mittel- und Oberschicht.[21] Im Zentrum stand das Symptom der Erschöpfung. In Deutschland wurde dies im Kontext biologistischer Interpretationen – zunehmend als erbliche Degeneration bestimmter Volksgruppen, wie der Amerikaner und der Juden, verstanden. Die vielen Tausend Kriegsverletzten und schwer Traumatisierten machten Neurasthenie zu einer bagatellisierten Zivilisationskrankheit.[22]

---

18 Zum ethischen Begriff der „guten Arbeit" vgl. Möhring-Hesse (2011), Meireis (2008) und Gronemeyer (2012).

19 Vgl. zum Folgenden: Kury (2013).

20 Kury (2013), 109: „Im Zeitalter der Elektrifizierung verglich der amerikanische Arzt und Elektrotherapeut George M. Beard, der Entdecker der Neurasthenie, das menschliche Nervensystem mit einem Stromkreislauf." Und die Erkrankten glichen einer „elektrischen Batterie, die bei großer Anstrengung erschöpft wird" (111).

21 Kury (2013), 110f.

22 Kury (2013), 114: „Vor dem Hintergrund von Wirtschaftskrise, Arbeitslosigkeit und

In der Zeit nach 1945 entwickelte sich die „Managerkrankheit" zu einem gesellschaftlichen Thema.[23] Dahinter steckte die Sorge, die Männer in leitenden Positionen könnten sich im Rahmen des Wirtschaftswunders erschöpfen. Dafür war das Herz-Kreislauf-System der wunde Punkt. Die Diagnose ermöglichte den Funktionseliten ihre körperlichen und psychischen Belastungen zu thematisieren. So konnten sie sich als Leistungselite präsentieren und gesellschaftliche Hierarchien festigen. Obwohl sich in den Zahlen keine höhere Sterblichkeit zeigte, wirkte der Begriff auch nach seinem Verschwinden Anfang der 1960er Jahre noch lange nach.

„Burnout" gehört zu den sogenannten Stress- oder Stressfolgeerkrankungen, die auf kulturelle, ökonomische und soziale Transformationsprozesse seit den 1970er Jahren zurückgeführt werden.[24] Eine Abgrenzung zum chronischen Müdigkeitssyndrom oder zu Depressionen ist bis heute umstritten.[25] Eine Störung des körpereigenen biochemischen Informationsaustausches soll – so legt es das Körperbild im Zeitalter der Information nahe – der körperliche Anhaltspunkt sein. Inzwischen scheint Burnout fast eine Epidemie zu sein und hat sich von den sozial-therapeutischen Berufen aus in alle Bereiche des Arbeitslebens ausgebreitet. Burnout ist heute eine

---

Hyperinflation konnte sich die männliche Elite den Luxus der Neurasthenie nicht mehr leisten. Auch die Erfahrungen Zehntausender Kriegsversehrter, die Opfer der Materialschlachten geworden waren und häufig mit schwersten Traumatisierungen zurückkehrten, machten Zivilisationskrankheiten wie die Neurasthenie zu bagatellisierbaren Leiden."

23 Vgl. Kury (2013), 114ff.

24 Vgl. Neckel / Wagner (2013a), 10f.; Ayala Pines, eine der bekanntesten Burnout-Forscherinnen „sieht die Ursache von Burnout insbesondere in der Notwendigkeit, Emotionen in die berufliche Arbeit einzubringen. … Burnout sei eine reaktive Depression, die der Enttäuschung folge, für den Einsatz der ganzen Person nicht belohnt zu werden" (12).

25 Kury (2013), 118: „Für eine Burnout-Diagnose zwingend ist nach gängiger Definition das Zusammenfallen von drei Symptomen: erstens emotionaler Erschöpfung, das heißt dem Vorhandensein ausgeprägter Gefühle der Frustration, Erschöpfung und Überforderung sowie Angst vor dem nächsten Arbeitstag; zweitens einer, an den eigenen Möglichkeiten gemessenen, markant eingeschränkten Leistungsfähigkeit; und drittens einer zynischen, distanzierten und negativen Grundhaltung zu Menschen, gegenüber denen man im Beruf Verantwortung übernommen hat. Mit diesen Merkmalen sind häufig somatische Beschwerden wie Magen-Darm-Probleme, Tinnitus, Muskelschmerzen, Herzrasen, Schweißausbrüche, Migräne und andere mehr verbunden" (118).

gesellschaftlich legitimierte Form von Erschöpfung, die es ermöglicht, sich dem Zwang zur Selbst-Optimierung wenigstens kurzfristig zu entziehen.[26] Burnout bietet die Möglichkeit ohne Stigmatisierung psychische Probleme zu thematisieren.[27] Denn wer für die Firma oder ein Anliegen „gebrannt" hat, darf nicht abgestempelt werden, wenn er oder sie „ausgebrannt" ist. Allerdings folgen die Thematisierung und die Therapie zuletzt wieder der Logik der Selbst-Optimierung.

Die drei Krankheiten unterscheiden sich nicht nur im Blick auf die gesellschaftlichen Kontexte, sondern im Blick auf die zugrundeliegenden Körperkonzepte.[28] Das Maschinenmodell wird heute von einem kybernetischen Modell abgelöst. Beim Burnout, so die verbreitete Überzeugung, sei die Selbststeuerung angesichts von äußeren Stressoren nicht mehr intakt. Nicht der Energieverlust alleine („abgebranntes Streichholz", „leerer Akku") ist das Problem, sondern der Steuerungsverlust.[29] Diese Gleichgewichtsstörung ergreift nicht mehr nur die Eliten, sondern alle Individuen, die als Ich-AG auf dem globalen Markt miteinander im unaufhörlichen Wettbewerb stehen. Die Ratgeberliteratur zur Selbst-Optimierung und die Burnout-Therapie sind Spiegel dieser Entwicklung.[30] Nicht umsonst entwickelt sich nunmehr „Resilienz" zu einem Modebegriff: die Stressbelastbar-

---

26 Kury (2013), 121: „Während Burnout das Individuum also kurzfristig von der permanenten Optimierung und dem Erfolg-haben-Müssen entlaste kann, hilft das Reden über Stress den Individuen dabei, sich in den Gesellschaften der Gegenwart verorten zu können."

27 Titton (2013) analysiert die Heldensagas ausgebrannter Prominenter wie Miriam Meckel und Ralf Rangnick, die aus der – durchaus geschlechtsspezifischen – Reflexion dieser Erfahrungen noch Kapital geschlagen haben. Dabei stößt sie auf ein „technoides Körperverständnis", das Burnout als zu reparierende „Störung" (98) versteht. Vgl. dazu auch Bartmann (2012), 244ff.

28 Vgl. dazu auch: Haubl (2013). Han (2014), 82ff. stellt auch das „Quantified Self" in diesen Zusammenhang.

29 Vgl. Bröckling (2013), 185. „Auf dem kybernetischen Prinzip der Feedbacksteuerung, das stärker als das Bild der Waage ein dynamisches Fließgleichgewicht unterstellt, beruht ja die Metaphorik des Maschinenmenschen mit Energieproblemen."

30 Neckel / Wagner (2013b), 216: „Aus der Burnout-Klinik kehrt man nicht mit der Kündigung in der Hand zurück, sondern mit den Selbsttechniken nachhaltigen Ressourcenmanagements. Wo die Wachstumslogik des Finanzkapitalismus und das Trugbild unerschöpflicher ökonomischer Quellen in die Krise geraten sind, müssen die Subjekte in sich selbst nach neuen Quellen der Wertschöpfung suchen."

keit soll erhöht werden, damit die Arbeitskraft noch mehr „ausgeschöpft" werden kann. Ähnliches gilt für Heilmittel wie „Ruhe" und „Kreativität".[31]

Inzwischen bringt die Diagnose „Burnout" keine Distinktionsgewinne mehr: „Eine Krankheit wird demokratisiert: Von der Selbstüberforderung altruistischer Idealisten, als sie in den siebziger Jahren erstmals in der medizinischen Fachliteratur auftauchte, über das Erschöpfungssyndrom dauergestresster Führungskräfte, zu dem sie spätestens Anfang des neuen Jahrtausends mutierte, bis hin zum Jedermannsleiden, als welches das Burnout in jüngster Zeit präsentiert wird."[32] Der Burnout-Diskurs ist also selbst ein gesellschaftliches Symptom. Er kann „als Modelfall verstanden werden, wie die Erschöpfung als ‚schöpferische Zerstörung' veralteter und Motor der Innovation neuartiger Subjektformationen in der Ökonomie der Gegenwart zu wirken vermag. (…). Wie die überhitzten Finanzmärkte mit ihrer Kultur der Kurzfristigkeit dauerhaft in krisenhafte Turbulenzen und den Sog fiskalischer Folgeprobleme geraten sind, geriet das unternehmerische Selbst des flexiblen Kapitalismus in den psychischen Strudel von Multitasking, Zeitmanagement, *information overload* und emotionaler Selbsteuphorisierung. Aus dieser Perspektive betrachtet, stellt sich das ausgebrannte Subjekt als schumpeterscher Pionier wirtschaftlicher und sozialer Transformationen dar, der sich durch die Implosion seiner bisherigen Antriebsmuster frei macht für neuartige Formen der Subjektivierung veränderter ökonomischer Muster."[33]

Was die Wahrnehmung des Phänomens Burnout jedoch erschwert ist, dass die Erkenntnis, die Luc Boltanski und Ève Chiapello[34] gewonnen haben, nicht wirklich ernst genommen wird. Es ist ganz deutlich, dass die Idee einer vollständigen, die ganze Person einbeziehenden Ausbeutung des

---

[31] Konersmann (2015), 11: „Im Zeichen der *creative economy* haben sich Ökonomen und Kulturmanager, Betriebspsychologen und Unternehmensberater zusammengetan und das einst von Romantikern ersonnene Paradox des schöpferischen Nichtstuns ausgegraben, um es nun erneut als Mittel der Wahl zu empfehlen. Es gilt den Erfindungsgeist anzustacheln, neue Ressourcen zu erschließen und die Effizienz nochmal zu steigern. Die Begeisterung für kreative Impulse ist grenzenlos". Vgl. dazu auch Bröckling (2007), 152ff. und Han (2014), 43ff.

[32] Bröckling (2013), 181.

[33] Neckel / Wagner (2013b), 214.

[34] Boltnaski / Chiapello (2013).

Arbeitsvermögens einen emanzipatorischen Hintergrund hat. Es war das Anliegen der sozialen Bewegungen der 1960er und 70er Jahre den ganzen Menschen einzubeziehen (Stichwort: ‚Ganzheitlichkeit') und z.B. in Kooperativen oder Landkommunen die Trennung von Arbeit und Leben aufzuheben.[35] Inzwischen wurde diese Selbst-Verpflichtung jedoch in eine berufliche Anforderung transformiert.[36]

Die unfreiwillige Einbeziehung des ganzen Menschen in Arbeits- und Bildungsprozesse hat mit Emanzipation wenig zu tun (auch wenn die ‚Alt-68er', die heute als Lehrerinnen oder Unternehmensberater ‚ganzheitlich' arbeiten, dies meinen[37]). Heute gilt: Das Ziel der persönlichen und beruflichen Optimierung des schöpferischen Selbst (kultureller Hintergrund sind die ‚self-growth psychology' und die ‚kognitivistische Kreativitätspsychologie')[38] beherrscht unsere Sicht auf Bildungsprozesse (Stichwort: ‚Kompetenzerwerb') und die Arbeitswelt (Stichwort: ‚Employability', d.h. berufliche Verwendbarkeit) insgesamt. „Persönliches Wachstum und Akkumulation von Humankapital bedingen einander; die Arbeit an sich selbst und das training on the job fallen zusammen." (Bröckling 2007, 73).

---

35 Bröckling (2007), 58: „Ohne die utopischen Energien und die praktischen Kämpfe der neuen sozialen Bewegungen„ ohne ihre Experimente mit nichthierarchischen Organisationsformen, ohne massenhafte Weigerung, das eigene Leben in den vorgezeichneten Bahnen einer fordistischen Normalbiographie zu führen, hätte dieses Rollenmodell niemals eine solche Anziehungskraft entwickeln könne."

36 Vgl. dazu auch Honneth, Axel, Organisierte Selbstverwirklichung. Paradoxie der Individualisierung, in: Menke / Rebentisch (2012), 63–80, 76.

37 Diederichsen, Diedrich, Kreative Arbeit und Selbstverwirklichung, in: Menke / Rebentisch*(2012),* 118–128, 126 ergänzt noch um einen weiteren Typ: „Auf den Hippie der 70er, der mit wilden Haaren und endlosen Gitarrenläufen Selbstverwirklichung lediglich symbolisch verkörperte, ist nun der gepiercte, tätowierte, in Ernährung und Drogenkonsum ohne kognitive Dissonanzen lebende Trance- und Technik-Esoteriker als Modell getreten."

38 Vgl. dazu Reckwitz (2012), 198ff.; „Die Psychologie präsentiert sich somit auch hier nicht mehr als Kämpferin gegen Pathologien und seelisches Leid, sondern als Einrichtung zur Förderung psychischer Ressourcen. Wie der *self growth psychology* geht es auch der kognitivistischen Kreativitätspsychologie um das Ausschöpfen und Abrufen schöpferischer Potentiale." (222) „Das Ziel der positiven Psychologie des Kreativen ist dann eine *pragmatische Ästhetisierung* der Lebensführung, in der die kreative Praxis Selbstzweck des expressiven Subjekts *und* Mittel zum Zweck für beruflichen und privaten Erfolg zugleich ist." (238)

Das unternehmerische Selbst in der Kirche

Birgit Klostermeier[39] hat gezeigt, wie sehr kirchliche Strukturreformen und Programme zur Personalentwicklung- und führung der letzten 25 Jahre mit dem Bild vom unternehmerischen Selbst (und seinem Burnout) verbunden sind.[40] Wie jede – individuelle oder soziale – Körperschaft sehen sich kirchliche Körperschaften der Erwartung ausgesetzt, sowohl „schlank, fit und beweglich" (146) zu sein als auch jeden ‚Stresstest' bestehen zu können.[41] Mit Hilfe des von Michel Foucault entwickelten Konzepts der „Gouvernementalität" nimmt sie die Techniken der Fremd- und Selbstführung in den Blick. „In der Governementalitätsperspektive wird der neoliberale ‚Rückzug des Staates' als Regierungstechnik dechiffriert, der Verlust staatlicher Regierungs- und Steuerungskompetenzen stellt sich als Umorganisation oder Restrukturierung der Regierungstechniken dar. Objekt des Regierens ist das Subjekt, das sich selbst zum Gegenstand und Mittel der Regierungspraxis macht" (55).

Der Macht dieser Perspektive kann sich auch eine Kritik nicht entziehen, die angesichts dieser Analyse fordert, es müsse dann einen anderen als den kritisierten Entwurf der zukünftigen kirchlichen Wirklichkeit geben (vgl. 137–142). Denn jeder eigene Entwurf muss die Subjekte des Entwurfs und deren Selbst-Steuerung mitdenken und in eigene Vorschläge bringen.[42] So ist der Mythos der „lernenden Organisation" unhintergehbar. Sie steuert sich auf dem religiösen „Markt" über „Visionen" oder „Leitbilder" selbst und führt ihre Mitarbeitenden durch „Zielvereinbarungen"[43], die sie anhal-

---

39 Klostermeier (2011).

40 Vgl. dazu auch: Schlamelcher (2009) und Herlyn / Lauer (2004).

41 Leghissa (2014) spricht deshalb von einer „Verfirmung des Gesellschaft".

42 Klostermeier (2011), 359: „Das unternehmerische ‚Sich-Erfinden' auf ein Risiko hin, braucht Formen von Kontingenzbewältigung, die in Mythen bereitgestellt werden und sich über wissensbasierte Praktiken materialisieren. Die lernende Organisation, das New Public Management, die Leitbildentwicklungsverfahren des individuellen und kollektiven Subjekts, Professionalisierung und Kompetenzerweiterung sind solche wissensbasierten Formen der Kontingenzbewältigung, die zudem mit einer totalisierenden oder verabsolutierenden Geste des Allheilmittels befördert werden."

43 So wie die Kirche sich entwerfen muss, so müssen sich die Pfarrerinnen und Pfarrer weiter entwickeln und zwar in jeder nur denkbaren (ganzheitlichen) Hinsicht. Alles wird zur Ressource: selbst dem Glauben ist das „Ethos der Produktivität eingeschrie-

ten, ihre Kunden/Klienten als Selbstunternehmer (die z.B. im Gottesdienst möglichst viel und intensiv erleben wollen) zu adressieren. „Das ihr vom Markt abgenötigte Versprechen zu sagen, was es zu bekommen gibt, nötigt der Kirche ab, das ihr Unverfügbare als Geheimnis einer Wandlung, einer Veränderung, eines Mehrwerts (die Wahrheit macht ein verantwortungsvolles Leben) zu chiffrieren und an sich selbst dechiffrierend zu binden und zwar als Bereitstellung von spezifischen Verfahren und Formen, über die Gemeinschaft, Spiritualität entdeckt und über die Gott erfahren, sicht- und/oder hörbar wird. – Die These lautet daher pointiert: Indem die Kirche sich als unternehmerisches Selbst subjektiviert, sakramentalisiert sie sich selbst.“(357f.)[44] Allerdings nun im Sinn einer Steigerung, die der Markt gebietet: „Das kollektive und individuelle kirchliche Subjekt muss deshalb frommer und zugleich marktförmiger werden. Sakramentalisierung und Profanierung ist danach dieselbe Bewegung.“(362)

Birgit Klostermeier muss sich am Ende aber eingestehen, dass sich aus dieser Analyse keineswegs eine Möglichkeit einer Alternative ergibt, weil selbst jede Alternative angesichts der Kraft des Mythos des unternehmerischen Selbst noch dessen Rationalität affirmieren würde (vgl. 363f.). Diese Einschätzung teilt Ulrich Bröckling[45]. Die berechtigte Sorge, dass jeder alternative Vorschlag einer Kirchen- und Personalentwicklung den Mythos noch bekräftigt, kann aber noch nicht das letzte Wort sein. Denn zu Recht „kann davon ausgegangen werden, dass die effizienzorientierte, neoliberale Ratio in den Wissensbeständen der Kirche auf die biblische Gouvernementalität einer sich Großzügigkeit und dem Respekt vor dem Unverfügbaren verpflichtenden Ratio trifft“ (9/10). Vielleicht ist schon diese Formulierung das Problem, und die Bibel als „semiotische Kathedrale“ (Gerd Theissen) sollte nicht auf eine andere Vorstellung von Gouvernementalität hin befragt werden, sondern auf andere Narrative. Denn auch wenn das unternehme-

ben“ (Bröckling [2007], 178). Die Schlüsselbegriffe dafür sind „Professionalität“ und „Kompetenz“.

44 Klostermeier (2011), 358: „Das spezifisch kirchliche und deshalb gegenüber dem neoliberalen Diskurs Widerständige ist, dass sie deutlich macht, dass der Wandel nicht von selbst erzeugt und gemacht werden kann – das Geheimnis bleibt als Geheimnis gewahrt (Tribunal Gottes). Zugleich ist das Geheimnis der Wandlung Teil des öffentlichen Versprechens (Tribunal des Marktes).“

45 Bröckling (2007), 289.

rische Selbst nicht erschöpft wäre und wenn die Kirche gegen den Trend wachsen würde, ließe sich „Gouvernementalität“ nur schwerlich als Evangelium verstehen.[46]

Geistliche Erneuerung als Heilmittel?

Ähnlich wie bei den Heilmitteln für die Arbeitswelt wird auch dem kirchlichen unternehmerischen Selbst– das meint sowohl die Einzelnen wie die Organisation / Institution Kirche – eine Therapie vorgeschlagen, die sich im Wesentlichen auf die Widerherstellung der Leistungskraft orientiert.

Dabei wird neben dem allgemeinen Therapiekoffer noch eine geistliche Erneuerung anvisiert. Die Mittel dafür heißen unterschiedlich, gehen aber von einem ähnlichen Bild aus: die geistlichen Quellen müssen neu ins Fließen gebracht werden.

Als Beispiel kann eine Tagung zum Thema „Erschöpfte Kirche“[47] aus dem Jahr 2014 dienen, in der solche Diagnosen und Therapievorschläge für die Kirche und den Pfarrberuf gemacht wurden. Vom Nachfüllen des Öls in Öllämpchen ist dort die Rede und vom „Schöpfen aus der unermesslichen Quelle der Liebe Gottes“ (Andreas von Heyl). In der Organisation Kirche sollen „Blockaden gelöst“ und die „organisationale Achtsamkeit“ (Christhard Ebert) entwickelt werden. Sabine Bobert schlägt „Mystik und mentales Coaching“ vor und wirbt für ihre Registered Trademark „Mental Turning Point“. Alle diese Vorschläge sind Fortschreibungen der Selbstoptimierung, die das unternehmerische Selbst antreiben.

Das eigentlich Erstaunliche an diesen Vorschlägen einer „geistlichen“ Erneuerung ist die resignative Haltung. Der Kraft des Heiligen Geistes wird hier allenfalls zugetraut, die Erschöpfung der Einzelnen oder der Kirche in neue Energie für dieselben anstehenden Prozesse zu verwandeln. Da-

---

46 Schlamelcher (2009) sieht die Kirche vor allem deshalb in einer „religiösen Krise“, weil sie ihrer eigenen „religiösen Semantik“ (215) nicht mehr traut und das Finanzierungsproblem zum „zentralen Bezugsproblem“ (247) mache. „Organisation als Mittel und Religion als Zweck scheinen ihre Rollen gegeneinander getauscht zu haben.“ (248).

47 Dazu den Tagungsband: Erschöpfte Kirche? Geistliche Dimensionen in Vera¨nderungsprozessen – Fachtagung des EKD-Zentrums für Mission in der Region, Kloster Drübeck (Ilsenburg/Harz), 3./4.11.2014. Inzwischen auch veröffentlicht und zugänglich in: Kleemann / Pompe (2015).

mit aber, dass viel grundsätzlicher die zugrunde liegende Sicht der Dinge verwandelt werden könnte, wird offensichtlich nicht gerechnet. Das Evangelium scheint keine andere Erzählung als die der spirituellen Effizienzsteigerung anzubieten.

Befreit leben ohne Burnout – Eine andere (biblische) Erzählung

Deshalb soll nunmehr auf der tieferen Ebene der Erzählung vom erschöpften christlichen (West-)Europa weiter nachgedacht werden. Denn alle Vorschläge zur Entwicklung des unternehmerischen Selbst sind eingebettet in die Rahmenerzählung von einer erschöpften Gesellschaftsformation, die mit den Ländern des westlichen Europa bei all ihrer Verschiedenheit identifiziert wird. Es ist bemerkenswert, wie es die neoliberale Gesellschaftserzählung geschafft hat, den Mythos von der Erschöpfung Europas so tief in den Herzen und Hirnen zu verankern, dass sich Entscheidungen in allen gesellschaftlichen Bereichen daran orientieren.[48] Es musste jedenfalls bis vor kurzem nicht mehr plausibilisiert werden, wenn freiheitlich-solidarische Lebensverhältnisse denunziert wurden als Versuche, das unternehmerische Selbst an seiner freien Entfaltung zu hindern, während sklerotische Strukturen dafür sorgen würden, dass überall soziale Hängematten für so genannte „Minderleister" aufgespannt bleiben. Entsprechend wurden die Kirchen in Deutschland als sklerotische Strukturen beschrieben, denen es an religiöser Intensität und unternehmerischer Kreativität mangele, um die Kunden auf dem religiösen (Welt-)Markt an sich zu binden. Eine „Erschöpfte Kirche" eben, die sich neu entwerfen müsse.[49]

Der Philosoph Ralf Konersmann hat in seiner Studie „Die Unruhe der Welt"[50] einen anderen Blick auf unsere gesellschaftliche Dynamik geworfen. Der Blick fällt nun nicht mehr auf die Gouvernementalität, auf die

---

48 In Deutschland ist u.a. die „Initiative neue soziale Marktwirtschaft" damit befasst, die Erzählung von der Erschöpfung der sozialen Marktwirtschaft zu verbreiten. Auf dem Weltwirtschaftsforum in Davos wurde 2009 durch die wirtschaftlichen Akteure eine Globale Neugestaltungsinitiative („Global Redesign Initiative") ausgerufen, da die demokratisch legitimierten Regierungen nicht mehr in der Lage seien, die komplexen Probleme einer globalisierten Welt zu lösen.

49 Vgl. Erschöpfte Kirche (2014) und Kleemann / Pompe (2015).

50 Konersmann (2015).

Fremd- und Selbstführung und die dadurch herbeigeführten Veränderungen in den Verhältnissen. Konersmann versucht stattdessen eine „Genealogie" der Kultur der Unruhe auszumachen, aus der sich diese Dynamiken speisen. Dabei spielt der biblische Mythos vom Paradies und der Vertreibung Kains eine zentrale Rolle. Durch ihn wird „die Vorwelt des Paradieses als *Ort der Ruhe* und die Jetztwelt des nachparadiesischen, in die Sünde gefallenen Menschen als *Ort der Unruhe*" bestimmt.[51] Sie wird zur „zweiten Natur" des Menschen und damit verbunden ist – nachdem Kain sich im Lande Nod (Gen 4,16) niedergelassen hat und zum Stadtgründer (Gen 4,17) wurde – „die Bestimmung der Kultur als Raum der Unruhe" (117)[52] Mit der Stigmatisierung Kains, „diesem Akt der göttlichen Kennzeichnung als die Inschutznahme des schutzlos Preisgegebenen" (131), wird die Unruhe und das Leben in der Kontingenz für alle kommenden Generationen auf Dauer gestellt.

Darüber legt sich „die Ethik, die sich seit der Antike als Praxis versteht, zum wahren Glück der Ruhe zu finden", als eine „relativ selbstständige genealogische Linie" (40). Die Stoiker und vor allem Seneca haben „der Unruhe (*sollicitas*) das Konzept der *tranquillitas animi*" (187) entgegengestellt. „Die Seelenruhe" (187) wird dabei nicht als eine weltflüchtige oder kontemplative, sondern als eine weltzugewandte Tugend verstanden.[53] Aus dieser ethischen Präferenz lässt sich das Verhältnis von vita contemplativa und vita activa in der antiken und mittelalterlichen Christenheit erklären.[54]

---

51 Konersmann (2015), 91: „Die Unruhe ist das Zeichen der Erlösungsbedürftigkeit des Menschen." Und diese „*Inquietät*", sie „markiert einen zweiten Ursprung, sie hat den Rang einer zweiten Geburt. Angesichts dieser Qualität rückt sie in die Reihe der großen Menschheitsthemen ein, die wie das Wissen um das Geborensein (*Natalität*) und das Wissen um die Sterblichkeit (*Mortalität*) dem Dasein jedes Individuums sein Gesetz aufprägt." (103)

52 Daraus speist sich die kulturelle Vorstellung einer Gegenwelt oder Kontrastgesellschaft, in der die Unruhe ausgeschlossen wird. „Die Klöster sind Orte des Asyls und der Wiederherstellung der Ruhe. In der Abgeschiedenheit dieser Sonderwelt wird die Ruhe gewahrt, um auf irdische Weise einem Leben Entfaltungsraum zu bieten, das die Teilhabe an der wahren ursprünglichen Ruhe verspricht." (125)

53 Vgl. dazu auch Konersmann (2015), 191ff.

54 Das ist bedeutsam für das Verständnis von Arbeit. „Adams paradiesische Tätigkeit, sein Bebauen und Hüten, ist ein Mittun und stellt aus der Logik der Schöpfung heraus die Harmonie von Mensch und Welt sicher. Die Tätigkeit ist etwas ganz anderes als jene

Erst sehr viel später erfährt die unhintergehbare Existenzbedingung der Unruhe eine folgenreiche Umdeutung. „Was einmal eine Bürde war und als Zeichen der vollendeten Sündhaftigkeit galt, hat sich auf dem Boden der Neuzeit in ein Versprechen verwandelt, in die Vision des permanenten Aufbruchs und der Eröffnung immer neuer Möglichkeiten." (43) Aus dieser Perspektive ist die paradiesische Ruhe ein „*Mangel an Unruhe*" (57).[55] Im Kontext der vielfältigen Erfahrungen der europäischen Welteroberung wächst die Überzeugung, dass die Welt nicht nur veränderungsbedürftig ist, sondern, dass sie auch verändert werden kann. Johann Amos Comenius, 1611–1613 Student an der Hohen Schule in Herborn, erkennt in Kain den prototypischen Menschen, der wegen seiner Vertreibung aus dem Paradies „überhaupt bildungsbedürftig, aber auch bildungsfähig" (135) ist.

Der Umbruch könnte kaum größer sein. „Die westlich verstandene Kultur entfesselt die Unruhe als Dauerzustand, dessen Unwiderruflichkeit nun das Paradies des Ursprungs seiner Autorität ein für alle Mal beraubt. Die Restitution entfällt." (165) Die Geschichte wird zum Spielraum der Menschen. „Aus der Unruhe wird die ‚Veränderung', aus der Veränderung die ‚Entwicklung', aus der Entwicklung die ‚Bildung'." (173) Diese Sicht hat sich tief in die Neuzeit eingeprägt. „Die Abweichung, die Nicht-Ruhe, ist gar keine Option. Was einmal Ruhe gewesen war, ist hoffnungslos veraltet, ist begrifflich gar nicht mehr fassbar und fällt aus der Zeit." (260) Konersmann schreibt diesem Inquietismus eine Sicht von mythischer Qualität zu. „Mit diesem Triumph fällt der Unruhe, nachdem sie das Zeitlosigkeitsideal der alten Metaphysik beiseitegeschoben hat, die Rolle einer ebenso grausamen wie glücksverheißenden Metaphysik zu, deren Primat nun sämtliche Formen des Lebens und des Wissens unterstellt sind." (263)[56]

---

postparadiesische Art der Arbeit, bei der das durch Teilhabe ausbalancierte Pensum der Paradiessituation nachhaltig gestört und durch die Nachhaltigkeit dieser Störung grenzenlos und zur Plage wird." (Konersmann [2015], 101)

55 „Die Ruhe, die nur noch tödliche Langeweile ist, hat aufgehört, eine ernsthafte Option zu sein." (154)

56 „Der negative Konsens, die Dinge dieser Welt nicht auf sich beruhen zu lassen, ist die letzte Verbindlichkeit der modernen Unruhekultur." (264) „Das rettende, im Verlauf des 19. Jahrhunderts zu ungeheurem Ansehen gelangte Zauberwort dieses Inquietätsfatalismus heißt *Entwicklung*." (266) Nicht vergessen werden sollte dabei aber: „Allerdings bleibt die Bejahung der Unruhe zunächst an die Bedingung gebunden, dass ihr Gren-

Gegen diese Mythologie der Entwicklung hat, so Konersmann, insbesondere Walter Benjamin angedacht. Mit Hilfe der Theologie versucht er „ein hypothetisches Außen zu gewinnen" und den „Immanenzraum der Geschichte" (274) aufzubrechen. In seinem „Passagen-Werk" bietet er z.B. in Gestalt der Dandys oder Flaneure eine ganze „Schar seiner Müßiggänger als Experten des Aufschubs und der Verzögerung" auf, „die mit der Zelebrierung ihres Lebensstils das moderne Großstadtleben parodieren" (276). In seinen geschichtsphilosophischen Thesen geht er noch weiter. „Die ungeheure Metapher, mit der die 16. These dem von jenen Saboteuren der Unruhe lebendig gehaltenen Ansinnen Ausdruck verleiht, lautet *Stillstellung*." (277) Für Benjamin meint das mehr als eine Unterbrechung in der Entwicklung, es meint – so legt seine Bezugnahme auf die Stillstellung von Sonne und Mond durch Josua (Jos 10) nahe – die rettende, den „Umsturz der Dinge" (278) vollziehende Intervention.

Im Lichte dieser Überlegung versucht Konersmann einen Identitätsbegriff zu entwickeln, der sich der Alternative „Stillstand" oder „Veränderung" (284) entzieht, den Bertold Brechts Keuner-Geschichte nahelegt: *„Ein Mann, der Herrn Keuner lange nicht gesehen hatte, begrüßte ihn mit den Worten: ‚Sie haben sich gar nicht verändert' ‚Oh' sagte Herr Keuner und erbleichte."* (280) Konersmann wirbt dafür, „gelebte Identitäten weder substantialistisch noch konstruktivistisch darzustellen, sondern funktionalistisch: als das beste Mittel der Wahl, um im Umgang mit der Unruhe der Welt bestehen zu können" (298).[57] Das macht den Begriff der Identität anschlussfähig an die biblische Perspektive. „Es gilt, den Anderen nicht auf ein Bild festzulegen, das wir bereits von ihm haben." (307) Und: „Eben dieser Akt der Zurückhaltung ist im Fall des Herrn K. unterblieben. Sein Gegenüber wirft ihm die Meinung, die er von ihm hat, ungefragt an den Kopf, und so wäre das Erbleichen des Herrn K. die Folge mangelnder Diskretion und sogar einer Beschämung." (308) „Vielleicht entsetzt Herrn K. weniger der Mangel an Veränderung als der Mangel an Takt. Vielleicht dürfen wir die Geschichte als ein Plädoyer verstehen für das von dem karibischen

zen gesetzt sind: durch Befristung, durch Strukturierung, durch Rhythmisierung, durch Gestaltgebung." (319)

[57] Für ihn ist „Identität vor allem eine Frage der *Form* und nicht, wie die neueren Identitätstheorien vorgeben, eine Frage der *Inhalte* oder gar der persönlichen Meinung". (296)

Philosophen Édouard Glissant geforderte und seither immer interessanter gewordene Menschenrecht auf Undurchsichtigkeit.“ (309)[58]

Die Unruhe in der Ruhe – Die himmlische Gartenstadt

Es ist bezeichnend, dass die Konersmanns Erzählung mit einem schwachen Trost endet.[59] Er bemüht Hölderlins „So eile denn zufrieden!“ (330), um einen abschließenden Gedanken jenseits der Alternative Ruhe-Unruhe zu formulieren: „Stattdessen tritt der Umriss einer anderen, einer zweiten Ruhe hervor, die jederzeit mit uns mitgeht; und ihr zur Seite eine sich selbst verstehende Unruhe, die ihr Maß kennt und deren Unterwegs deshalb, anders als die Unruhe des Mythos, alles Demütigende abgestreift hat. Das Klangbild der Silben untermalt, was sie sagen: So eile denn zufrieden! Es ist diese, in der lyrischen Sprache eingefangene Stimmigkeit, die ohne das kluge Zusammenspiel von Ruhe und Unruhe nicht zu haben ist.“ (331)

Der Trost ist insofern schwach, als der postulierten „zweiten Ruhe“ der Vorstellungsgehalt fehlt. Und dies ist bezeichnend, weil alle genealogischen und archäologischen Rekonstruktionen der Moderne an einem toten Punkt, wenn nicht sogar wie Hartmut Rosas „Beschleunigungen“ an einem Abgrund enden. Konersmann allerdings hätte aufgrund seiner biblischen Nacherzählung eine weitere Option gehabt. Aber er kennt nur das Leben Kains – des Stadtgründers und Anfangs der menschlichen Geschichte –, das sich in der Unruhe jenseits von Eden abspielt. Die biblische Erzählung kennt aber eine am Ende der Geschichte imaginierte Stadt, die mit einem neuen Paradies verschmilzt. Die Garten-Stadt, das himmlische Jerusalem,

---

[58] Vgl. dazu Glissant (2005).

[59] Bezeichnend insofern, als ähnliche Diagnosen der Gegenwart im Blick auf mögliche Alternativen ebenso vage enden. So z.B. Fisher (2009) oder Rosa (2006 und 2013). Auch die 2016 unter dem Titel „Resonanz“ von Rosa vorgelegte „Soziologie der Weltbeziehung“, in der er statt der „Entschleunigung“ die „Resonanz“ als „Lösung“ des Beschleunigungsproblems favorisiert (13), führt in diesem Zusammenhang nicht weiter, weil die aporetische Alternative zwischen stummen und resonanten Weltbeziehungen nicht wirklich verfängt. (Rosa 2016). Reckwitz (2012), 368 fordert „Selbstbegrenzungsstrategien“ und will mit „lokalen Stärkungen der Moralität des Sozialen“ sowie „gezielten Verlangsamungen und Konzentrationen“ dem „leerlaufenden Regime des Neuen“ begegnen.

bietet jene Vorstellung der beruhigten Unruhe, die Konersmann vermissen lässt. Gott selbst wohnt in dieser Stadt, so wie er im vorzeitlichen Paradies im Garten Eden anzutreffen war – und Christus, das Lamm mit seinen Wunden, hat seinen Thron in diesem neuen Garten. Die Menschen werden „sein Angesicht sehen und sein Name wird an ihren Stirnen sein" (Offb 22,4). Kains Stigma ist ausgelöscht durch Gottes Gegenwart. Im „Buch des Lebens" (Offb 21,17) wird die menschliche Kultur vollendet. Und aus dem einen Baum des Lebens sind hier viele geworden, „jeden Monat bringen sie ihre Frucht, und die Blätter der Bäume dienen zur Heilung der Völker" (Offb 22,2). Mit anderen Worten: die ganze menschliche Geschichte, all die Wunden der zur Unruhe verurteilten Nachfolger Kains werden aufgehoben in der Ruhe, die von der Gegenwart Gottes erfüllt ist. Diese Ruhe wird im Buch Genesis mit dem hebräischen Wort „menucha" (Gen 2,3) beschrieben. Nach der Vollendung der Werke Gottes am siebten Tag der Schöpfung tritt „Ruhe" ein. Gottes Ruhe („er ruhte von allen seinen Werken") legt sich heilsam auf die menschliche Geschichte mit all ihrer fruchtbaren und furchtbaren Unruhe.

Die Bibel endet kurz darauf mit der sehnsuchtsvollen Anrufung „Amen, ja, komm, Herr Jesus! – Die Gnade des Herrn Jesus sei mit allen!" (Offb 22,20f.) Sie erwartet „ewige Ruhe" von dem Christus, von dem sie erbittet, dass uns in seiner Person Gott in der Geschichte mit seiner heilsamen Ruhe entgegenkomme. Diese Erwartung macht einen anderen Horizont auf als Hölderlins Versuch, zufrieden einer Vollendung entgegenzueilen.

Gottes Entgegenkommen hat demgegenüber qualitatives Gewicht. Es bejaht die menschliche Geschichte, die der produktiven Kultur und der Städte, die Menschen entwerfen. Es verleugnet aber nicht die Kosten, die Verletzungen und Wunden, die diese Geschichte hinterlassen hat. Kain hatte sich vom Angesicht Gottes weggewandt (Gen 4,16), nun kommt Gott ihm mit seinem Angesicht entgegen und schreibt seinen Namen auf die Stirn der Nachkommen Kains.

Mit dieser Hoffnung werden Christenmenschen in die Geschichte entlassen. Es gibt für den Menschen kein Jenseits der Geschichte, denn Gott kommt uns gerade in dieser Geschichte mit seiner neuschaffenden Kraft entgegen. Die Versuche einer utopischen Gegenwelt der Ruhe dagegen bestätigen immer noch die Herrschaft der Unruhe. Es gibt kein Zurück in den

Garten Eden und es gibt keine Möglichkeit, die himmlische Garten-Stadt zu erzwingen. Denn alles hängt am göttlichen Entgegenkommen.

Jenseits von Burn-Out und Bore-Out
Nomadische Existenz und diasporische Kirche

Der Aufbruch in die Moderne war auch der Versuch der vermuteten tödlichen Langeweile, dem Bore-Out des Gartens Eden, zu entkommen. Doch mit der Bejahung der Unruhe als Existenzform jenseits von Eden hat sich der Mensch mit der Freiheit auch das Risiko der Erschöpfung eingehandelt. Nicht als Schicksal, aber doch als Möglichkeit. Mit der Entgrenzung und Subjektivierung der Arbeit am Ende des 20. Jahrhunderts zeigte sich in Gestalt des Burn-Out eine neue Form der Erschöpfung der Nachkommen Kains.

Diese sehen sich nunmehr vor die unselige Alternative des Bore-Out im Garten Eden oder des Burn-Out jenseits von Eden gestellt, weil ihnen die Hoffnung eines Lebens jenseits der beiden Alternativen abgeht, wie es uns die biblische Gartenstadt vor Augen malt. Kain wird hier nicht denunziert. Weder seine nomadische Existenz noch seine Fähigkeit Kultur zu schaffen und Städte zu bauen erfahren eine irgendwie vernichtende Kritik. Die Unruhe als Existenzform darf bejaht werden. Gleichzeitig aber wird Kain die Last von den Schultern genommen, die Welt und sich selbst zu vervollkommnen. Vielmehr – so die Narration – kommt Gott Kain in seiner nomadischen Existenz entgegen und vervollkommnet die menschliche Unruhe mit seiner Ruhe. Dem siebten Tag der durch Ruhe vervollkommneten Schöpfung folgt der achte Tag der neuen Schöpfung, an dem die Unruhe der Geschichte durch die Ruhe Gottes geheilt und vollendet wird. Wohlgemerkt: durch die Ruhe Gottes, die „menucha“, und nicht durch die Ruhepausen der Menschen, die ihre Batterien wieder aufladen oder ihre geistlichen Quellen neu freilegen.

Es ist deshalb theologisch fragwürdig, wenn die Wiederherstellung der Ausgebrannten zur weiteren Selbstoptimierung mit dem biblischen Verständnis von Ruhe in eins gesetzt wird. Es geht bei der „menucha“ auch nicht um die Wiederentdeckung der Muße oder eine gelungene „life-work-balance“, die heute ja selbst wieder als Konsumgut und kulturelles Kapital vereinnahmt werden. Und es geht auch nicht, wie bei dem von Konersmann als radikale Alternative eingebrachten Walter Benjamin, um eine radikale „Unterbrechung“ und „Stillstellung“ der Geschichte. Nein, es geht um die göttliche Bejahung und die von Gott im Akt der Neuschöpfung bewerkstelligte Vollendung der Existenz Kains.

Die biblischen Texte – übrigens im Neuen und im Alten Testament – kommen im Lichte dieser Hoffnung selbst zu einer Neubewertung des nomadischen Lebens und der Diaspora als Lebensform des Volkes Gottes. Dazu gehört der immer wieder zitierte Appell des Jeremia an die Exilierten in Babylon: „Suchet der Stadt Bestes!“ (Jer 29,7). Dazu gehört aber auch die Mahnung an die neuen christlichen Gemeinden: „Wir haben hier keine bleibende Stadt!“ (Hebr 13,14). Gott weist sein Bundesvolk ein in das diasporische Leben jenseits von Eden. Die Diaspora ist die Existenzform der Hoffnung.

Juden und Christen haben sich immer wieder schwer getan mit dieser Vorstellung und haben die Diaspora zumeist als Strafe begriffen. Doch angesichts der modernen Lebensverhältnisse, in denen immer mehr Menschen immer häufiger und umfassender unterwegs sind (und dazu gehört auch die Flucht vor Gewalt, Not, Unfreiheit, ökologischen Krisen oder Unsicherheit), in der auch Waren, Geld und Informationen in immer größeren Strömen um den Planeten fließen, wird das Leben insgesamt nomadischer.[60] Die Diaspora wird so zur alltäglichen Existenzform. Somit ist „Heimat“ – weil sich auch alle Verhältnisse vor Ort schnell und radikal wandeln – in erster Linie eine mitgeführte Erinnerung und Sehnsucht. Im Lichte dieser Erfahrungen lässt sich erkennen, dass es ein biblisches Verständnis gibt, wonach Gott die Seinen „ausstreut“ (griechisch: „diasporein“) unter die Völker, um unter den Nachkommen Kains vom göttlichen Willen zur Heilung des Lebens zu zeugen. Im Bild vom göttlichen Sämann (Mk 4,1–9 par) ist dieses Motiv ebenso enthalten wie im Bild vom „Salz“ (Mt 5,13), das wir aus der Bergpredigt kennen.

Als die „Ausgestreuten“ sollen Christenmenschen also keine scheinbar heilen Gegenwelten schaffen, in denen „Ruhe“ herrscht und alle an den

[60] Vallet (2014) hat gezeigt, dass gegen diese Durchlässigkeit in den Jahren nach dem 11. September 2001 weltweit immer neue Zäune und Mauern errichtet wurden, um die Grenze zwischen Drinnen und Draußen, Einheimischen und Fremden neu zu festigen.

geistlichen Quellen trinken, sondern an der Unruhe der nomadischen Lebensformen teilhaben. Wir wissen aus der Geschichte, dass Bilder, die man seitens der kirchlichen Gemeinschaft der vermeintlich säkularen Un-Ruhe als Kontrastfolie gegenüber zu stellen versucht hat, ausschließend wirkten. Sie beförderten den Rückzug vom öffentlichen Leben, auf das sich einzulassen, so etwas wie eine geistliche Ruhe zu stören schien. Die Reformation hat demgegenüber die Öffentlichkeit und die „vita activa" als Ort der Hoffnung wiederentdeckt. Andererseits hat sich eine Praxis bewährt, die Zeiten und Räume einer Ruhe kennt, die nichts anderem dienen, als die göttliche Vollendung der Unruhe zu erinnern und zu erwarten. Mit dem wöchentlichen Sonntag, der dem Schabbat folgt, und dem Rhythmus des Kirchenjahres sind uns solche Zeiten als Antizipationen der von Gott mittels seiner Ruhe vollendeten Unruhe angeboten, die eben keine Grabes-Ruhe ist, sondern Auferweckungs-Ruhe. Die Sehnsucht nach Räumen, die als nichtverzweckte „Häuser Gottes" erlebt werden, ist ebenso ungestillt, wie die nach Pilger-„Wegen" auf denen Gott uns entgegenkommt.

Nach evangelischem Verständnis sind beides, die Zeiten und die Räume, nicht „heilig" im Sinne einer „sakralen" Kontrastwirklichkeit, in der Gott präsenter ist, als im nomadischen, unruhigen Alltag. Sonntage und Kirchen dienen lediglich der Vergewisserung, dass Gott sowohl die anderen Wochentage als auch die ganze Stadt, das ganze Dorf „heiligt", d.h. vervollkommnen will. Der Glauben wird dadurch erkennbar, dass wir „den Namen Gottes heiligen", den Kain in der himmlischen Gartenstadt auf die Stirn geschrieben bekommt. Für diese Hoffnung, die sich nicht erschöpfen und uns deshalb auch nicht „stressen" kann, sollen Christenmenschen „brennen".

Im Lichte dieser Überlegungen lässt sich sagen, dass jene, die das „christliche Abendland" gegen die Wanderungsbewegungen unserer Zeit verteidigen wollen, ein Zeugnis des Unglaubens und der Hoffnungslosigkeit ablegen. Jene aber, die dem umherirrenden Kain mit seinem Zeichen auf der Stirn freundlich in die Augen blicken und ihm Wasser und Brot reichen, sind im Begriff „Gottes Namen zu heiligen". Damit ist noch nichts über die komplizierten politischen Fragen gesagt, die sich uns heute stellen. Dafür müssen die jeweils besseren Lösungen gesucht werden.

Das Menschenrecht auf Undurchsichtigkeit

Kommen wir zu einer letzten Überlegung. Der Erschöpfungsdiskurs hat gezeigt, dass die Entgrenzung und Subjektivierung von Arbeit sowie die Vermarktlichung der Einzelnen zur Ich-AG den Hintergrund für das Ausbrennen bilden, das heute in vielen Varianten beobachtet wird. Knapp gesagt: Der Zugriff auf die ganze Person macht diese fertig. Dieser Zugriff aber vollzieht sich auch in den Lebenszusammenhängen, die der Freizeit zugeordnet werden, indem die Person ganz in den Strom des digitalen Informationsaustausches hineingezogen wird. Dadurch werden klassische Schutzmechanismen, wie die Unterscheidung von öffentlichen und privaten Lebenszusammenhängen, außer Kraft gesetzt. Auch das geschieht im Zeichen des Versprechens einer umfassenden, ganzheitlichen Entfaltung der Person.

Auch hier erleben wir, dass aus dem emanzipatorischen Versprechen eine (ökonomisierte) Forderung geworden ist, nämlich die nach unbedingter „Transparenz". Das zeigt sich heute etwa daran, dass versucht wird gegenüber den Internetkonzernen eine „Recht auf Vergessen" durchzusetzen, also die Transparenz einzuschränken. Konersmann hat jedoch mit seinem Hinweis auf das von Édouard Glissant propagierte „Menschenrecht auf Undurchsichtigkeit" daran erinnert, dass unsere Vorstellungen einer Pflicht zur Entwicklung von Identität, die sich von außen erkennen lässt, die Grenze des Menschlichen überschreiten. Es ist taktlos, indiskret und beschämend, Menschen eine Norm ihrer Entwicklung vorzugeben in welcher Form auch immer.

Doch genau jener Versuch die Person durchsichtig zu machen ist kennzeichnend für die Zurichtung des unternehmerischen Selbst. Interessant ist sicher, dass anders als bei einem Disziplinarregime das Mittel der Wahl die Kontrolle durch Selbststeuerung ist und sich dafür eine christliche Vorgeschichte der Introspektion rekonstruieren lässt. Aus der religiösen Gewissensprüfung durch Beichtspiegel, wie es sie auch im Protestantismus in der Mitte des 17. Jahrhunderts gab, wurden psychologisch konstruierte Prüfungstechniken Teil der Optimierungsprogramme. Hierbei spielt der Begriff der Kompetenz für die Personalauswahl und die vorgelagerten Bildungsprozesse eine Schlüsselrolle.[61] Vollzog sich die Selbstprüfung

---

[61] Vgl. dazu Gelhard (2011).

des Gläubigen im forum internum des Gewissens unter den Augen Gottes als unsichtbarem Mit-Wisser („con-scientia“)[62], so werden in heutigen Assessment-Verfahren bei einer „360 Grad Feedbackanalyse“[63] Beobachter eingesetzt, die über die persönliche Eignung der Getesteten urteilen.[64] In diesen Verfahren ist der „Vorrang der Beobachtung vor der Begegnung“ nicht zufällig, „weil die Dynamik der Responsivität sich der Logik des Vergleichs entzieht, die einschlägigen Prüfungsformate aber durchweg auf Vergleichbarkeit zielen“[65]. Es zeigt sich: „Der Platz des Alleinherrschers sei es Gott, der über unsere Sünden richtet, sei es der Souverän, der über Leben und Tod entscheidet bleibt tatsächlich leer; die Position des Dritten, die uns in Stand setzt, nicht *mit anderen*, sondern *über andere* zu sprechen, bleibt aber die entscheidende strategische Position, die es zu kontrollieren und zu besetzen gilt.“[66]

Diese Macht der Dritten, vor denen wir uns selbst freiwillig durchsichtig machen – auf dem Arbeitsmarkt bei Bewerbungen, wie in der Freizeit in den sozialen Netzwerken[67] – und die über uns urteilen, ist eine grundlegende Erfahrung des unternehmerischen Selbst. Es ist als hätte Kain den Schutz seines Zeichens an der Stirn verloren und eine ungreifbare Macht sorge für eine ganz neue Art der Beunruhigung. Kain sieht sich entblößt und beobachtet. Er muss sich selbst ständig fragen, ob er auch alle persönlichen Ressourcen ausschöpft.

Es scheint offensichtlich, dass der Stress Kains nicht unbedingt abnimmt, wenn wir ihm raten, nun auch noch seine geistlichen Ressourcen ganz auszuschöpfen. Es sei denn, er stößt in diesem Zusammenhang auf die Erzählung vom Entgegenkommen Gottes, der ihm seinen göttlichen Namen auf die Stirn schreiben wird. Kain wird von Gott – ebenso wie die ersten

---

[62] Gelhard (2011), 27.

[63] Gelhard (2011), 64.

[64] Gelhard (2011), 111: „Die rapide Verbreitung psychologisch instrumentierter Kompetenztests hat in diesem Zusammenhang also *denselben* Effekt wie die Verlagerung zahlreicher Prüfungssituationen ins Informelle: Sie erweitert den Bereich überprüfbarer Situationen, Handlungsmuster und seelischer Dispositionen.“

[65] Gelhard (2011), 136.

[66] Gelhard (2011), 137.

[67] Markowetz (2015) hat die große Bedeutung der Smartphones für diesen Zusammenhang nachgewiesen.

Menschen im Paradies – nicht beschämt.[68] Er muss sich nicht entblößen. Es ist Gott, der sich durchsichtig macht und sein Angesicht zeigt. Kain selbst muss seine Verletzungen nicht verstecken, seine ganze Lebensgeschichte und zwar auch all das, was ihm selbst verborgen geblieben ist, wird mit Hilfe der Blätter von den Bäumen des Lebens geheilt (Offb 22,2). Selbst jetzt noch wird der Mensch nicht entblättert sondern eingehüllt – nicht beschämt, sondern geschützt.

Vielleicht sollte Kain im Lichte dieser Hoffnung getrost seinem Tagwerk nachgehen und wir ebenso getrost aufhören, uns selbst und andere Menschen ganz durchsichtig machen zu wollen. Vielleicht erkennen wir die Welt ohnehin am Klarsten im Morgennebel des ersten Schöpfungstages, in der vervollkommnenden Müdigkeit der göttlichen Ruhe am siebten Schöpfungstag und in dem Respekt mit dem Gott Kain am achten Tag der neuen Schöpfung begegnet.

Literatur

Bartmann, Christoph (2012), Leben im Büro. Die schöne neue Welt der Angestellten, München 2012.

Boltanski, Luc / Chiapello, Ève (2003), Der neue Geist des Kapitalismus, Konstanz 2003.

Bröckling, Ulrich (2007), Das unternehmerische Selbst. Soziologie einer Subjektivierungsform, Frankfurt a.M. 2007.

Bröckling, Ulrich (2013), Der Mensch als Akku, die Welt als Hamsterrad. Konturen einer Zeitkrankheit, in: Neckel, Sighard / Wagner, Greta (Hgg.), Leistung und Erschöpfung. Burnout in der Wettbewerbsgesellschaft, Berlin 2013, 179–181.

Bude, Heinz (2014), Gesellschaft der Angst, Hamburg 2014.

Crouch, Colin (2008), Postdemokratie, Frankfurt am Main 2008.

de Saint Victor, Jacques (2015), Die Antipolitischen. Mit einem Kommentar von Raymond Geuss, Hamburg 2015.

Ehrenberg, Alain (2004), Das erschöpfte Selbst. Depression und Gesellschaft in der Gegenwart, Frankfurt / New York 2004.

Fechtner, Kristian (2015), Diskretes Christentum. Religion und Scham, Gütersloh 2015.

[68] Zu dieser Überlegung vgl. Fechtner (2015).

Fisher, Mark (2013), Kapitalistischer Realismus ohne Alternative? Eine Flugschrift, Hamburg 2013.

Foucault, Michel (2004), Die Geburt der Biopolitik. Geschichte der Gouvernementalität II. Vorlesungen am Collège de France 1978–1979, Frankfurt a.M. 2004.

Gelhard, Andreas (2011), Kritik der Kompetenz, Zürich 2011.

Glissant, Édouard (2005), Kultur und Identität. Ansätze zu einer Poetik der Vielheit. Aus dem Französischen von Beate Thill, Wunderhorn, Heidelberg 2005.

Gronemeyer, Marianne (2012), Wer arbeitet, sündigt … Ein Plädoyer für gute Arbeit, Darmstadt 2012.

Han, Byung-Chul (2010), Müdigkeitsgesellschaft, Berlin 2010.

Han, Byung-Chul (2014), Psychopolitik. Neoliberalismus und die neuen Machttechniken, Frankfurt am Main 2014.

Haubl, Rolf (2013), Burnout – Diskurs und Metaphorik, in: Neckel, Sighard / Wagner, Greta (Hgg.), Leistung und Erschöpfung. Burnout in der Wettbewerbsgesellschaft, Berlin 2013, 165–178.

Herlyn, Okko / Lauer, Hans-Peter (2004), Kirche in Zeiten des Marktes. Ein Störversuch, Neukirchen-Vluyn 2004.

Hochschild, Arlie Russell (2002), Work-Life-Balance – Keine Zeit. Wenn die Arbeit zum Zuhause wird und zu Hause nur Arbeit wartet, Opladen 2002.

Kleemann, Juliane / Pompe, Hans-Hermann (2015) (Hgg.), Erschöpfte Kirche? Geistliche Dimensionen in Veränderungsprozessen. (Kirche im Aufbruch 18), Leipzig 2015.

Klostermeier, Birgit (2011), Das unternehmerische Selbst der Kirche. Eine Diskusranalyse, Berlin/Boston 2011.

Konersmann, Ralf (2015), Die Unruhe der Welt, Frankfurt am Main 2015.

Kury, Patrick (2013), Von der Neurasthenie zum Burnout – eine kurze Geschichte von Belastung und Anpassung, in: Neckel, Sighard / Wagner, Greta (Hgg.), Leistung und Erschöpfung. Burnout in der Wettbewerbsgesellschaft, Berlin 2013, 107–128.

Leghissa, Giovanni (2014), Die Verfirmung der Gesellschaft. Zur Kritik des Neoliberalismus, München 2014.

Markowetz, Alexander (2015), Digitaler Burnout. Warum unsere permanente Smartphone-Nutzung gefährlich ist, München 2015.

Meireis, Torsten (2008), Tätigkeit und Erfüllung. Protestantische Ethik im Umbruch der Arbeitsgesellschaft, Tübingen 2008.

Menke, Christoph / Rebentisch, Julia (2012)*(Hgg.)*, Kreation und Depression. Freiheit im gegenwärtigen Kapitalismus, Berlin 2012.

Möhring-Hesse, Matthias (2011), Gute Arbeit unter den Bedingungen von Erwerbsarbeit, in: *Bedford-Strohm, Heinrich u.a. (Hgg.)*, Arbeitswelten (Jahrbuch sozialer Protestantismus Bd. 5), Gütersloh 2011, 42–65.

Neckel, Sighard (2008), Flucht nach vorn. Die Erfolgskultur der Marktgesellschaft, Frankfurt am Main / New York 2008.

Neckel, Sighard / Wagner, Greta (2013a)*(Hgg.)*, Leistung und Erschöpfung. Burnout in der Wettbewerbsgesellschaft, Berlin 2013.

Neckel, Sighard / Wagner, Greta (2013b), Erschöpfung als ‚schöpferische Zerstörung'. Burnout und gesellschaftlicher Wandel, in: dies. (Hgg), Leistung und Erschöpfung. Burnout in der Wettbewerbsgesellschaft, Berlin 2013, 203–214.

Ötsch, Walter Otto / Thomasberger, Claus (2009)*(Hgg.)*, Der neoliberale Markt-Diskurs – Ursprünge, Geschichte, Wirkungen, Marburg 2009.

Pfeiffer, Sabine (2004), Arbeitsvermögen. Ein Schlüssel zur Analyse (reflexiver) Informatisierung, Wiesbaden 2004.

Reckwitz, Andreas (2012), Die Erfindung der Kreativität. Zum Prozess gesellschaftlicher Ästhetisierung, Berlin 2012.

Rosa, Hartmut (2006), Beschleunigung. Die Veränderung der Zeitstruktur in der Moderne, Frankfurt a.M. 2006.

Rosa, Hartmut (2013), Beschleunigung und Entfremdung. Entwurf einer Kritischen Theorie spätmoderner Zeitlichkeit, Berlin 2013.

Rosa, Hartmut (2016), Resonanzen. Eine Soziologie der Weltbeziehung. Berlin 2016.

Rose, Nikolas (1996), Inventing Our Selves. Psychology, Power and Personhood, Cambridge 1996.

Schlamelcher, Jens (2009), Unternehmen Kirche? Neoliberale Diskurse in den deutschen Großkirchen, in: Ötsch, Walter Otto / Thomasberger, Claus (Hgg.), Der neoliberale Markt-Diskurs – Ursprünge, Geschichte, Wirkungen, Marburg 2009, 213–256.

Sennett, Richard (1998), Der flexible Mensch, Berlin 1998.

Skala, Dominik (2015), Urbanität als Humanität. Anthropologie und Sozialethik im Stadtdenken Richard Sennetts, Paderborn 2015.

Titton, Monika (2013), Erschöpfte Prominenz, in: Neckel, Sighard / Wagner, Greta*(Hgg.)*, Leistung und Erschöpfung. Burnout in der Wettbewerbsgesellschaft, Berlin 2013, 86–103.

Vallet, Elisabeth (2014), Borders, Fences and Walls. State of Insecurity, Ashgate 2014.

Voß, Gerd Günter / Pongratz, Hans J. (1998), „Der Arbeitskraftunternehmer". Eine neue Grundform der ‚Ware Arbeitskraft'?, in: Kölner Zeitschrift für Soziologie und Sozialpsychologie, 50 (1998), 131–158.

AUS DEM VOLLEN SCHÖPFEN?

Kirchliches Handeln im Horizont der Neuschöpfung

Motivation, die aus dem Vollen schöpft

Ein Beitrag zur Theologie des freiwilligen Engagements

Thorsten Moos

Einleitung: Überall Krise, nur hier nicht!?

Die Erleichterung springt einem förmlich entgegen: Sowohl im zivilgesellschaftlichen als auch im kirchlichen Bereich bestätigen neueste Untersuchungen[1], dass von einer Krise des Ehrenamtes nicht die Rede sein kann. Das Ehrenamt lebt – in Gesellschaft und Kirche! Für die Kirche ist das insofern erstaunlich, als man ansonsten eher den Eindruck hat, auf einem permanenten Krisenfeld zu arbeiten. Säkularisierung und Entkirchlichung der Gesellschaft schaffen eine Reihe von Problemen (Kirchenaustritte, Erosion der familiären religiösen Tradition, gesellschaftliche Marginalisierung und demographische Veränderungen – um nur einige zu nennen), auf die mit einem Reformeifer geantwortet wird, der gelegentlich die Liste der Probleme eher verlängert, als sie zu lösen. Wie gut, dass hier endlich mal ein Bereich ausgenommen scheint, in dem sogar Wachstum (allerdings nicht immer „gegen den Trend"[2]) zu verzeichnen ist.

Weit davon entfernt auch hier eine Krise herbeireden zu wollen, sieht die Wahrnehmung in den Gemeinden z. T. etwas prekärer aus. Dieser Beitrag entstand in einer von der EKHN gewährten Studienzeit, die mit einem

---

1 Das ist die soziologische Grundtendenz von Gensicke (2010), 111 gegen ältere Prognosen. Diese Ergebnisse werden von Veröffentlichungen über das kirchliche Ehrenamt gerne und zufrieden aufgegriffen (so z. B. Petry [2009], 18 und Seidelmann [2012], Titel (!) und 8ff.).

2 Aber auch das gibt es. Wo Arbeitsbereiche Befriedigung und Freude bei Mitarbeitenden schaffen, wächst das Engagement. So z. B. in der Konfirmandenarbeit. Von der ersten zur zweiten KA-Studie ist die Zahl der Mitarbeitenden in fünf Jahren um 3,2% gestiegen, die der Konfirmanden aus demographischen Gründen um 10% gefallen. Vgl. Schweitzer (2015), 156.

Initiativeindruck aus der eigenen Gemeinde begann. Trotz einer Vielzahl von ehrenamtlichen Mitarbeitern[3] fiel es uns sehr schwer, für frei werdende Aufgaben neue Mitarbeiter zu finden. Besonders schwierig gestaltete sich der Findungsprozess bei Aufgaben mit a) hoher Leitungsverantwortung oder b) hohem Zeitaufwand bei niedrigem sozialem Prestige. Verbindlichkeit in Bezug auf verlässliche und dauerhafte Übernahme der Aufgabe stellte sich als Anforderung heraus, die viele potentielle Mitarbeiter abschreckte.

In der Diskussion darüber erwiesen sich die theologisch-soziologischen Begründungen, die jahrzehntelang funktioniert hatten, als brüchig. Tradition und Gemeinschaft, Dienst für Gott und den Nächsten wurden als richtige, aber wenig überzeugende Argumente erfahren. Mit den gesellschaftlichen Veränderungen müssen auch die theologischen Begründungen neu fokussiert oder vielleicht modifiziert werden.

Diese Notwendigkeit zeigte sich dann auch in der von der konkreten Gemeinde losgelösten Studienarbeit. Der Bereich des Ehrenamtes ist soziologisch-empirisch gut erforscht. Die Veränderungen werden präzise wahrgenommen. Sieht man sich dann die anstehenden Bewertungen und Deutungen an, ist eine beharrliche und erstaunliche Eindimensionalität an theologischer Durchdringung des Themas festzustellen: Kurze Verweise auf das allgemeine Priestertum aller Getauften sollen es richten. Die EKD bekennt: „Ehrenamtliches Engagement ist ein zentraler Ausdruck des Glaubens“[4]. Aber warum das so ist oder sein soll, wird dann in zwei Sätzen mit schöpfungstheologischen und ethischen Verweisen sowie der „Freiheit eines Christenmenschen“ „geklärt“.[5] Die Motivation zum Ehrenamt wächst dadurch nicht unbedingt.

---

3 Dieser Aufsatz verzichtet aus ästhetischen Gründen weitgehend auf die jeweilige Nennung beider Geschlechter und bittet die Leserinnen und Leser, das generische Maskulinum inklusiv zu verstehen.

4 Synode (2009), o. S.. Eröffnungssatz! Andere Bekenntnisse lassen einem ratloser zurück: „Evangelische Kirche lebt vom Engagement ihrer Mitglieder.“ (Petry [2009], 18.) Ist das soziologisch oder theologisch gemeint? Welches Kirchenbild steht dahinter?

5 Der ungeheuren praktischen und theologischen Bedeutung des freiwilligen Engagements in Kirche und Gemeinde steht ein nicht zu übersehendes Desinteresse der Praktischen Theologie gegenüber, das von einigen ihrer Vertreter zunehmend als fragwürdig erkannt wird. Vgl. Grethlein (2012), 451.456.

In meiner Studienzeit wurde mir zunehmend klarer, dass es deshalb hier einen Perspektivwechsel braucht. Ergänzend zum Priestertum aller Getauften will ich einen weiteren Blick auf das Ehrenamt werfen, der weniger den Auftrag als die Hoffnung in den Fokus nimmt, aus dem das freiwillige Engagement lebt. Dazu muss dieser Aufsatz versuchen, einen eigenen Beitrag zur Theologie des Ehrenamtes zur Diskussion zu stellen. Sie ist nach wie vor ein Desiderat und ich werde die Lücke mit diesem Text freilich nicht schließen können.

Ich will aber versuchen, das freiwillige Engagement innerhalb und außerhalb der Kirche auf ein breiteres Fundament zu stellen. Dadurch soll Erschöpfung im und durch das Ehrenamt vermieden oder gelindert werden. Ich konzentriere mich dabei auf die Fragen nach der Motivation fürs Ehrenamt. Wie entsteht sie, wie erhält sie sich und wie ist sie theologisch zu deuten? Da hören Sie wieder die konkrete Interessenlage einer Gemeinde im Hintergrund.

Ich gliedere dabei in drei Hauptteile. Zunächst werde ich die Ergebnisse der empirischen Ehrenamtsforschung sichten. Der Schwerpunkt liegt dabei auf den Motivationsfragen. Im zweiten Teil versuche ich diesen Befund, theologisch zu deuten und weiter zu entwickeln. In einem kürzeren Schlussteil sollen dann mögliche Interaktionen gefolgert werden.

2. Sichtung

Das Bundesministerium für Familie, Senioren, Frauen und Jugend hat erstmals 1999 eine groß angelegte und repräsentative Trenderhebung zum freiwilligen Engagement in der Zivilgesellschaft bei tns-Infratest in Auftrag gegeben. Der sogenannte „Freiwilligensurvey“[6] wurde 2004 und 2009 wiederholt, so dass empirisch belastbare Daten zur Verfügung stehen, die sowohl Bestand als auch temporale und inhaltliche Veränderungen abbilden. Die Untersuchungen und Daten von 2004 und 2009 wurden vom Sozialwissenschaftlichen Institut der EKD noch einmal einer Sonderauswertung[7] unterzogen, die genauere Aussagen im Blick auf die Konfession der Befragten

[6] Gensicke (2010). Insgesamt wurden 20.000 Menschen im Alter über 14 Jahren befragt.

[7] Seidelmann (2012).

(ev., kath., nicht konfessionell) und den Engagementbereich (innerhalb und außerhalb von Kirche/Religion) ermöglichen.

Grundsätzliches

Im untersuchten Zeitraum von 1999 bis 2009 sind sowohl die Reichweite der Zivilgesellschaft (Beteiligung in Organisationen und Gruppen, von 66% auf 71%) als auch der Anteil freiwillig Engagierter in der Bevölkerung (von 34% auf 36%) gestiegen[8]. *Ein immer höherer Anteil der Bevölkerung engagiert sich ehrenamtlich.* 37% der Bevölkerung (1999: 26%) gelten darüber hinaus als potentiell zum Engagement bereit. Über fast alle Altersgruppen hinweg engagieren sich deutlich mehr Männer als Frauen (40% zu 32% bezogen auf die Gesamtbevölkerung). Das ist in der evangelischen Kirche deutlich anders: Zwar nimmt die Zahl der sich engagierenden Männer zu, aber immer noch stehen 61% Frauen 39% Männern gegenüber (1999: 69% zu 31%). Signifikant ist die Veränderung in der Gesellschaft im Verhältnis von Lebensalter und Engagement seit 1999[9]. Beendeten damals viele ihr Engagement mit Eintritt in den Ruhestand, ist bei den 60–69Jährigen jetzt sogar ein neuer Gipfel auszumachen. Körperliche Verfassung und gestiegenes Bildungsniveau der Senioren halten die Aktivität bis zum 75. Lebensjahr erstaunlich hoch.

Engagement und Kirche

„Kirche und Religion" (6,9%) ist nach „Sport und Bewegung" (10,1%) der zweitgrößte Engagementbereich. Erfreulich dabei: Einzig der kirchliche Bereich konnte unter den sechs „Big Playern" Gewinne verbuchen und seine Wichtigkeit seit 1999 (5,3%) deutlich steigern[10].

Einer der Nutznießer und zugleich vermutlich (Mit-)Auslöser dieses Trends ist die evangelische Kirche[11]. Zu 77% geben die in ihr Engagierten

---

[8] Die folgenden Zahlen aus: Gensicke (2010), 5–8.19.93.

[9] Vgl. Gensicke (2010), 20.

[10] Gensicke (2010), 93f.

[11] Die folgenden Zahlen aus Seidelmann (2012), 11–16 beziehen sich auf 2047 evangelische Befragte bzw. 532 in „Kirche und Religion" engagierte Evangelische. Abb. 1 ebd. 13, Abb. 2 ebd. 15.

an, sich in einer Kirchengemeinde einzubringen. Verein (9%) und Diakonie (8%) spielen wichtige Nebenrollen.

Der Anteil der Evangelischen, die sich in anderen Bereichen als „Kirche und Religion" beteiligen, verharrte auf dem hohen Wert von 10,2% (vgl. Abb. 1[12]).

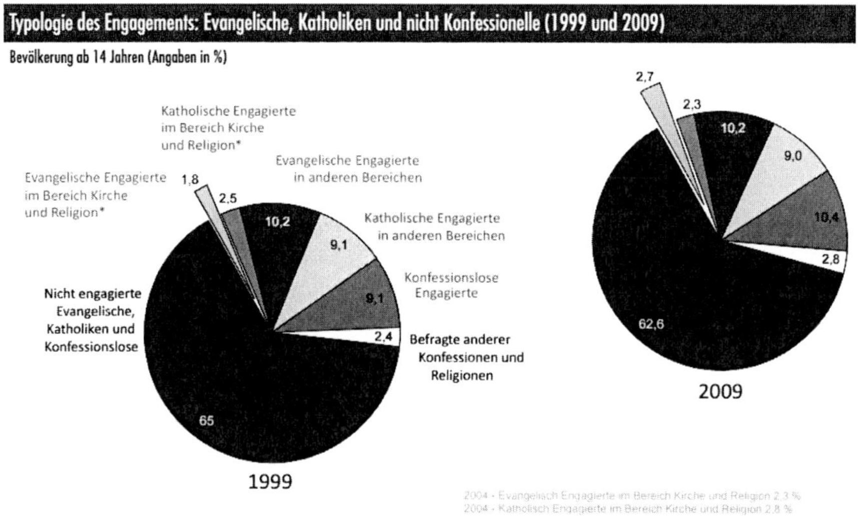

Abb. 1

In dem angesprochenen Bereich aber steigerte sich der Anteil der Evangelischen auf 2,7% der Gesamtbevölkerung (1999: 1,8%). Das heißt in absoluten Zahlen: *Das Engagement in der Evangelischen Kirche ist in 10 Jahren um rund 700.000 Ehrenamtliche gewachsen!* Mehr noch: Auch die Dauer der freiwilligen Tätigkeit hat zugenommen: Statt 9,5 Jahre (1999) engagieren sich die Evangelischen in ihrer Kirche nun 11,5 Jahre[13].

Die Evangelischen zeigen sich dabei auch überzeugter von ihrer Tätigkeit: Die persönliche Wichtigkeit des Engagements ist von 34 auf 40 Prozent gestiegen, der Spitzenwert unter allen Befragten. 43% (1999: 38%)

---

[12] Die in diesem Beitrag verwendeten Abbildungen sind dem Hauptbericht des Freiwilligensurveys 2009 (Gensicke / Geist [2010]) und der Sonderauswertung „Evangelische engagiert – Tendenz steigend" (Seidelmann [2012]) entnommen. Die Erhebungen wurden durchgeführt durch das Münchener Institut TNS Infratest.

[13] Seidelmann (2012), 27.36.

können sich sogar vorstellen, ihre Tätigkeit noch auszuweiten, wenn sich etwas Interessantes anbietet[14].

Zwei kleine Wermutstropfen[15] bietet der Survey für die Kirche dennoch. Auch wenn sich mehr Menschen immer länger engagieren, die monatlich investierte Zeit sinkt bei allen Befragten, in der evangelischen Kirche von 16,1 Std. in 1999 auf 13,4 Std. in 2009 (im Vergleich zu anderen Bereichen niedrige Werte).

Und auch die Bereitschaft, sich in Leitungsfunktionen zu betätigen, ist von 30 auf 25 Prozent gesunken. Die Kirche tut sich also schwer, trotz großem Mitarbeiterpotential Freiwillige für zeitintensive und hochverantwortliche Aufgaben zu gewinnen. Da alle anderen Akteure den gleichen Befund aufweisen, ist hier nicht mit innerkirchlichen, sondern gesellschaftlichen Kausalfaktoren zu rechnen. Die sich verändernde Arbeits- und Familienwelt dürfte am ehesten in Frage kommen. Sie bremst z. B. auch das Engagement von Frauen im Alter von 20 bis 40 sehr deutlich aus[16]. Diese Veränderungen bleiben für die Gesamtstichprobe nicht ohne Folgen. Von allen Engagierten gehören 67% einer der beiden Großkirchen an. An der Gesamtbevölkerung haben sie aber nur einen Anteil von 60% (in 2009). Kirchenmitglieder engagieren sich also überdurchschnittlich häufig in der Zivilgesellschaft, Konfessionslose dagegen unterdurchschnittlich. Zugleich haben diejenigen Evangelischen, die sich engagieren, eine überdurchschnittliche Kirchenbindung (vgl. Abb. 2).

Dieser Effekt hat sich im Untersuchungszeitraum sogar noch verstärkt. Kirche ist sicher nicht der alleinige Ausgangspunkt des Engagements, aber im Bereich „Kirche und Religion“ muss eine Kraft wirksam sein, die dieses Ergebnis des Surveys bewirkt: *Je stärker ein Mensch der (ev. oder kath.) Kirche verbunden ist, desto größer ist die Wahrscheinlichkeit, dass er sich ehrenamtlich in Kirche und Gesellschaft engagiert.*

---

[14] Seidelmann (2012), 37.

[15] Seidelmann (2012), 37f. Seidelmann präsentiert die beiden Umstände nicht im Fließtext, sondern nur im Anhang.

[16] Gensicke (2010), 19.

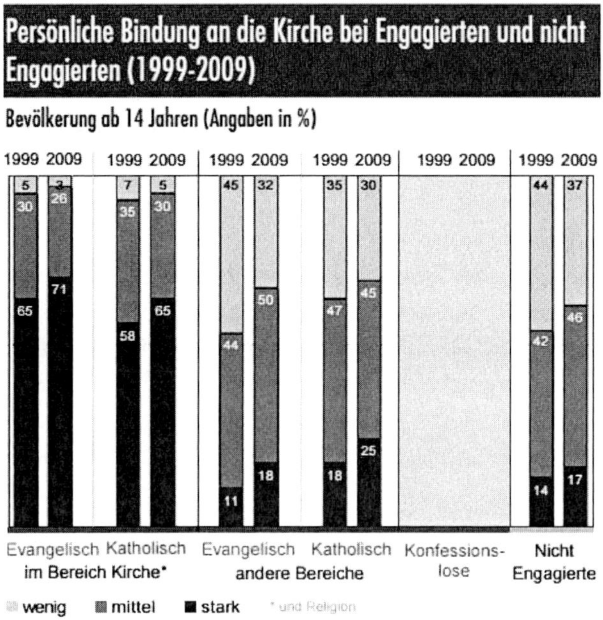

Abb. 2

Fördernde und hemmende Faktoren

An verschiedenen Stellen des Surveys werden Faktoren deutlich, die ehrenamtliches bzw. freiwilliges Engagement fördern oder hemmen.

- *Alter*[17]: Besonders stark engagieren sich Menschen im Alter von 35 bis 55 Jahren. In der Jugendzeit liegen die Werte etwas über dem Durchschnitt, um zwischen 25 und 35 Jahren das niedrigste Niveau vor dem 75. Lebensjahr zu erreichen. Ab 75 Jahren bricht das Engagement aus Altersgründen deutlich ein.
- *Familie*[18]: Hier besteht ein klarer Zusammenhang zwischen Haushaltsgröße und Engagement. Singles engagieren sich zu 27%, Familien mit zwei oder mehr Kindern zu 45%. Der Survey erklärt diesen Zusammenhang durch den Einsatz von Eltern für ihre Kinder. Zudem zögen die

[17] Vgl. Gensicke (2010), 99f.

[18] Vgl. Gensicke (2010), 17.101.

Kinder ihre Eltern in Lebensbereiche mit hinein, die ihnen ohne Nachwuchs verschlossen blieben.

- *Mobilität und Wohnort*[19]: Der Engagementeinbruch im Alter von 25 bis 35 Jahren erklärt sich auch aus der hohen Mobilität dieser Gruppe wegen ihrer Ausbildungphase. Wer als 14–30jähriger bereits seit seiner Geburt in seinem Wohnort ansässig und verwurzelt ist, engagiert sich deutlich öfter (41%) als die anderen (32%). Das Engagement der Mobilen in diesem Alter stagniert oder retardiert sogar im Vergleich zu 1999. Das freiwillige Engagement ist generell in der ländlichen Fläche stärker verbreitet als in verdichtetem Umland oder (noch geringer) in den Kernstädten. Auf dem Land wuchs das Engagement, in den Städten zeigt sich kaum eine Veränderung.
- *Erwerbstätigkeit*[20]: Erstaunlicherweise zeigen erwerbstätige (40%) und Menschen in Ausbildung (38%), also solche, die man eher unter Zeitnot wähnt, das höchste Engagement, während Rentner/Pensionäre (30%) und Arbeitslose (6%) am Ende der Liste zu finden sind. Ehrenamtliche Tätigkeit wird also nicht in erster Linie durch freie Zeit ermöglicht, sondern durch Motivation auch unter erschwerten Bedingungen initiiert. Gute Zweidrittel der Erwerbstätigen geben an, von ihrem Arbeitsgeber durch flexible Arbeitszeiten, Freistellungen oder Nutzung seiner Infrastruktur unterstützt zu werden. Diese Bereitschaft ist im Untersuchungszeitraum allerdings um 2 bis 5 Prozentpunkte gesunken. Vor allem die Planbarkeit der Freizeit ist für die Berufstätigen ein wichtiger Faktor: Wer sie gut planen kann, engagiert sich deutlich häufiger (Männer 49%, Frauen 41%) als diejenigen, deren Beruf ständige neue Freizeitplanungen nötig macht (Männer 31%, Frauen 29%). Unregelmäßige, ständig mit neuen Zeiten und Orten spielende Beschäftigungsstrukturen schädigen ehrenamtliches Engagement und damit die Zivilgesellschaft enorm.
- *Motive und Erwartungen:* Der Survey legt einen deutlichen Schwerpunkt auf die Erkundung der Motive des freiwilligen Engagements. Allgemein stellt er fest, dass die „Bürgerinnen und Bürger etwas zum Gemeinwohl

[19] Vgl. Gensicke (2010), 186. 26.
[20] Vgl. Gensicke (2010), 103.44.11.

beitragen“[21] wollen. Die Abbildungen 3a und 3b geben die Motivationen und die Erwartungen an die freiwillige Tätigkeit im Einzelnen wieder:

Grafik Z6

Warum man sich freiwillig engagiert (2004, 2009)

Alle Engagierten ab 14 Jahren (Angaben in %)

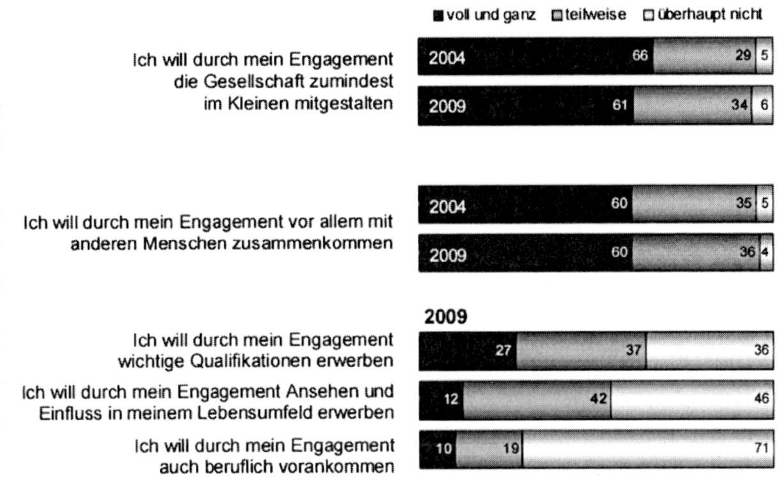

Abb. 3a

Die weitere Auswertung ergibt ein differenzierteres Bild. Die auf Qualifikation und Beruf bezogenen Motive, die in der Gesamtstichprobe gegenüber Gesellschaftsmitgestaltung und Gemeinschaft deutlich zurückfallen, sind die Favoriten der 14–30jährigen (47% bzw. 25%)[22].

Für die über 65jährigen spielen sie dagegen kaum noch eine Rolle. Beides erklärt sich als Reflex auf die Stellung der Befragten im Ausbildungs- und Berufsbereich. Vor allem die Jüngeren übernehmen offenbar die Verdichtungs- und Optimierungsansprüche ihrer Bildungsphase in den ehrenamtlichen Bereich hinein. Das Qualifizierungsbedürfnis steht dabei jedoch nicht im Gegensatz zur Gemeinwohlorientierung. Das Engagement wird, wie in allen anderen Altersgruppen auch, nicht als entbehrungsreiche

---

[21] Gensicke (2010), 12. Abb. 3 und 4 auf 12f.

[22] Vgl. Gensicke (2010), 115–118.

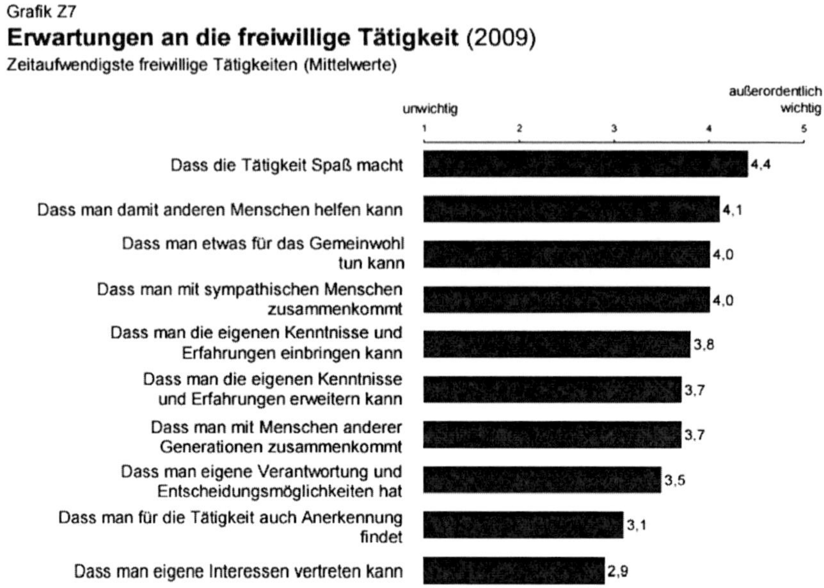

Abb. 3b

Pflichtaufgabe gesehen, sondern bereitet durchweg Freude und Spaß. Diese Erwartungen haben sich seit 1999 auch nur unwesentlich verändert.

Motivationsmuster

Die angegebenen Motive und Erwartungen der Befragten werden von den Herausgebern des Surveys zu drei Grundmustern oder Clustern verdichtet, die die Orientierung dieser „Typen" anzeigen[23]. Dabei kommt es zu spezifischen Verhältnissetzungen von Individuellem und Überpersönlichem, also dem „Ich" und dem „Wir".

- Der Typus der *Gemeinwohlorientierten* zeigt vor allem das Bedürfnis, sich für andere Menschen einsetzen zu wollen und grenzt sich von den Erwartungen der anderen Typen deutlich ab. Geselligkeit und soziale Anerkennung sind weniger wichtig. Eigene Interessen im Engagement zu verfolgen, wird zum Teil dezidiert abgelehnt, um den Altruismus zu be-

[23] Zu den Typen: Gensicke (2010), 115.121ff und Seidelmann (2012), 18f.

tonen. Das „Wir" wird im Gegensatz zum „Ich" stark gemacht. In dieser Gruppe finden sich häufig die zeitlich besonders stark Engagierten, die gerne auch mehrere Ehrenämter ausüben. Sie übernehmen Verantwortung für die Gestaltung der Gesellschaft, aber ungern in Führungspositionen. Wenig überraschend ist auch, dass die Gemeinwohlorientierten in den Kirchen (41%), Parteien (43%) und freien Initiativen (44%) dominieren.

- Der Typus der *Geselligkeitsorientierten* setzt sich in Bezug auf die Ansprüche ans Engagement am deutlichsten von den anderen ab. Gesucht wird vor allem die Nähe zu anderen sich engagierenden, sympathischen Menschen und der Spaß, der durch diese Gemeinschaft entsteht. Ob man dabei etwas lernt oder eigene Verantwortung hat, ist nicht so wichtig wie die Geselligkeit. Dahinter tritt auch die Suche nach dem Gemeinwohl zurück. Das „Ich" sucht hier seine Erfüllung im „Wir". In den Bereichen „Sport" und „Freizeit" ist der Typ sehr gut vertreten.
- Der dritte Typus der *Interessenorientierten* ist auf die Erweiterung der eigenen Fähigkeiten, Kenntnisse, Kompetenzen und Weiterentwicklung aus. Der Wunsch nach Eigenverantwortung und Anerkennung ist deutlich ausgeprägt. Der Typus bleibt aber dem Einsatz für das Gemeinwohl moderat und damit stärker verpflichtet als der geselligkeitsorientierte, so dass es nicht zu einem Gegensatz zwischen „Ich" und „Wir" kommt, sondern eher zu einem pragmatischen Ausgleich. Eigene Anliegen verfolgen und dem Gemeinwohl dienen wird versucht in Übereinstimmung zu bringen. Die Interessenorientierten sind im Bereich „Berufliche Interessenvertretung" überproportional repräsentiert (49%). Sie sind auch typisch für Leitungs- und Vorstandsfunktionen.

Bei der Rede von drei Typen der Motivorientierung muss man die Grenzen eines solchen Modells mitbedenken. Die Zusammenstellung von Antwortitems zu Clustern kann suggerieren, dass es diese Konstruktionen auch als reale Menschen gibt. Gensicke sieht selbst, „dass die meisten Menschen einen Mix an Bedürfnissen an ihr Engagementherantragen, der sich aus gesellschaftlichen, sozialen und persönlichen Motiven zusammensetzt."[24] Er hält fest, dass die meisten Menschen nicht in diesen Gegensätzen denken

[24] Gensicke (2010), 118.

und handeln, „Ich“ und „Wir“, Interessen, Gemeinschaft und Gemeinwohl zusammenhalten wollen[25]. Die Typisierung macht also nur für die präzisere Beschreibung und Relationalisierung der Motivstränge Sinn.

Die drei Typen haben sich im Zeitraum von 1999 bis 2009 sehr unterschiedlich entwickelt. Eindeutiger „Verlierer“ sind die Geselligkeitsorientierten, die von der größten Gruppe zur kleinsten wurden (von 36% auf 27%). Davon am stärksten profitiert Gemeinwohlorientierung, deren Anteil von 30 auf 36 Prozent stieg. Die Interessenorientierten entwickelten ihren Anteil von 34 auf 37 Prozent, stellen also ganz knapp die größte Gruppe. Sehr interessant ist die Aufschlüsselung nach Altersgruppen (und Geschlechtern). Denn diese Verschiebung hin zum Gemeinwohl verdankt sich nicht den älteren Engagierten, sondern den jüngeren. Die Abbildung 4[26] gibt die Entwicklung in Bezug auf das Alter wieder.

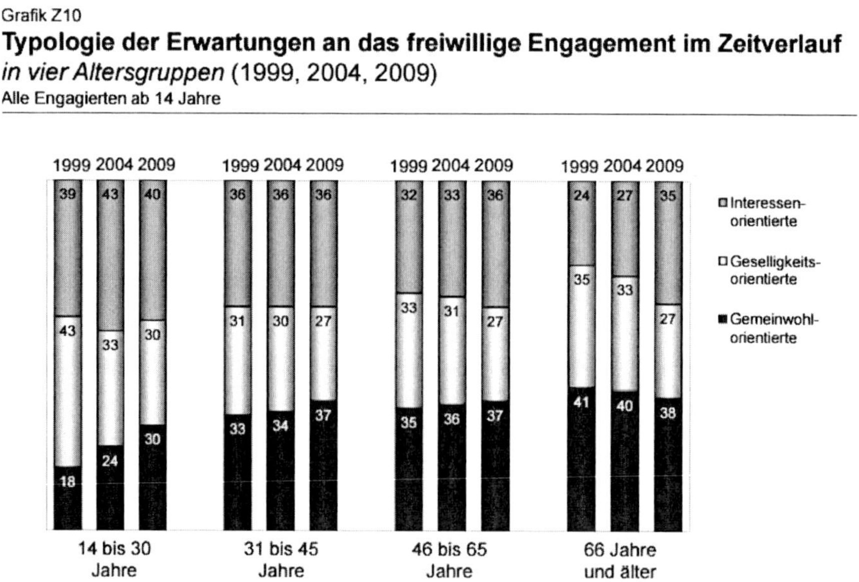

Abb. 4

---

25 Gensicke (2010), 155.

26 Gensicke (2010), 125.

Hier zeigt sich, dass Geinwohlorientierung für die Älteren typisch ist. Sie geht allerdings auf hohem Niveau etwas zurück. Dagegen nimmt die Interessenorientierung stark zu. Das liegt vor allem an den älteren Frauen, deren Interessenorientierung von 20 auf 32 Prozent stieg. Vor allem die Erwartung, berufliche Erfahrungen und Kenntnisse einbringen zu können, findet unter den Älteren Zuspruch. Die eigene Produktivität und Generativität soll durch den Ruhestand nicht in Zweifel gezogen werden. Das ist durchaus ambivalent.

Auf der einen Seite wird das eigene positive Selbstbild weiterhin deutlich an die Leistungserbringung geknüpft. Auf der anderen Seite wird festgehalten, dass Arbeit auch ohne Gehalt/Lohn sinnvoll ist. Bei den Jüngeren dagegen wächst die Gemeinwohlorientierung eindrucksvoll. Deutliche Verluste muss in beiden Gruppen die Geselligkeitsorientierung hinnehmen. Besonders kräftig fallen diese wiederum unter den Frauen aus. Alle Vorurteile, die jüngeren Generationen seien ichbezogen, verträten nur ihre eigenen Bedürfnisse oder hätten keinen Sinn für altruistisches Engagement, werden damit deutlich widerlegt. Gensicke redet sogar von „Re-Moralisierung" von Teilen des jugendlichen Engagements[27].

Motivationsmuster und Kirche

Unter den kirchlich Engagierten[28] haben sich die Anteile besonders stark verändert: In der evangelischen Kirche dominiert jetzt die Gemeinwohlorientierung. Sie ist hier deutlich höher als in allen anderen konfessionellen Gruppen. Obwohl die stärkere Kirchenbindung in allen Motivationstypen vertreten ist, ist sie unter den Vertretern dieses Typus am größten. In dieser Gruppe fällt auch die Diskrepanz zwischen zwei Lebenswerten am größten aus. „Ehrenamtlichen im Bereich der evangelischen Kirche ist es deutlich wichtiger, sozial Benachteiligten zu helfen als das Leben in vollen Zügen zu genießen."[29] Bei den Konfessionslosen und Nicht-Engagierten ist es genau anders herum.

---

[27] Gensicke (2010), 125.
[28] Seidelmann (2012), 19–22. Abb. auf 20.
[29] Seidelmann (2012), 23. Abb. 5

Auch die Interessenorientierung kann bei den in der evangelischen Kirche Engagierten eine Steigerung um 6 Prozentpunkte aufweisen. Der Typus hat in beiden Kirchen gewonnen. Wahrscheinlich ist die Ursache das verstärkte Engagement der Älteren in der Kirche, die ja zugleich diesen Interessentypus für sich entdeckt haben.

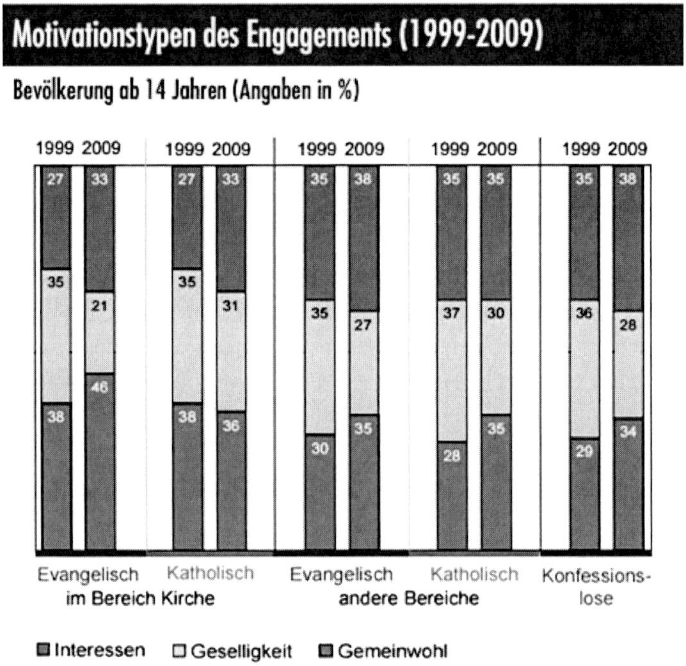

Abb. 5

Die Sonderauswertung der EKD fragt auch danach, wie es gelingen konnte, dass sich in der evangelischen Kirche mehr Menschen engagieren[30]. Zunächst fällt der deutlich erhöhte Anteil derer ins Auge, die durch Anwerbung gewonnen wurden. 1999 war der Anteil der evangelischen Kirche hier mit 54% einer der niedrigsten, um 2009 mit 61% den Spitzenplatz einzunehmen (verglichen mit Katholiken, Konfessionslosen und Evangelischen in anderen Bereichen). Dafür verantwortlich sind mit 61% (1999: 42%!)

30 Seidelmann (2012), 24–28.

hauptsächlich leitende Personen, vermutlich vor allem Pfarrpersonen, die ihren Einsatz und Erfolg an dieser Stelle deutlich gesteigert haben. Weitere Anstöße lieferten vor allem eigene Erlebnisse (50%) und dort aktive Freunde (43%)[31].

Der Zuwachs an Mitarbeitern in der Kirche fällt in einzelnen Personengruppen unterschiedlich aus. 1999 waren fast alle Altersgruppen gleich stark in der Mitarbeiterschaft vertreten, jetzt ist ihr Anteil an allen Engagierten überall gestiegen, aber besonders bei den über 60jährigen (von 1,9% auf 3,5%). Es ist der evangelischen Kirche offenbar besser gelungen, das Potential der fitten, neuen Alten aktiver aufzugreifen und bei ihnen Mitarbeitsbereitschaft zu finden, als anderen Institutionen und in anderen Altersgruppen. Zurückgegangen ist der Anteil der Hausfrauen. Betrug ihr Anteil 1999 an den Engagierten in der evangelischen Kirche noch 16%, was damals überdurchschnittlich hoch war, so reduzierte er sich bis 2009 auf 10%. Ein eher durchschnittlicher Wert. Gegenläufig zu dieser Entwicklung ist der Anteil der Erwerbstätigen von 38 auf 41 Prozent gestiegen, was ansonsten nur noch in der katholischen Kirche der Fall ist.

Bereits festgestellt wurde, dass sich in der evangelischen. Kirche im Gegensatz zur Gesamtstichprobe trotz Anwachsen des Männeranteils mehrheitlich Frauen engagieren. Kombiniert mit den Entwicklungen bei der Berufstätigkeit entwickeln sich die Geschlechterverhältnisse in den Altersgruppen daher sehr unterschiedlich. Die Gruppe der über 60jährigen Engagierten besteht zu 75% aus Frauen, während in der Mitarbeiterschaft unter 60 Jahren die Geschlechter faktisch gleich stark vertreten sind (52% zu 48%). Eine frauendominierte Mitarbeiterkultur ist also entgegen mancher populärer Thesen weder zu erhoffen noch zu befürchten.

Insgesamt zeigen sich die ehrenamtlichen Mitarbeiter in der evangelischen Kirche sehr zufrieden mit den Bedingungen ihres Engagements[32]. Obwohl die inhaltlichen Anforderungen gewachsen sind, ist die Zufrieden-

---

31 Leider untersucht der Survey nicht den Einfluss der Konfirmandenarbeit, die auch Seidelmann noch nicht einmal erwähnt. Die vorhandenen Studien zur Konfirmandenarbeit legen nahe, dass diese in den letzten Jahren vor allem durch die Einbeziehung ehrenamtlicher Mitarbeiter gleichsam zu einer Ausbildungsstätte für ehrenamtliches Engagement geworden ist, das alleine durch seine Reichweite erhebliches Potential besitzt.

32 Seidelmann (2012) 28–33.

heit mit den Möglichkeiten zur Weiterbildung besser als in allen anderen Bereichen. Der Anteil der hin und wieder Überforderten sank von 32 auf 21 Prozent. Die Ehrenamtlichen schätzen die kirchlichen Möglichkeiten zur Auslagenerstattung als besser ein als in anderen Bereichen. Sie nehmen sie aber zunehmend weniger regelmäßig in Anspruch (von 25% auf 17%). In keinem anderen Bereich werden derart wenige Vergütungen gezahlt[33]. Die Erklärung hierfür dürfte sowohl in der wohnortnahen räumlichen Struktur des Engagements zu finden sein, die einfach weniger Kosten verursacht, als auch in der zunehmenden Bedeutung der Gemeinwohlorientierung. Wer das Hilfemotiv in den Vordergrund stellt, verzichtet bereitwilliger auf eigene materielle Erstattungen.

Die hohe Zahl der hauptamtlichen Mitarbeiter unterscheidet die Kirchen von den anderen Bereichen. Trotzdem nehmen 17% der Engagierten wahr, dass deren Aufgaben jetzt auch durch Ehrenamtliche wahrgenommen werden. Die Rollenverteilung zwischen den beiden Gruppen ist in den Kirchen generell unklarer als in anderen Engagementbereichen, so dass Seidelmann in seiner Auswertung dafür plädiert, die jeweiligen Rollenprofile zu schärfen[34].

Gegenwärtig reale Spannungen könnten durch die Frage nach Mitbestimmungsmöglichkeiten aufgezeigt werden. Tatsächlich sagen nur 63% (1999 noch 67%), dass die Möglichkeiten zur Mitsprache und Mitentscheidung ausreichend seien. Nur in der katholischen Kirche ist der Wert noch schlechter. Der angezeigte Rückgang ereignete sich aber in allen Engagementbereichen, nicht nur in den Kirchen. Die Ursache ist vermutlich die hohe Hauptamtlichenquote in den Kirchen, die der Mitentscheidung strukturelle Grenzen setzt. Vergleicht man die Bewertung der Evangelischen nur mit den Organisationen, die eine ähnliche hohe Anzahl an Hauptamtlichen einsetzen, ist sie sogar überdurchschnittlich gut. Diese Einschätzung wird auch durch die Werte bei der Frage nach der Anerkennung unterstützt. 72% der ehrenamtlichen Mitarbeiter sind zufrieden mit der Wertschätzung durch Hauptamtliche (1999: 69%).

---

33 Vgl. Gensicke (2010), 257f.

34 Seidelmann (2012), 33.

Ehrenamt oder freiwilliges Engagement?

Der Survey benutzt für die Tätigkeiten, die er untersucht, durchgängig den Begriff „freiwilliges Engagement“, der sich in soziologischen Fachkreisen eingebürgert hat. Er steht in einer gewissen Spannung zum althergebrachten Begriff des Ehrenamtes, beide werden aber äquivalent gebraucht. Daneben finden sich auch noch Bezeichnungen wie „Bürgerschaftliches Engagement“ (9%) und „Initiativ- und Projektarbeit“ (8%). Der Survey[35] untersucht nun auch, wie sich die Befragten selbst verstehen und kommt zu einem – zumindest für die Herausgeber überraschenden Befund: Der Begriff des Ehrenamtes zeigt Vitalität.

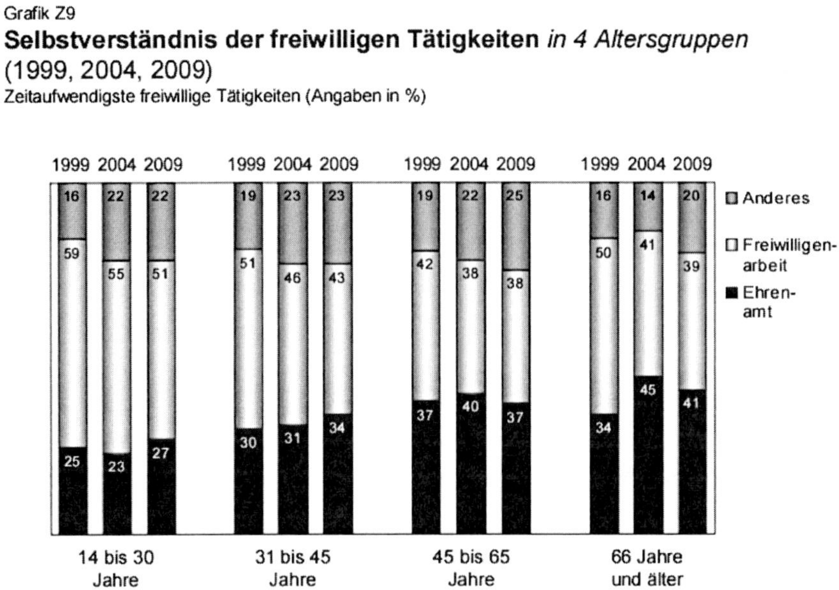

Abb. 6

Abbildung 6 verdeutlicht, dass die meisten Befragten den Begriff „Freiwilligenarbeit“ vorziehen. Ihr Anteil hat sich aber deutlich verringert, so dass der Vorsprung auf „Ehrenamt“ geschmolzen ist (42% zu 35%). „Ehrenamt“ findet nur unter den Älteren eine Mehrheit. Dort hat sich sein An-

[35] Vgl. zum Folgenden Gensicke (2010), 111–115. Abb. auf 112.

teil aber verringert, während er bei den unter 45jährigen größer geworden ist. Das Ehrenamt kann sich also behaupten, vor allem weil die Selbstbezeichnung „Ehrenamtliche" in Abgrenzung zu hauptamtlichen Kräften in allen Gruppen und Bereichen geläufig ist. Wie ist diese Vitalität zu erklären?

Die Abneigung gegen den Begriff erklärt Gensicke mit zwei historischen Gründen. Der Wert der „Ehre" wurzele im Standeskanon des Adels, sei von dort in den bürgerlichen Tugendkanon eingewandert und konnotiere immer, dass diese Ehre notfalls auch mit Gewalt verteidigt werden müsse. Und zweitens sei dem „Amt" wegen seiner obrigkeitlichen Einführung in Preußen heute ein gewisser Zwangs- und Bürokratiecharakter eigen, der sich mit autonomen Bürgern in einer demokratischen Gesellschaft nicht vertrage. Diese Zusammenhänge seien den Befragten zwar „kaum noch bewusst, aber wohl noch unterschwellig vorhanden." Der Begriff hat also ein inkorrektes Geschmäckle für Soziologen. So richtig die historischen Betrachtungen sind, so wenig kann dieses unterschwellige Wirken aber die Vitalität des Begriffes bei Millionen von Menschen erklären.

Ein wenig mehr Licht in die Sache bringt die Sonderauswertung des EKD[36]. In beiden Kirchen bezeichnet der größere Teil der Engagierten sein Engagement selbst als Ehrenamt. Auffällig ist, dass der Begriff seine Wichtigkeit in den zehn untersuchten Jahren deutlich steigern konnte. Statt 38% der Evangelischen im Bereich Kirche benutzen jetzt 48% „Ehrenamt". Der höchste Wert in allen Gruppen.

Der Begriff „Ehrenamt" ist also deutlich in den Kirchen beheimatet. Und ein zweites fällt auf: Das Engagement in der Kirche hat sich verändert. Die Gemeinwohlorientierung ist wichtiger geworden. Anderen zu helfen steht stärker im Fokus, der karitative Aspekt hat zugenommen. Dieses Engagementverständnis verbindet sich mit dem Ehrenamt. Mit der gewachsenen Bedeutung der Gemeinwohlorientierung kommt es zu neuen Ehren. Wir werden in der Deutung darauf zurückkommen, was das für den Begriff „Ehrenamt" bedeutet.

[36] Vgl. Seidelmann (2012), 10.

2. Deutung

Obwohl mehrere Begriffe für die Sache in der Diskussion sind[37], ist der gemeinte Sachverhalt doch relativ klar umrissen. Wenn von freiwilligem Engagement oder Ehrenamt die Rede ist, geht es um eine besondere Aufgabe oder Funktion, die folgende Kriterien erfüllt:

Sie wird freiwillig und frei vereinbart ausgeübt. Sie ist von der beruflichen Ausbildung und Tätigkeit getrennt, wenn auch nicht immer unabhängig, und bis auf geringe Aufwandsentschädigungen unbezahlt. Mit der Tätigkeit ist keine Erwerbsabsicht verbunden. Die Tätigkeit richtet sich nicht nur auf die eigene Person oder den Raum der Familie, sondern auf einen Teil der Zivilgesellschaft, der davon Nutzen haben soll. Damit ist sie öffentlich und unterscheidet sich vom Hobby. In verschiedenen Zeitstrukturen geschieht verantwortliche Bindung an die Aufgabe. Ehrenamt ist also freiwillig, unbezahlt, öffentlich und verantwortlich.

Neues Ehrenamt

Das Aufkommen interessengeleitetem Engagements und die Motivationsverschiebung weg von der Gemeinwohlorientierung wurde schon im ersten Freiwilligensurvey der Bundesregierung 1999 konstatiert. Um diese Veränderungen begrifflich zu fassen, sprach man vom „neuen Ehrenamt". Dabei wird impliziert, dass ein eher gemeinwohlorientiertes (und geselligkeitsorientiertes) Verständnis, das sich als uneigennützige Pflichterfüllung für andere versteht, „altes Ehrenamt"[38] sei. Die Erscheinungsformen des neuen Ehrenamtsverständnisses zeigen eine Reihe von Verschiebungen[39]. Die Aufgabe wird nicht als Erfüllung einer (notwendigen) Pflicht, sondern stärker als Möglichkeit gesehen, die eigenen Interessen und Persönlichkeitsanteile zu verwirklichen. Ziel des Engagements ist sehr wohl auch anderen zu helfen. Dies wird aber explizit an die Erfüllung der eigenen Interes-

---

37 Vgl. Schmidt (2014), 31.

38 Petry (2009), 19 identifiziert freiwilliges Engagement mit neuem Ehrenamt, so dass das alte Ehrenamt zum nicht mehr leistungsfähigen Auslaufmodell wird. Petrys Einschätzung, die „Bilder von Wahl, Ehre, Bindung und Dauer verlieren aber an Bedeutung" (ebd.) musste bereits ein Jahr später korrigiert werden.

39 Vgl. Brummer (2010), 66f und Petry (2009).

sen geknüpft. Beides soll zueinander kommen, so dass die sich Engagierenden keine selbstlosen, sich aufopfernden Dienenden mehr sind, sondern die Rolle der sich entfaltenden Mitarbeitenden übernehmen. Der Anteil der Selbststeuerung und der Autonomie wird wesentlich erhöht. Nicht mehr die Aufgabe, die einen Erfüller sucht, steht im Vordergrund, sondern der Mensch, der seine Gaben und Interessen verwirklichen möchte, sucht ein passendes Engagement. Auch die Zeitstrukturen verändern sich: Statt der festen (jahrzehntelangen) Bindung an ein Amt stehen jetzt Gelegentlichkeit und Projektorientierung im Vordergrund. Und auch der Raum des Engagements wird weniger verbindlich gesehen: Statt einer Organisation oder Institution exklusiv die Treue zu halten, sind viel-gelegentliche Engagements in wechselnden Bereichen die Orientierungsmarke.

Dieses neue Ehrenamt wird von der Synode der EKD[40] begrüßt und akzeptiert. Man sieht die Aufgabe deutlich, sich in den kirchlichen Strukturen für dieses neue Ehrenamtsverständnis zu öffnen. Die Hauptamtlichen sollen die Interessen der Freiwilligen wahrnehmen, wertschätzen und begleiten. Deutlich sehen die Synodalen die Notwendigkeit, das Verhältnis von Selbstverwirklichung und Auftrag in der Kirche zu klären.

Damit wird impliziert, dass das „neue" Ehrenamt durchaus auch kritische Würdigung verdient. Zunächst ist zu konstatieren, dass nach Jahren, in denen das interessenorientierte Engagement immer stärker und wichtiger zu werden schien und das alte Ehrenamt, verwurzelt in den älteren Generationen und in von Krisen gebeutelten Institutionen wie den Kirchen, als Auslaufmodell einer modernen Zivilgesellschaft gehandelt wurde, ein erstaunliches Wiedererstarken der Gemeinwohlorientierung im dritten Survey 2009 zu verzeichnen war. Gerade die Altersgruppen, die das neue Ehrenamt trugen und tragen, zeigten nun eine deutliche erhöhte Wertschätzung der Merkmale des „alten" Ehrenamtes. Oben wurde schon festgehalten, dass die Entgegensetzung der beiden Verständnisse, die in kontrastierenden Beschreibungen leicht aus der Feder fließt, im realen Leben so gar nicht geteilt wird. Die Gegenüberstellung der altruistischen Mitarbeiterin „Emma Sorge" und des karriereorientierten „Carl Curriculum" als reine Typen ist wirklichkeitsfremd. Ich vermute sogar, dass in früheren Zeiten,

40 Vgl. Synode (2009), ohne Seitenzählung. Bei Druck Seite 2.

die nur das alte Ehrenamtsverständnis kannten, das jetzt neue schon virulent war und das Verhalten der Engagierten mitprägte. Der Handwerker, der sich in den Fünfzigerjahren in den Kirchenvorstand seiner Gemeinde wählen ließ, versah ein unentgeltliches Ehrenamt, das nichtsdestotrotz vielleicht auch handfesten Interessen diente. Und der Studentin, die heute ihre sozialen Kompetenzen stärken will, geht deshalb nicht unbedingt weniger empathisch mit den Migranten um, die sie wöchentlich besucht. Ein strenges „Entweder-Oder" entspricht also nicht den Realitäten.

Einen weiteren Kritikpunkt reißt der Evangelische Erwachsenenkatechismus in seiner Darstellung des neuen Ehrenamtes nur an[41]. Können die dem neuen Ehrenamt zugeschriebenen Wesensmerkmale ohne Weiteres auf die Kirche übertragen werden oder hält die geistliche Begründung ehrenamtlichen Handelns nicht auch eigene, dazu vielleicht auch im Widerspruch stehende Sichtweisen und Haltungen vor? Diese Vermutung verlangt ein *theologisches* Verständnis und eine *theologische* Bewertung sowohl des alten als auch des neuen Ehrenamtes.

Theologisches Verständnis von Ehrenamt (Stoellger)

Am deutlichsten kritisch hat das 2009 vor der EKD-Synode Philipp Stoellger, damals Systematiker an der Uni Rostock, jetzt Uni Heidelberg, vorgetragen[42]. Er setzt in der Pneumatologie an. Kirche lebe von der entscheidenden Voraussetzung der Präsenz des Geistes Christi. Selbige finde ihre Gestalt in sozialen und leibhaften Formen der Lebendigkeit, der Leidenschaft für den Anderen und der Verantwortung für ihn. Darum sei alles Engagement nur Medium des Geistes Christi. Das ist ein anderer Ansatz als zu sagen, die Kirche lebe vom Engagement ihrer Glieder. Wenn dem so wäre, müsste man alles, was die Glieder der Kirche einbringen, für unverzichtbare „Lebensmittel" der Kirche halten und verlöre jede Möglichkeit der Kritik dieser oder jener Eingabe. Stoellger sieht demgegenüber ein entscheidendes Kriterium zur Beurteilung eines Engagements in der Frage vorliegen, in welchem Geist der Engagierte handle. Wer das Seine suche, sei eben auf eigene Rechnung, schlimmstenfalls im Geist der Eitelkeit un-

41 Vgl. Brummer (2010), 663.
42 Zum Folgenden vgl. Stoellger (2008).

terwegs. Weil das ehrenamtliche Engagement Ausdrucksgestalt des Geistes sei, sei es nicht ungefährlich. Ich ergänze: Damit nimmt er ein Motiv der Apostelgeschichte auf, in der (der) „Geist" eine unkontrollierbare Macht ist, die Glauben, Einheit und Gesundheit stiftet, aber eben auch Trennung, Krise und Tod bewirken kann (Apg 5, 1–11). Weil das Ehrenamt als Spielraum des Geistes ungeheure Potentiale und Chancen biete, aber eben auch fremde Geister mitspielten, brauche es neben einer selbstkritischen Gewissensprüfung, in welchem Geist man handle, eine angemessene äußere Ordnung der Kirche. Chancen sieht Stoellger vor allem in der Innovationskraft des Geistes, der wegen seiner Christusbezogenheit auch unbequeme und solche Wege einschlage, die dem Engagierten wenig Ansehen einbrächten. Die Gefahr liege im Streit um Aufmerksamkeit. Von daher nimmt er das neue Ehrenamt in die Kritik. Ehrenamt vor allem als Chance zur Persönlichkeitsentwicklung zu sehen sei ambivalent. Zwar schwinge der Wunsch nach Anerkennung immer mit und dürfe das auch, aber wenn der maßgebliche Beweggrund die Selbstentfaltung sei, verlöre das Engagement sein Gravitationszentrum im Anderen. Hier aber sei der Geist Christi anzusiedeln: Im Engagement für den Anderen, in der (teilweisen) Selbstaufgabe eigenen Wollens.

Stoellger unterscheidet, um die Differenzierung dieser Ambivalenz abzubilden, zwei Modelle. Das *Tauschmodell* sehe im ehrenamtlichen Engagement eine Art symbolische Ökonomie. Engagement würde gegen eine symbolische Vergütung wie Interessenerfüllung oder Ehre getauscht. Dies feiere man heute als große Entdeckung. Stoellger aber sieht in diesem Tausch-Geschäft im Grunde eine Neuauflage vorreformatorischen Gnaden-Handels. Aus der Rechtfertigungslehre folgere vielmehr das *Modell der Gabe*: Das Außerordentliche des Engagements bestehe gerade darin, nicht für sich etwas zu suchen oder zu erwirken, sondern absichtslos der Nächsten Bestes. Im Zeichen der Gabe verzichte man auf den Eigen-Nutzen, auf den das Tauschmodell aus sei. Was Stoellger nicht ausführt, aber deutlich zu sehen ist, ist die Übernahme ökonomischer Gesetze[43] in das Tauschmodell, die langfristig zur Erschöpfung des Ehrenamtes führen kann. Die Entloh-

43 Sehr deutlich wird die Auswirkung dieser Übernahme bei Sellmann (2014), 20, der im Ehrenamt „interaktive Wertschöpfung" sieht und die Kirche deshalb zur „Mobilisierung" der Ehrenamtlichen aufruft.

nung in diesem Tauschgeschäft wird auf dem „Markt der Ehrenamtlichen" frei ausgehandelt. Wenn sie nicht hoch genug ist, im Vergleich zu anderen nicht mithalten kann oder inflationären Entwicklungen unterliegt, kommt das Engagement unter Druck und erschöpft sich. Das Gabenmodell versteht das Engagement gerade eben nicht als Investment, fragt so nicht nach „Renditen" und bietet eine höhere Frustrationstoleranz, wenn diese scheinbar oder tatsächlich ausbleiben. Das Tauschmodell, wenn es vor allem auf Selbstoptimierung und -verwirklichung setzt, führt eine Struktur aus Gen 3 fort, die wir gemeinhin „Sünde" nennen. Wer sich *selbst* optimieren will, schreibt die Entgrenzungsgeschichte des Sündenfalls fort. Sich *selbst* optimierendes Engagement ist anstrengend, weil es beständig die Gerichtserfahrung über die Sünde antizipiert, aber kein Heil zugesagt bekommt. Und sie ist erschöpfend, weil sie den Gesetzen der Sünde folgt, die am Ende alle Beziehungen und Verhältnisse beendet, auch die zur Quelle der Lebenskraft.

Der Bezug zur Rechtfertigungslehre und ihrer Beschreibung des Menschen als „*simul* iustus et peccator" bewahrt Stoellger vor falschen Alternativen. Das „simul" vermittelt zwischen den genannten Modellen. Der Tausch sei in der Wirklichkeit dieser Welt immer präsent, so dass im ehrenamtliche Engagement kein „Reinheitsgebot" vor Elementen des Tauschhandels möglich sei. Trotzdem weist er den Gedanken eines Lohnes als sekundärer Belohnung zurück. Gemeinde- und Kirchenleitungen müssten durch Ermöglichung und Ermutigung von Engagement im Gabenmodell verdeutlichen, dass ihr Engagement seinen Lohn in sich trage. Die Gabenorientierten finden, was sie suchen, im Miteinander und in der gegenseitigen Aufmerksamkeit, nicht in Ehre, Amt und Vergütung.

In der Frage, wie die äußere Ordnung der Kirche diesem Modell dienen kann, warnt er vor einer Engführung: Schreibe man das ehrenamtliche Engagement in eine geregelte Ordnung, gleichsam von oben hinein, unterwerfe man es dem Rechte- und Pflichtenkanon des Tauschmodells. Als eine Gefahr sieht er ein entstehendes Ständewesen in der Gemeinde, das Konflikten und Eitelkeiten fruchtbaren Boden liefere. Stattdessen plädiert er für eine „Ordnung von unten". Die dem Engagement eigene Bindung an und Verantwortung für den Anderen schaffe genügend Verbindlichkeit. Da der Sinn christlicher Freiheit sei, zu Bindung *und* Verantwortung zu werden, komme das christliche Engagement ohne den Sprung vom Engagement *ohne* Verantwortung in ein *verbindliches* Ehrenamt nicht aus. Dieses finde seine Orientierung dann aber gerade nicht in der Amtsstruktur, sondern in der außerordentlichen Bindung an den Anderen.

Auch hier wird deutlich, ohne dass Stoellger das explizit macht, wie tragfähig der Ansatz in der Pneumatologie ist. Wer das geistgewirkte Engagement in die Regeln einer Amtstheologie einzeichnen will, setzt dem Geist enge Grenzen (an die er sich nicht halten wird!). Das Ehrenamt muss die Freiheit behalten, die Kreise der Kirche auch heilsam zu stören. Wenn es geistorientiert gelebt und ausgeübt wird, schafft der Geist Christi die freie Bindung, die sich Stoellger erhofft. Denn der Geist verwandelt diejenigen, die ihm folgen. Er transformiert sie ins Bild Christi (2. Kor 3, 18). Da der Geist der Geist dessen ist, der „für uns" war und ist, führt er den Engagierten wie selbstverständlich zur Verantwortung „für" den Anderen. Die christliche Freiheit verzichtet auf eine Überregulierung des geistgewirkten Ehrenamtes (*„Ein Christenmensch ist ein freier Herr über alle Dinge und niemand untertan"*), bindet den Engagierten aber, indem sie ihn zum Dienst am Nächsten führt (*„Ein Christenmensch ist ein dienstbarer Knecht aller Dinge und jedermann untertan."*), dem gegenüber jedermann zur Liebe bereit ist und sich verpflichtet weiß.

Ehrenamt als geistgewirkte Antizipation der Neuschöpfung

Traditionell speist sich eine „Theologie des Ehrenamtes" aus zwei Quellen[44]. Sie verdankt sich der Gabenlehre und und vor allem dem allgemeinen Priestertum aller Glaubenden. Beide setzen ein präsentisches Verständnis des Geistes voraus, dessen Wirken das Ehrenamt in der Gegenwart begründet. Daran ist nichts Falsches. Allerdings können beide wenig zur Frage der Motivation für das Ehrenamt und zur inhaltlichen Beurteilung der jeweiligen Tätigkeiten beitragen. Im Gespräch mit Stoellger wurde deutlich, wie tragfähig und ertragreich eine Verankerung in der Pneumatologie sein kann. Ich will versuchen[45] im weiteren Verlauf das Ehrenamt vom *zukünftigen*

---

[44] Vgl. Brummer (2010), 664f.

[45] Das Folgende verdankt sich vielen Gesprächen im Rahmen der Vikariatswoche „Aus dem Geist leben" mit Vikarinnen, Vikaren, Kolleginnen und Kollegen. Weitere Anre-

Handeln Gottes her zu sehen, das durch den Geist bereits in die Gegenwart hineinwirkt.

Das Ehrenamt soll von der Erneuerung und Vollendung der Schöpfung her gedacht werden. *Ehrenamtliches Engagement verstehe ich als geistgewirktes Geschehen, das die Neuschöpfung antizipiert.* Es wird bewegt von einer Vision von dem, was kommen wird, wenn Gott die Geschichte der gefallenen Welt beendet, sein Himmel herabkommt und die Erde transformiert (Offb. 21, 1–5). Während wir darauf warten, sind wir nicht untätig, denn der Geist Gottes wirkt bereits auf diese Umgestaltung hin. Wie die Auferstehung Christi als Zeichen und zugleich Beginn der (noch ausstehenden) Auferstehung aller Toten bereits geschehen ist, so wirkt der Geist Zeichen der Neuschöpfung mitten in der vergehenden Welt. Für die, die er treibt, schafft er eine spannungsreiche Kopräsenz der Zeiten[46]: Die Anteilgabe an der Auferstehung Christi, die sich in die Historie hinein ereignete (Imperfekt), vollendet sich in der Neuschöpfung des Eschatons (Futur) und äußert sich in einem geistgewirkten transformativen Werk in der Gegenwart (Präsens).

Das Ehrenamt hat an diesem Geistwirken teil, unabhängig davon, ob die Engagierten sich dessen bewusst sind oder nicht. Es setzt Zeichen! Es partizipiert am Kampf des Geistes gegen die sarkischen Mächte der Welt. Es glaubt, verwirklicht und feiert vorausgreifend die Befreiung von ihnen und und nimmt bruchstückhaft bereits jetzt die zukünftige Entmachtung der mutmaßlichen Alternativlosigkeit der gefallenen Welt vorweg. Wer im Geist ehrenamtlich tätig ist, übt sich in die Neuschöpfung ein. Sie wird antizipierend real. Das ehrenamtliche Tun gewinnt Anteil am Wesen der neuen Schöpfung.

Natürlich arbeitet das Ehrenamt die Neuschöpfung nicht herbei. Das Eintreten der Vision liegt nicht in unseren Händen. Das Engagement schafft nicht das Reich Gottes auf Erden. Die endgültige Neuschöpfung bleibt alleine Gottes gnädige Tat, die er in aller Souveränität verwirklichen wird. So wird das Ehrenamt nicht zur verkappten Selbstoptimierung von menschlicher Gesellschaft und Welt. Wir erschaffen auch nicht unser neu-

---

gungen stammen aus Thomas (2009), vor allem 388ff. 448ff, und Wright (2001), vor allem 203–246.

46 vgl. Thomas (2009), 398.

es Selbst, sondern dürfen fragmentarisch bleiben und Stückwerk abliefern (vgl. 1. Kor 13, 8–10). Was aber in der Liebe geschieht, wird nicht vergehen, sondern im Vollkommenen aufgehen. Deshalb können wir auf diesen Tag und diese Wirklichkeit hinarbeiten, gegenwärtige Vorwegnahmen des Zukünftigen schaffen. Dazu setzt der Geist Menschen ans Werk. Weil sich am Ende dieser Geist in Gottes transformierendem Wirken durchsetzen wird, ist alle Arbeit und alles Engagement darin auch nicht vergeblich (1. Kor 15, 58). Weil die Machtfrage zwischen Gott und der sarkischen Todesverfallenheit durch die Auferstehung Christi bereits entschieden ist, ist das Engagement von der Zukunft her auch so motivierend. Es gibt keine Vergeblichkeit. Stattdessen motiviert mich die Vision von Gottes neuer Welt. Das Engagement kann aus dem Vollen schöpfen, weil es von der Vollendung der Welt motiviert wird. Um es in einem Bild[47] zu sagen: Ich gleiche darin einem Steinmetz, der an einer gotischen Kathedrale arbeitet. Ich weiß nicht, wann sie fertig wird. Ich kenne den Bauplan nur in groben Zügen und weiß auch nur ungefähr, wozu der Stein dienen wird, den ich gerade behaue. Und auch wenn mein Werkstück seine Macken hat, am Ende wird es der Baumeister veredeln und in dieses Wunder der Architektur einfügen. Deshalb arbeite ich an diesem Teil der Kathedrale anders und motivierter, als wenn ich nur einen Stein behauen würde.

Motivation aus der Neuschöpfung

Im freiwilligen Engagement baue ich mit an Gottes zukünftiger Welt. Diese Vision generiert m. E. mehr und grundlegendere Motivation als der Gedanke, dass wir alle begabte Steinmetze sind (Charismenlehre). Allein aus der Begabung folgt noch keine Bereitschaft zum Abmühen. Eine ausschließliche Betrachtung des ehrenamtlichen Engagements aus der Gegenwart (und abgesichert von der Tradition der Vergangenheit) greift zu kurz, sieht auch zu kurz. Es hat nicht die narrative Kraft eines Engagements für die Zukunft. Es mag be-geistet sein, aber es begeistert selten. Und im Misserfolg oder Scheitern hat es keine Perspektive. Darum kann es auslaufende, nur noch wenig Anklang findende Projekte, deren Zeit vorüber ist, so schlecht

[47] Ich habe dieses Bild bei verschiedenen Autoren gefunden. Den Ersturheber konnte ich nicht ermitteln. Ich vermute, es ist eine Art homiletische Wanderlegende.

loslassen. Mit dem Loslassen ginge es verloren, würde zu einem Teil des Vergangenen. Als Antizipation der Neuschöpfung kann es dagegen als in der Zukunft aufgehoben gehofft werden. Trotz seiner offenbar gewordenen und in der Schöpfung unvermeidlichen Vergänglichkeit wird es zu einem Teil der Zukunft. Es ist nicht vergeblich, auch wenn seine Zeit vorüber ist, weil seine wahre Zeit erst noch kommt.

Das freiwillige Engagement als Antizipation der Neuschöpfung ermöglicht einen neuen Blick auf die Motivationslage der Engagierten. Zunächst einmal bietet sie sich als Deutung dafür an, warum das Engagement unter den konfessionellen und insbesondere den kirchenverbundenen Deutschen so viel größer ist. Es wurzelt eben nicht in einer anthropologischen Grundkonstante wie dem Begabtsein oder der Gleichheit aller Menschen. Es geht auf einen Inhalt des Evangeliums zurück. Gott gibt die Welt nicht auf, sondern setzt Liebe frei, um sie zu erlösen. Das Ziel des Evangeliums ist nicht die Rettung von möglichst vielen (platonisch gedachten) Seelen in einen Himmel, der möglichst weit vom Erdenjammer entfernt ist. Das Ende der Wege Gottes ist die Erlösung der leiblichen Welt, die Heilung und Verwandlung des Alls. Wer das hört, kann die Welt nicht mehr verloren geben. Er kann sich nicht distanzieren, weil Gott selber so viel Solidarität mit seiner Schöpfung aufbringt. Er wird dem Geist auf seinen Wegen folgen und Zeichen dieser heilvollen Transformation setzen wollen.

Weil der christliche Glaube derart weltumspannend, allumgreifend hofft, verwundert es auch nicht, dass die Motivation, etwas für das Ganze zu bewirken, unter den Christen so groß ist. Die Gemeinwohlorientierung spiegelt auf dem Grunde ihres Wesen die Weltzugewandheit Gottes. Das Gabemodell von Stoellger nimmt das auf. Weil Gott für die Welt aus Liebe alles gibt, selbst sein Leben, ist das davon motivierte altruistische Engagement in den Kirchen so stark. In meinem Modell ist die Gemeinwohlorientierung Spiegel des Engagements Gottes für die ganze Welt, deren Heil und Wohl er sucht und am Ende verwirklichen will. Aber an beides lässt sich die Frage stellen: Hat Gott davon keinen Nutzen? Handelt er ohne eigene Interessen?

Interessenorientierung angesichts der Zukunft

Ein einfaches Verwerfen der Interessenorientierung als Egoismus ist weder von der Datenlage noch von Stoellgers theologischen Überlegungen her möglich oder nötig. Sie schmerzt die Gemeinwohlorientierten, wie in den Befragungen an ihrer Ablehnung deutlich wurde, dennoch, weil sie darin mit Stoellger ein Tauschmodell sehen. An dieser Stelle will ich ein Gleichnis Jesu einspielen, das in seiner Auslegung einen ähnlichen Konflikt aufweist. Das Gleichnis vom unehrlichen Verwalter (Lk 16, 1–9) gilt gemeinhin als schwierig: Ein Gutsverwalter steht kurz vor der Kündigung, weil sein reicher Arbeitgeber auf Betrugsgerüchte hin die Offenlegung der Bücher fordert. In seinen Zukunftssorgen greift er zu einem betrügerischen Mittel. Der Verwalter lädt die Schuldner seines Chefs ein und fordert sie auf, ihre Schuldscheine abzuwerten. Seine Hoffnung ist, dass er sich damit Freunde macht, die ihn nach der Entlassung aufnehmen und versorgen werden. Jesus nennt den Verwalter „untreu" und lobt ihn zugleich ausdrücklich für seine Klugheit. Eine moralische Interpretation des Gleichnisses muss scheitern, selbst wenn man den Betrug als antikapitalistische Umverteilung zum Wohl der von Schulden Geknechteten verstehen will. Das Attribut „ungerecht, untreu" ist im biblischen Zusammenhang moralisch nicht zu retten. Es geht deshalb nicht um Altruismus (gegenüber den anderen Gläubigern). Nicht die Selbstlosigkeit, sondern die Klugheit, an den eigenen Vorteil zu denken, wird gelobt. Der Horizont Jesu in V. 9 ist das Ende der Welt mit ihren jetzigen Gesetzen. Er mahnt, diesen Horizont im Auge zu behalten und die eigene Zukunft darin zu sichern. Das Gleichnis lebt also vom Eigeninteresse. Die Sorge um die eigene Zukunft wird von Jesus als eine Form der Klugheit nicht nur akzeptiert, sondern ausdrücklich gelobt.

Wenn das freiwillige Engagement als Antizipation der Neuschöpfung verstanden wird, kann der Motivation durch die eigenen Interessen durchaus etwas abgewonnen werden. Es ist klug, sich auf das Kommen der neuen Welt Gottes einzustellen und vorzubereiten. Es ist klug, eigene Qualifikationen, die in der Neuschöpfung relevant sind, jetzt schon zu fördern. Es ist klug, sein Leben auf das Kommende einzustellen, statt festzuhalten, was nicht zu halten ist. Man beachte dabei die wichtige Einschränkung: Es geht nicht um rücksichtslose Verwirklichung persönlicher Interessen auf dem

Rücken von Menschen, die Hilfe brauchen[48], sondern um den Erwerb und die Fortführung von gottgewollten Fähigkeiten und Qualifikationen, die in der neuen Welt nicht einfach überflüssig sind, sondern durchaus gebraucht werden. Es geht um Vorbereitung auf die aktive Teilhabe am Leben in Gottes Neuschöpfung, auch um die Fähigkeit, ihre Zeichen im Hier und Jetzt schon erkennen und selber setzen zu können. Dieses Interesse für die eigene Person zu verfolgen, ist nicht nur legitim[49], sondern nötig, weil wir damit auf den Plan Gottes reagieren, gleichsam unsere Person auf sein Wort hin verändern.

Es sind durchaus auch Interessen vorstellbar, die dem Geist Gottes zuwider laufen, die in der neuen Welt keine Relevanz besitzen. Das gilt aber auch für manche Aspekte der Gemeinwohlorientierung und erst recht der Geselligkeitsorientierung, die ebenfalls zum Selbstzweck werden kann. Die entscheidende Linie verläuft also nicht zwischen Gemeinwohlorientierung und Interessenorientierung, sondern mitten hindurch. Sie ist nicht motivational, sondern inhaltlich bestimmt. Was für Gottes neue Welt inhaltlich relevant ist, scheidet in allen Motivationsclustern zwischen geisterfüllt und leer. Was im Engagement an Inhalten nicht vom Geist getragen wird, egal wie es motiviert ist, läuft ins Leere, weil es in der Neuschöpfung keinen Platz hat.

Ehrenamt, Pfarramt und freiwilliges Engagement

An dieser Stelle kann nun der Begriff „Ehrenamt" noch einmal überdacht und seine theologischen Hintergründe können deutlicher werden. Historisch ist es sehr wahrscheinlich, dass er nach 1800 in Preußen entstanden

48 Die Interessenmotivierten so zu beschreiben wäre auch eine arge Verzeichnung der Umfrageergebnisse. Der Cluster „Interessenmotivierung" wird vornehmlich von dem Satz geprägt: „Ich will durch mein Engagement wichtige Qualifikationen erwerben." (27% volle Zustimmung). Das deutlich egoistischer formulierte Item „Ich will durch mein Engagement Ansehen und Einfluss in meinem Lebensumfeld erwerben." findet nur 12% volle Zustimmung. Vgl. Gensicke (2010), 12.

49 Auf einem anderen Weg kommt Marquardt (2004), 20 zum gleichen Schluss: „Es ist ein Irrtum zu meinen, dass nur der für andere da sein kein (sic!), der von sich absieht." Für ihn ist das entscheidende Kriterium, auf welches Ziel die Lebensenergie bezogen ist. Nur das Sein ohne Mit-Sein sei als entfremdet zu betrachten. (Marquardt 2004, 21).

ist[50]. „Ehre“ löste sich von „Adel“ und überhaupt vom Stand. Die Bürger konnten sich an der Gestaltung des Gemeinwesens aktiv beteiligen, ihr Lohn war die Ehre, der Respekt, den die Mitmenschen ihnen für das Engagement zollten und die die nicht vorhandene pekuniäre Gratifikation kompensieren sollte.

Die hier vorgeschlagene Begründung für das ehrenamtliche Engagement als Antizipation der Neuschöpfung fordert eine Bedeutungsverschiebung. Die gemeinte Ehre kann nur die Ehre Gottes sein[51]. Das Engagement geschieht zur Verherrlichung Gottes, dessen Wesen und Wirken herausgestellt und gepriesen wird. Ehrenamt ist Lobpreis. Es hat Teil an dem gegenwärtigen Lobpreis für Gott und antizipiert den vollendeten Lobpreis der Neuschöpfung (Phil 2, 9–11. Offb 5, 12f). Es rühmt den Gott, der die Welt geschaffen hat und neu machen wird. Dieser Gott ist der inkarnierte, gekreuzigte und auferstandene Gott, der durch seinen Geist unter uns wirksam ist. Deshalb hütet er diese Ehre, die ihm allein zusteht, nicht eifersüchtig, als ob sie nur ihm allein gehöre, sondern teilt sie mit der ganzen Schöpfung. Ihm die Ehre geben bedeutet daher auch, für Menschen einstehen, sich für sie einsetzen und ihr Bestes voranbringen. Gottes Ehre wird daher auch in dieser Welt sichtbar und kann auf die Engagierten zurückfallen. Eine Ehrung von Ehrenamtlichen ist also durchaus möglich, wenn deutlich bleibt, dass es hier gleichsam um „reflektierte“ Ehre geht. Wie der Mond nicht selber strahlt, sondern sein Licht von der Sonne empfängt, so ist die Ehre, die Engagierten zukommt, abgeleitete, von Gott bereitwillig geteilte Ehre, die sich seinem Für-andere-Sein verdankt. Erst wo die Ehre um ihrer selbst willen angestrebt wird, Selbstzweck und Ziel des Engagements wird, ist eine Grenzlinie überschritten.

Ebenso einer Akzentverschiebung bedarf die Beziehung von Ehrenamt und Pfarramt. Der Begriff „Ehren*amt*“ ist hier nicht hilfreich. Reformatorische Grundüberzeugung ist, dass ehrenamtliche Mitarbeiter, hauptamtliche Mitarbeiter und Ordinierte am gleichen geistlichen Amt christlicher Existenz partizipieren, das in der Taufe grundgelegt wird. Die Zuordnung der

---

50 Vgl. Brummer (2010), 659.

51 So auch Jung (2012), 17. Er begründet das implizit als Antwort auf das in der Taufe begründete allgemeine Priestertum. Das Ehren Gottes manifestiere sich in der Wertschätzung für die vom Geist verliehenen Begabungen.

beiden „Ämter" von Ehrenamt als freiwilligem Engagement und Pfarramt als professionellem Beruf erzeugt dann eine Spannung, die die kirchliche Praxis tief prägt und durch das Hinzutreten von hauptamtlichen Mitarbeitern, die ein geistliches Amt haben, professionell in der Kirche wirken, aber nicht ordiniert sind, noch gesteigert wird[52].

Dieser Beitrag kann und will diese Spannung nicht auflösen. Im Gegenteil: Er muss sie noch verschärfen. Die „klassische" Begründung des Ehrenamtes setzt bei der Taufe ein, die das geistliche Amt begründet[53].

Das kann aber schon für das kirchliche Ehrenamt kaum überzeugen. Denn es ist offensichtlich, dass auch in der Kirche zahlreiche Menschen ehrenamtlich tätig sind, die nicht getauft sind. Erst recht kommt diese Begründungsfigur an ihre Grenze, wenn man das außerkirchliche Engagement wahrnimmt. Entstehen hier durch die Taufe qualitative Unterschiede im Ehrenamt? Ist das eine Engagement geistlicher als das andere? An dieser Stelle bewährt sich m. E. die Verankerung des Ehrenamtes in der Pneumatologie, die von Stoellger gefordert wurde und auch für das hier vorgestellte Modell von grundlegender Bedeutung ist. Sie überwindet die zu enge Bindung des Ehrenamtes an die Taufe zugunsten einer Anbindung an das darüber hinausgehende Wirken des Geistes in der Kirche und in der Welt. Das freiwillige Engagement ist Ausdruck eines Glaubens an den Geist Gottes, der sich nicht auf den Raum der Kirche beschränken lässt, sondern jenseits jeder Reglementierung in der ganzen Schöpfung wirkt: „Der Geist weht, wo er will" (Joh 3,8).

Damit ist das freiwillige Engagement vom allgemeinen Priestertum unterschieden, aber trotzdem darauf bezogen. Die Taufe geschieht im Wirken des gleichen Geistes, der das freiwillige Engagement erfüllt. Ehrenamt und

52 Selbstverständlich soll hier nicht geleugnet werden, dass auch der Dienst von ordinierten Menschen auf das Kommen der Neuschöpfung ausgerichtet ist. Der Geist wirkt nicht nur im freiwilligen Engagement, sondern auch im professionellen, dauerhaften und rechtlich geregelten Dienstverhältnis der Kirche – aber eben in völlig unterschiedlichen Strukturen.

53 So das „Handbuch Ehrenamt" in der EKHN in einer Zwischenüberschrift: „Ehrenamtliche Arbeit in der Kirche hat ihren Grund in der Taufe" (Jung [2012], 13). Gefragt werden muss, ob diese Zwischenüberschrift auf einen Redaktor oder auf den Autor des Artikels zurückgeht. Denn der formuliert auf der selben Seite: „Ehrenamtliches Engagement in der Kirche hat – wie das hauptamtliche – seinen tiefsten Grund in Gott selbst."

allgemeines Priestertum sind pneumatologisch, nicht ekklesiologisch verbunden. Das macht verständlich, warum jeder Getaufte zum Engagement berufen ist. Der im Sakrament zugesprochene Geist drängt dazu. Auf der anderen Seite bekommt das freiwillige Engagement eine von der Taufe unabhängige Begründung und theologische Wertschätzung. Auch wo keine Bezüge zur Kirche vorliegen, geht das Engagement in seinem Wesen auf Gott zurück, der durch den Heiligen Geist Antizipationen seiner Neuschöpfung entstehen lässt: Innerhalb *und* außerhalb der Kirche. Damit reduziert sich die Notwendigkeit, diese Grenze zu definieren und gegebenenenfalls zu verteidigen. Das von Gottes neuer Welt Inspirierte kann anerkannt werden, auch wenn es sich in fremden Strukturen ereignet:

„Johannes sprach zu ihm: Meister, wir sahen einen, der trieb böse Geister in deinem Namen aus, und wir verboten's ihm, weil er uns nicht nachfolgt. Jesus aber sprach: Ihr sollt's ihm nicht verbieten. Denn niemand, der ein Wunder tut in meinem Namen, kann so bald übel von mir reden. Denn wer nicht gegen uns ist, der ist für uns." (Mk 9, 38–40).

Ein geeigneter Ort für die Kirche, diese Anerkennung zum Ausdruck zu bringen, könnte die Konfirmation sein. Sie bestätigt und dokumentiert, nicht nur, aber insbesondere im Ritus der segnenden Handauflegung, die Geistmitteilung an die Konfirmierten. In der bucerschen Segensformel wird zugesprochen „Nimm hin den Heiligen Geist" und dann gefüllt, wozu er dienen soll. „Schutz und Schirm vor allem Argen" legt den Akzent deutlich auf die Bewahrung in einer von sarkischen Mächten durchzogenen Welt. „Stärke und Hilfe zu allem Guten" formuliert dagegen positiver. Dieser Segenszuspruch verweist auf die neue Welt Gottes, die gut sein wird und auf die die Konfirmierten hinleben. Die Konfirmierten sollen ihre Kräfte als Christenmenschen für diese einsetzen. So bezieht sich der Segen auf das ganze Leben in Familie, Beruf, Freizeit und Gesllschaft. Die Konfirmation ist daher auch eine Art Einsetzung ins „Ehrenamt" aber eben gerade nicht (nur) ins *kirchliche* Ehrenamt. Im 19. Jahrhundert versuchte man sie als „Ordination ins Ehrenamt" zu deuten. Das verengt aber ekklesiologisch zu sehr auf den Dienst in der Kirche. Die Konfirmation sendet vielmehr in jegliches freiwillige Engagement, das dem Wirken des Heiligen Geistes entspricht. Dafür wird er in der Konfirmation angerufen, zugesagt und auch verkündigt, dass der von ihm angestrebte weite Rahmen der Neuschöpfung aufgerissen und qualifiziert wird.

Die drei zuletzt dargestellten Gedankengänge zum Ehrenamt, Ehre Gottes statt bürgerlicher Anerkennung, Spannung zum kirchlichen Amt und die pneumatische Weite des Horizontes, legen es für mich nahe den Begriff des freiwilligen Engagements zu bevorzugen. Er wirft nicht sofort die Frage nach dem „Lohn“ auf und verlangt auch nicht nach einer amtstheologischen Klärung. Und er besitzt die nötige Weite, vielfältige Formen von Engagement in unterschiedlichen Strukturen umfassen zu können, insbesondere dann, wenn sie nur auf kürzere Zeiträume angelegt sind oder in nur fragil institutionalisierten Formen praktiziert werden.

Engagement als neuschöpfungsgemäße Arbeit

Das freiwillige Engagement partizipiert am transformierenden Wirken des Geistes. Welche Konsequenzen hat diese Grundthese für seine Gestaltung? Aussagen über die Neuschöpfung lassen sich nur unter großen erkenntnistheoretischen Schwierigkeiten formulieren[54]. Unser Erkennen ist Stückwerk und vorläufig. Das Vollendete ist mit menschlichem Verstand nicht zu fassen. Überhaupt erst Anlass und dann auch noetischer (und ontologischer) Ansatzpunkt für solche Aussagen der christlichen Theologie ist die Auferstehung Christi. An ihr wurde deutlich, was sein wird. In ihr erscheint die Neuschöpfung in der Zeit. Sie ist Antizipation und Anbruch der Vollendung. Die neutestamentlichen Auferstehungsberichte formulieren in dieser Spannung der kopräsenten Zeiten, können also weder reine historische Fakten noch ungeschichtliche Symbole bieten. Gemeinsam ist ihnen allen die Spannung von Kontinuität und Diskontinuität oder von Identität und Differenz[55]. Der Auferstandene wird nicht sofort und unwillkürlich als der irdische Jesus erkannt, zugleich aber offenbart er sich durch dessen Wundmale und Tischgebräuche (Lk 24, 30f) als mit ihm identisch. Er ist anders und derselbe zugleich. Er hat einen Leib, der sich in seinen Eigenschaften aber signifikant von seinem Leib (und unserem) irdischen Leib unterscheidet, weil er bereits aus der Neuschöpfung stammt. Gerade diese Leiblichkeit

[54] Vgl. Thomas (2009), 239–241.

[55] Thomas (2009), 248.

der Auferstehung ist konstitutiv für das NT. Es kennt keine leiblose, also schöpfungslose Vollendung. Deshalb ist das Ausloten von Kontinuität und Diskontinuität in Bezug auf den Leib für Paulus in 1. Kor 15 so wichtig. Der „Erstling“ hat den „soma psychikon“ abgelegt und wurde im „soma pneumatikon“ neu geschaffen, aber er bleibt soma, bleibt neugeschöpflicher Leib, nicht ein Geist, Gedanke oder Seelenhauch. Das Neue Testament denkt das Leben der Neuschöpfung durchgängig leiblich, dabei aber durchweg in Spannung von Identität und Differenz.

Was werden wir nun tun mit diesem neuen, pneumatischen Leib der Neuschöpfung, der zugleich die Identität mit dem alten nicht verleugnet? Wie gestaltet sich „das Leben der zukünftigen Welt“? Nun, die Antwort ist so überraschend wie einfach: Wir werden arbeiten. Volksglaube und populäre Kultur stehen dieser Aussage heftig entgegen. Ihre Himmelsvorstellungen sind von entspannten Festen in paradiesischen Chillout-Zonen oder von musizierenden Wolkenbewohnern ohne Stress gezeichnet. Insbesondere die in Trauerriten zentralen Begriffe „Frieden“ und „Ruhe“ scheinen eine echte Tätigkeit in Gottes Neuschöpfung auszuschließen. Nichtstun erscheint geradezu als Inbegriff des Paradieses, leider aber auch als Quelle von Langeweile, die verknüpft mit landläufigen Ewigkeitsvorstellungen kaum Attraktivität entfalten kann. Arbeit als Tätigkeit der Neuschöpfung[56] kommt selten in den Blick, weil sie zunächst durchweg unter der Fluchdynamik von Gen 3 gesehen wird. Arbeit steht für Mühsal, Plackerei, Stress und Anstrengung, die zudem in der Auseinandersetzung mit der Ackererde ständig an die eigene Vergänglichkeit erinnert (Gen 3, 17–19). Auf die Arbeit des Menschen ist der Schatten der Sarx gefallen. Dabei ist sie praelapsarisch, gehört zur guten Schöpfung Gottes dazu und ist auch Segen für den Menschen. Der Arbeitsauftrag und ihre Gestaltung wird in Gen 2, 15 benannt: Bebauen und bewahren. Das ist die Arbeit und das Werk des Menschen in der Schöpfung, in Gottes großem Werk. Diese Ambivalenz der Arbeit zwischen Segen und Fluch prägt unsere Arbeitsweisen und -verhältnisse

[56] Die neutestamentlichen Texte deuten die konkreten Tätigkeiten nur an, weil der Fokus auf dem Kommen der Neuschöpfung und der Transformation, nicht auf der weiteren Gestaltung liegt. Folgende Bilder deuten die eschatologische Arbeit an: Singen und Musizieren (Offb 5,8f; 14,3), Heilung der Völker (Offb 22,2), Gottesdienst (Offb 7,15; 22,3), Regieren und Herrschen (Offb 5,10; 22,5).

durchgehend. In der Neuschöpfung wird aber auch die Arbeit transformiert werden und ihre Fluchanteile verlieren. Sie wird erhalten bleiben, weil unsere Beziehungen zur unbelebten und belebten Schöpfung in ihr Gestalt gewinnen. Das Eschaton als „eminent gesteigertes beziehungsreiches Leben“[57] umfasst also auch Arbeit (Kontinuität), aber eben ohne die sarkische verschatteten Anteile von Erfolglosigkeit und Vergeblichkeit (Diskontinuität). In der kreativen Arbeit der Neuschöpfung wird sich niemand in entgrenzter oder entfremdeter Arbeit verlieren. Sie hat etwas vom Glück künstlerischen Tuns, das an der Schöpferkraft Gottes partizipiert. Sie wird nicht mehr erschöpfen. Vor allem aber wird sie nicht mehr von Vergeblichkeit und Sinnlosigkeit verkrümmt werden, weil der Tod als Quelle dieser Verzerrungen nicht mehr sein wird. Das „Bewahren“ gegen den Verfall wird keine Aufgabe mehr sein. Die Kategorie von Erfolg und Misserfolg wird zugunsten von Zufriedenheit und Erfüllung verschwinden. Damit gewinnt die Arbeit den Charakter von Freiwilligkeit. Weder die Beschaffung des Lebensunterhaltes noch ein fordernder Chef oder gar ein versklavendes Abhängigkeitsverhältnis nötigen mich zu arbeiten. Ich arbeite gerne und als freier Mensch. Die Sinnhaftigkeit dieser Arbeit ist auch nicht mehr davon abhängig, wie sie gratifiziert wird. Ich arbeite nicht für Lohn, sondern aus und mit Freude. Deshalb brauche ich auch niemand, der mir Ziele oder Vorgaben macht. Sie kommen aus mir selbst. Auch der Aspekt der Konkurrenz unter den Arbeitenden wird wegfallen. Ich brauche meine Ergebnisse nicht mit denen anderer messen, weil die Qualität aller Arbeit unvergleichlich sein wird. Das ermöglicht eine neue, unverstellte Öffentlichkeit für meine Arbeitsprozesse, keine heimlichen Tricks, kein eifersüchtiges Für-mich-selbst-behalten-Wollen von Erfolgsrezepten. So wird Arbeit Gemeinschaft bilden statt bloß in Gemeinschaft zu geschehen oder gar Gemeinschaft zu sprengen. Obwohl ich höchst individuelle Arbeit vollbringen werde, wird sie mich nicht von anderen trennen, sondern mich vielmehr intensiver mit ihnen verbinden.

Bedenkt man diese Beschreibung der Arbeit in der neuen Welt Gottes, so wird deutlich, wie sie sich bereits in den Vorstellungen vom freiwilligen Engagement abschatten, wie sehr also dieses Engagement bereits Antizi-

---

57 Thomas (2009), 470.

pation der eschatologischen Arbeit ist. Im freiwilligen Engagement arbeiten Menschen vorwegnehmend, aber auch vorläufig, begrenzt und also nur zeichenhaft, aber immerhin bereits so, wie der Geist uns eschatologisch ins Werk setzen wird. Es ist Anteilgewinnung an der Arbeit in der neuen Schöpfung. Darum prägt der Geist Gottes ihm die Kennzeichen dieser Arbeit auf. Es ist freiwillig. Die Menschen können nach freiem Gutdünken wählen, wo und wie sie sich engagieren. Oft legen ihnen ihr Erbarmen oder ihre Solidarität Aufgaben ans Herz. Hier ist deutlich die Agape als treibende Kraft zu erkennen (2. Kor 5,14). Zugleich entsprechen die Tätigkeiten häufig den eigenen Begabungen und Talente. Man übt aus, was der Schöpfer in einem angelegt und/oder hat wachsen lassen. In der Regel spielen Entlohnungen finanzieller Art keine Rolle. Das freiwillige Engagement wird nicht als Pflicht und Entbehrung empfunden, zu dem man mit Geld motiviert wird, sondern es gewährt einen hohen Ertrag an Wohlbefinden. Es macht Freude[58]. Ich deute das als ein „Angeld“: Der Geist gibt schon jetzt Anteil an der Freude, die alle eschatologische Arbeit erfüllen wird. Sie wird im Engagement in der Regel dadurch gestärkt, dass man mit anderen zusammenarbeitet, zueinanderkommt, in sinnvollem Tun die Gemeinschaft fördert und gelungene Beziehungen als Intention Gottes erlebt. Damit ist das Engagement mehr als privates Handeln. Es wird öffentlich und ist von grundlegender Bedeutung für die Öffentlichkeit. Freiwilliges Engagement ist der soziale Kitt der Zivilgesellschaft[59], der das erhaltende Wirken des Geistes konkretisiert und die Erlösung von zersprengenden Kräften verheißt und zeichenhaft verwirklicht. Freiwilliges Engagement ist auf Öffentlichkeit bezogen, weil der Geist nicht auf die private Rettung einzelner, sondern auf die Erneuerung der ganzen Welt zielt.

Nimmt man die Spannung von Kontinuität und Diskontinuität ernst, geht also davon aus, dass die alte Schöpfung und unsere Identität in der Neuschöpfung zwar transformiert, aber doch rettend erhalten werden, gewinnt das ehrenamtliche Engagement nicht nur verheißenden Charakter. Seine pneumatisch gewirkten Anteile werden bleiben. Was wir im Geist

[58] Vgl. Gensicke (2010), 116.

[59] Vgl. Hauschildt (2013), 12f. Ganze gesellschaftliche Teilbereiche wie z. B. die Pflege alter Menschen oder die Betreuung von Flüchtlingen wären ohne diesen „Kitt“ staatlich längst nicht mehr zu bewältigen.

tun, ist nicht vergeblich. Es prägt unser eigenes Wesen und wir werden geistlich umgestaltet in der Bild Christi (2. Kor 3,18). Die Transformation hat bereits begonnen und wir werden eingeübt in die Arbeit, die die Neuschöpfung für uns bereithält. So bereitet jede Übungsstunde eines Kirchenchores, jeder Einsatz von ehrenamtlichen Sanitätern, jede gewaltfreie Aktion zur Befreiung politischer Gefangener auf die Existenz in der Neuschöpfung vor, die von Lobpreis, Heilung und Befreiung erfüllt sein wird. Selbst wenn das Engagement von Misslingen oder Vergeblichkeit gezeichnet ist, verwandelt es Menschen und antizipiert die Erlösung der neuen Kreatur.

In dieser Perspektive fällt erneut ein charakteristisches Licht auf die oben dargestellte Diskussion um altes und neues Ehrenamt. Insbesondere auf die Typen der Motivorientierung, Geselligkeits-, Gemeinwohl- und Interessenorientierung verlieren im Blick auf die Neuschöpfung an Trennschärfe. Gemeinschaft und Individualität sind beide geistgewirkt, können ohne einander nicht sein. In der „geselligen", nun aber auch wahrhaft alle inkludierenden Gemeinschaft des Eschatons werden die Individualitäten nicht aufgehen oder aufgehoben, sondern vollendet. Von daher hat die Verfolgung eigener Interessen im Engagement ihr Recht, wenn sie diesen Horizont bewahrt und die angestrebten Qualifikationen auch im Blick auf die neue Welt Gottes wahrnimmt. Die Gemeinwohlorientierung tut gut daran, die scheinbar eigennützigen Motivlagen nicht als egoistisch zu brandmarken, sondern in ihr die bewusste oder unbewusste Transformation in das individuelle und gemeinschaftliche Leben der Neuschöpfung zu entdecken. Dann kann sie auch lernen, das eigene Tun als vorläufiges und nur zeichenhaftes Verwirklichen von Gemeinwohl zu verstehen, das seine Zeit und seinen Ort hat, aber eben auch gelassen werden kann.

Unterscheidung der Geister

Bei aller Hochschätzung des freiwilligen Engagements oder Ehrenamtes: Nicht jedes Ehrenamt ist Antizipation der Neuschöpfung. Wie oben schon deutlich gemacht ist die Grenze dabei natürlich nicht die Grenze der Kirche. Schon gar nicht die der verfassten Kirche. Die Grenze wird durch das Wirken des Geistes gesetzt. Zu ihrer Bestimmung ist daher die Unterscheidung der Geister von Nöten. Dies benennt auch Ursula Weidenfeld[60] auf der jüngsten ökumenischen Tagung zum ehrenamtlichen Engagement in Kirche und Gesellschaft in der ihr eigenen Diktion. Zunächst sieht sie „keine Differenz in der Sinnhaftigkeit des Tuns“[61], jedes Engagement sei zu fördern, um schließlich doch feststellen zu müssen, dass es unerwünschtes Ehrenamt gibt (rechtsradikales Engagement als Beispiel).

Von der grundsätzlichen Annahme jedes Ehrenamtes in der Zivilgesellschaft ausgehend, findet sie aber kein Kriterium zur Unterscheidung. Das Engagement als Wirken des Heiligen Geistes zu verstehen, kann zumindest für die Menschen weiterführen, die sich auf diese Deutung einlassen. Denn der Geist ist eingebunden in das Wirken des trinitarischen Gottes. Sein Wirken entspricht der Güte des Schöpfers und insbesondere dem Wirken des Christus, in dessen Bild der Geist die Menschen zu transformieren trachtet. Der Christus, der in die Situationen der Ausgrenzung und des Leides geht und darin Zeichen setzt, Heilung und Gemeinschaft, Neuanfang und Ertragen des Leides initiiert, ist der Maßstab dessen, was in der Neuschöpfung Bestand haben wird und was eben auch nicht. Er gibt das Leitbild vor, an dem sich die Geister scheiden.

Der ehrenamtliche Schriftführer einer rechtsradikalen Vereinigung, der sich für national-befreite Zonen engagiert und die Ausgrenzung von unliebsamen Menschengruppen vorantreibt, kann sich eben nicht auf ihn berufen. Die von Weidenfeld[62] als Beispiel für einen eher unbedeutenden gesellschaftlichen Dienst angeführte Person, die Socken strickt und sie auf einem Basar für wohltätige Zwecke verkauft, dagegen schon (vgl. Lk. 21,2–4). Was nicht für die neue Schöpfung Gottes taugt oder ihr gar entgegenarbeitet, wird nicht vom Geist unterstützt. Dies jeweils konkret zu beurteilen ist Aufgabe der Theologie, insbesondere von Exegese, Christologie und Pneumatologie.

Aber auch wer sich auf diese theologischen Deutungen nicht einlassen will, könnte in den ihnen zugrunde liegenden Denkstrukturen Kriterien für die Beurteilung von Engagement finden. Eine Gesellschaft und ihre politische Verantwortlichen müssen das Leitbild, die visionäre Vorstellung von

---

60 Weidenfeld (2014), 18f.

61 Weidenfeld (2014), 18f.

62 Weidenfeld (2014), 18.

der Gesellschaft, wie sie werden soll, formulieren und kommunizieren. Von diesem Bild, von einer Perspektive spendenden Imagination her wird das Engagement dann beurteilbar.

2. Folgerungen und Interaktionen

Geistliches Engagement in Kirche und Gesellschaft

Wenn das freiwillige Engagement nicht in der Taufe, sondern im allgemeinen Wirken des Geistes begründet liegt, wird der Horizont ein anderer. Das geistgewirkte Engagement zieht weitere Kreise als den der verfassten Kirche. Wir müssen daher die offene oder verkappte Höherbewertung des (inner-)kirchlichen Ehrenamtes im Vergleich zu außerkirchlichen Engagements vermeiden.

Das zweite stellt keine Konkurrenz im geistlichen Sinne dar. Der Jugendliche, der sich beispielweise nach seiner Konfirmation in der Jugendfeuerwehr seines Heimatortes helfend und vielleicht auch leitend einbringt, entspricht dem im Konfirmationssegen mitgeteilten Geist genauso wie der Konfirmierte, der als Konfihelfer in die Jugendarbeit seiner Gemeinde einsteigt[63]. Für die Selbstwahrnehmung der Gottesdienstgemeinde und vielleicht auch für den Selbsterhaltungswunsch kirchlicher Gruppen macht das einen, im ersten Fall meist als Verlust konnotierten Unterschied. Tatsächlich kommt es aber für eine aus dem Wirken des Geistes lebende Kirche mehr darauf an, dieses Wirken auch außerhalb ihrer Grenzen zu erkennen und zu benennen.

In der Konfirmandenarbeit und ihrer Erforschung wird der Gedanke der Bildung für die Zivilgesellschaft in den letzten Jahren zunehmend wichtiger[64]. Vor allem Friedrich Schweitzer weist unermüdlich darauf hin, dass für Werte und soziales Engagement, sowie die damit verbundene Sprachfähigkeit, die Konfirmandenarbeit eine fundamentale Bedeutung besitzt.

---

63 Die eben erschienene zweite Studie zur Konfirmandenarbeit belegt diese Priorisierung deutlich. Motivation zu ehrenamtlicher Mitarbeit in der Kirche haben die Konfirmanden in der Einschätzung von 62% der Mitarbeitenden erfahren. Für das Ehrenamt außerhalb der Kirche sinkt der Wert auf 15%, bei den Pfarrern sogar auf 5%! Vgl. Schweitzer (2015), 167.

64 vgl. Schweitzer (2015), vor allem 109–116.

Die Kirche leistet hier einen Dienst für die Zivilgesellschaft. Dieser entspringt selbstverständlich ihrem Öffentlichkeitsauftrag, wird aber nur zögerlich auch als geistlicher Auftrag gedeutet. Kirche bildet die jungen Menschen nicht für freiwilliges Engagement als rein „weltlich Ding".

Der hier formulierten Deutung des Engagements aus dem Wirken des Geistes heraus korrespondiert eine nicht-säkularistisch verengte Sichtweise darauf. Die Kirche kann ihre geistliche Deutung in die öffentlichen Interpretationsprozesse selbstbewusster einspielen. In der Verkündigung, ja weiter noch in einer Art evangelischen „Leiterzählung" muss deutlich werden, dass (auch) außerkirchliches Engagement Gottesdienst und Antizipation der Neuschöpfung sein kann, weil und insofern es sich dem Heiligen Geist verdankt. Dies muss die Kirche zunächst für sich selbst hören, aber sie darf es auch den Engagierten außerhalb ihrer verfassten und gelebten Grenzen kommunizieren. Die Perspektive des Geistwirkens wird so in die Eigen- und Fremdwahrnehmung der Engagierten eingezeichnet. Es wird ihnen dabei geholfen, das Wirken des Heiligen Geistes in ihrem Leben deutend wahrzunehmen, auch wenn sie selbst gar nicht damit rechnen, weil sie die Distanz der Kirche oder zur Kirche als zu hoch einschätzen. Diese Kommunikation bedeutet „Stärke und Hilfe" zu all dem Guten, das da geschieht. Das Engagement wird im Licht der Neuschöpfung gedeutet und so die Motivation und Freude daran zukunftsgewiss verankert. Da ich, wenn ich mich engagiere, aus weiteren und tieferen Quellen schöpfe als bloß meiner eigenen Person und Kraft, kann auch die Erschöpfung im Engagement grundlegender abgefangen und gelindert werden. Ich bin nicht nur auf eigene Rechnung und eigene Kraft unterwegs, sondern partizipiere an der Dynamik der kommenden Welt Gottes. Über das Engagement ist es dann auch möglich, die Person des Engagierten in die Deutungszusammenhänge aufzunehmen. Es liegt nahe, ihre Taufe als Hineinnahme in die Neuschöpfung zu verstehen (und zu leben) oder bei ungetauften Engagierten für die Taufe zu werben. Öffentlichkeitsauftrag und missionarisches Handeln der Kirche gehen so eine Verbindung ein, die im Wirken des Geistes begründet liegt, die aber in der kirchlichen Praxis immer noch nicht selbstverständlich ist.

Geistliche Gestaltung

Das freiwillige Engagement als Wirken des Heiligen Geistes muss Gestaltungsformen und Strukturen haben, die diesem Geist entsprechen. Seine Signaturen, die wir zu Beginn benannt haben (freiwillig, unbezahlt, öffentlich und verantwortlich) lassen sich als geistbedingt deuten.

Der Geist Gottes will freie Menschen, die freiwillig arbeiten und selbst über Art und Umfang der Tätigkeit bestimmen. Ihm entspricht nicht das Tauschmodell, das nach Lohn fragt, sondern er realisiert das Gabemodell, das seinen Lohn in sich findet. Der Geist lässt sich nicht auf das Private beschränken, sondern handelt in der Öffentlichkeit der ganzen Schöpfung. Und alle Freiheit, die er schenkt, führt zu Bindung an die anvertrauten Menschen und Verantwortung für sie. Er schafft Arbeit, die Segen ist und die Befreiung von ihrem Fluch antizipiert.

Unsere Strukturen und Gestaltungsformen des Engagements müssen also alle Formen fluchbeladener Arbeit meiden. Alles, was das freie, aber nicht willkürliche Wirken des Geistes einschränkt, beschädigt das Engagement. Wenn Verträge geschlossen werden, müssen sie vorrangig der Klarheit dienen und nicht der Arbeitsverpflichtung. Natürlich haben die Wünsche der Institutionen nach Berechenbarkeit ihr Recht, aber die Kontrakte dürfen nicht die Bindung an die Institution in den Vordergrund stellen, sondern müssen den Geist der Verantwortlichkeit und Verlässlichkeit im übernommenen Engagement atmen. Deshalb empfiehlt es sich, zeitliche Grenzen oder Termine zum Überdenken zu vereinbaren, um sich von unbefristeten Arbeitsverträgen zu unterscheiden und beiden Seiten die Freiheit zu ermöglichen, einmal aufgenommenes Engagement mit gutem Gewissen auch wieder beenden zu können.

Der Freiwilligkeit des Tätigen entspricht seine Partizipation an Entscheidungsprozessen und Gestaltungsweisen[65]. Der Grad an Selbstbestimmung muss so hoch wie möglich sein. Die Definition von Vorgesetzten, insbesondere wenn es sich um Hauptamtliche handelt, ist unangemessen. Insbesondere in der Kirche ist das ein hohes Qualitätsmerkmal für das dortige Ehrenamt, das die Mitarbeitenden sich eben nicht als Zuarbeiter für

---

[65] Intrinsische Motivation wird durch autonomes Gestaltenkönnen stark erhöht, insbesondere wenn damit die Erfahrung eigener Kompetenz verbunden ist.

das eigentlich entscheidende Hauptamt verstehen sollen oder so behandelt werden[66]. Der freiwilligen Arbeit entspricht Begleitung, Beratung und Unterstützung in den jeweils definierten Rollen, aber keine Dienstanweisung von oben herab oder Leistungskontrollen zur Effizienzsteigerung.

Da es im Engagement nicht um Ausbeutung gehen kann, ist eine Kostenerstattung möglich, eine Entlohnung dagegen würde das Modell verderben[67]. Viele Engagierte nutzen aber bereits die Kostenerstattung nicht, vermutlich weil sie ihre Motivation deutlich vom Tauschgedanken distanziert wissen wollen.

Ebenfalls nur schwer mit dem Wirken des Geistes zu vereinbaren ist eine Verzweckung des freiwilligen Engagements, also eine Indienststellung für andere Institutionen und Aufgaben, die geeignet ist, sein eigenes Wesen zu beschädigen. Diese Vermischungen führen zu Unklarheiten und Verschiebungen in den Aufgaben und letztlich zur Korruption beider Beteiligter.

Zwei konkrete Felder sind im Moment aktuell. In der Kirche wird diskutiert, ob die Reduktion an Pfarrstellen und die geringere Zahl an Pfarrpersonen durch den Einsatz von Ehrenamtlichen in pfarramtlichen Aufgaben zu kompensieren ist. Davor kann nur gewarnt werden, weil die beiden Strukturen von professionellem Amt und freiwilligem Engagement heillos vermischt und deshalb beide beschädigt werden. Der Ehrenamtliche ist nicht mehr frei, wird in arbeits- und kirchenrechtliche Vorschriften eingebunden und kontrolliert werden müssen. Das Pfarramt wiederum wird an Qualität und professioneller Distanz verlieren[68].

Das zweite Feld, wo Verzweckung eine Gefahr sein könnte, ist die gegenwärtige Flüchtlingskrise. Es ist Ausdruck des Geistwirkens, wie spontan, stark und auch nachhaltig sich Freiwillige in die Aufnahme und In-

---

66 Der Survey belegt dieses andere Verständnis für die Kirche. Vgl. Seidelmann (2012), 30–33. Und auch die gemischten Teams in der Konfirmandenarbeit bezeugen eine extrem hohe Zufriedenheit mit der Zusammenarbeit in gegenseitiger Achtung der jeweiligen Kompetenzen. Vgl. Schweitzer (2015), 169–174.

67 Nicht umsonst werden auch die Menschen im ordinierten Amt nicht für ihr Wirken entlohnt, sondern ihr Leben wird alimentiert, damit der Geist sich frei entfalten kann und die Geistträger nicht nach Lohn dafür zu fragen brauchen.

68 Eine gute Beschreibung, was das Ehrenamt in der Kirche über das Pfarramt hinaus leisten kann, ohne es zu beschädigen, liefert: Hauschildt (2013), 12f.

tegration von Flüchtlingen engagieren. Verhängnisvoll wäre es, wenn der Staat das als Ersatz für sein eigenes Handeln begreifen würde und sich darauf verließe, dass die Freiwilligen schon seine Aufgaben übernehmen. Die freiwillig Engagierten wären dann, wenn sie das Engagement nicht aufgeben wollten oder müssten, dazu gezwungen staatsähnliche Strukturen aufzubauen.

Der Kirche (und dem Staat) ist dringend anzuraten, die Freiheit des Geistes, die sich im ehrenamtlichen Engagement innerhalb ihrer Grenzen zeigt, nicht durch Ordnungen von oben zu kanalisieren, sondern darauf zu vertrauen, dass sich der Geist selber seine Bindungen und Verantwortungen schafft[69]. Sie können Strukturen schaffen, in denen sich dieses Wirken ereignet, sie können es aber nicht anordnen oder durch Strukturen ersetzen.

Hoffnung für die Kirche: Aus dem Vollen schöpfen

Wie entsteht die Motivation zum freiwilligen Engagement in der Kirche und wie erhält es sich? Mit dieser Frage habe ich begonnen. Im zweiten Teil habe ich mit der Metapher vom Steinmetz am Kathedralbau schon eine erste Antwort formuliert. Die Vision von Gottes neuer Welt und die Gewissheit an der Antizipation der Neuschöpfung Teil zu haben kreieren m. E. grundlegendere und zukunftsfähigere Motivation als der Blick auf das, was gemacht werden muss, weil es schon länger gemacht wird oder zum Erhalt gegebener Strukturen notwendig ist.

Das Engagement verbindet sich in dieser Sicht mit den Träumen und Wünschen des potentiell Engagierten und schafft eine Möglichkeit, sie antizipatorische Wirklichkeit werden zu lassen. Gleichzeitig bedeutet die Motivation von der kommenden Welt her eine kritische Wahrnehmung der eigenen Gegenwart. Der status quo ist nicht per se erhaltenswert, sondern nur insoweit er sich als zukunftsfähig erweist. Vielleicht findet sich hier und da auch niemand für ein freiwilliges Engagement, weil die Zeit über dieses hinweggeschritten ist. Motivation aus der geistgewirkten Neuschöpfung trägt also dazu bei die Kirche als eine ecclesia semper reformanda zu verstehen und zu erhalten[70].

---

[69] Ähnlich, mit leicht anderer Begründung, Stoellger (2008), 6f.

[70] Die Bemühungen um das Reformationsjubiläum 2017 wären wesentlich überzeugender,

Der Ansatz beim Leitbild von der Neuschöpfung trifft sich in einem wichtigen Punkt mit den Gedanken Stephan Grünewalds über unsere „erschöpfte Gesellschaft“[71]. Der Gründer eines Institutes für Kulturforschung sieht unsere Gesellschaft in einer tiefen Krise, die durch Unruhe und Überbetriebsamkeit zu einer heillosen Erschöpfung führt. Das Gegenmittel sieht er im Träumen, in der Muße, im Erfinden neuer Wirklichkeit und im Querdenken in der alten. Die Kirche und ihre Gemeinden müssten m. E. ein Ort sein, wo das umgesetzt wird. Nicht als Sehnsuchtsort der heilen Welt, sondern als Ort der Beheimatung, in dem man mit Muße und Entschleunigung in schöpferischen und entstandardisierten Prozessen die neue Welt erhofft und fragmentarisch gestaltet. Nicht wie Getriebene, die in unheilvollem Optimierungshandeln retten wollen, was noch zu retten ist, sondern wie Gerettete, deren Hoffnung auf die Erneuerung befreiend und ansteckend wirkt, Neues zu wagen und dem Geist zuzutrauen, dass er die Welt verwandelt.

Hier könnte für die evangelische Kirche ein eigenes Leitbild zu finden sein. Sie lebt in Krisenzeiten. Finanzielle und personelle Lage sind gut bis sehr gut. Trotzdem lösen die ständig angekündigten Verschlechterungen in diesen Bereichen eine Lähmung aus. Die allenthalben zu spürende Verzagtheit hat nicht organisatorische, sondern geistliche Wurzeln. Wir schauen nach hinten auf große Tage, ja große Jahrhunderte. Beim Blick nach vorne nimmt uns „2030“ bereits den Mut. Vielleicht liegt das daran, dass wir zu sehr auf Zahlen und Statistiken starren, statt eine geistgefüllte Vision zu teilen. Die Zahlen suggerieren Abstraktion und Kontrolle, um die Unruhe zu bannen[72]. So verhindern sie aber den von Gottes Zukunft evozierten Traum und das in seinem Christus vorgezeichnete Bild einer erneuerten Welt, das Motivation freisetzt. Dass Gott die ganze Schöpfung erlösen wird und jetzt damit schon anfängt, mitten unter uns, mit uns, aber nicht auf unsere Kosten, aus seiner Kraft mit unserer kleinen – das ist die evangelische Hoff-

wenn nicht (nur) der Geist der Vergangenheit und sein damaliges Wirken beschworen würden, sondern der Heilige Geist als kirchen- und weltverändernde Kraft heute und in der Zukunft beschrieben und erlebt würde.

71 Grünewald (2013), bes. 71.73–85.

72 Das gleiche Muster entdeckt Grünewald (2013), 52–60 in unserer gesamten Gesellschaft.

nungserzählung gegen die Erschöpfung und Mutlosigkeit. Das freiwillige Engagement ist für diese Erzählung ein großer Schatz, ein Ausdruck der Geistwirkung in unserer und über unsere Kirche hinaus. Alleine der Umfang des Engagements nötigt zum Staunen und schafft Dankbarkeit. Aber darüber hinaus lässt es erleben, wie wir aus dem Vollen schöpfen: Der Geist Gottes selber ergreift unser Tun und Lassen. Unermüdlich und gewiss treibt er die Sache Gottes voran. Er erfüllt unser Handeln, das auf die Neuschöpfung ausgerichtet ist, mit Kraft, Dynamik und Freude. An *seinem* Wirken als Geschöpf kreativ, selbstbestimmt und in Gemeinschaft, begabt und mit Hoffnung und Perspektive ausgerüstet teilhaben zu können, ist pure Motivation:

„Hoffnung aber lässt nicht zuschanden werden; denn die Liebe Gottes ist ausgegossen in unsre Herzen durch den Heiligen Geist, der uns gegeben ist." (Röm 5,5)

Literatur

Brummer, Andreas u. a. (2010), Evangelischer Erwachsenen Katechismus, suchen – glauben – leben, im Auftrag der Kirchenleitung der VELKD hrsg. von Andreas Brummer, Manfred Kießig und Martin Rothgangel, Gütersloh 2010[8], 658–674.

Eberl, Klaus (2014), Eröffnungsvortrag, in: Gemeinschaftswerk der evangelischen Publizistik (GEP) (Hg.), Gefordert und gefördert: Wie selbstbestimmt ist ehrenamtliches Engagement? Dritte ökumenische Tagung zum ehrenamtlichen Engagement in Kirche und Gesellschaft, Köln, 20.-21.9.2013, epd Dokumentationen Nr. 5, 2014, 7–8.

Ehrenberg, Alain (2004), Das erschöpfte Selbst. Depression und Gesellschaft in der Gegenwart, Frankfurt 2004.

Gensicke, Thomas / Geiss, Sabine (2010), Hauptbericht des Freiwilligensurveys 2009. Zivilgesellschaft, soziales Kapital und freiwilliges Engagement in Deutschland 1999–2004–2009. Ergebnisse der repräsentativen Trenderhebung zu Ehrenamt, Freiwilligenarbeit und Bürgerschaftlichem Engagement, München 2010.

Grethlein, Christian (2012), Praktische Theologie, Berlin 2012.

Grünewald, Stephan (2013), Die erschöpfte Gesellschaft. Warum Deutschland neu träumen muss, Frankfurt 2013.

Hauschildt, Eberhard (2013), Kirchliche Strategie ehrenamtlichen/freiwilligen Engagements und die „Theologie des Ehrenamtes“, Vortrag beim Konsultationstag zur Theologie des Ehrenamtes, Kassel 7.3.2013, in: Gemeinschaftswerk der evangelischen Publizistik (GEP) (Hg.), Theologie des Ehrenamtes, epd Dokumentationen 21 (2013), 7–15.

Krimmer, Holger (2014), Zivilgesellschaft unter Druck? Ehrenamtliches Engagement angesichts sozialstaatlichen und gesellschaftlichen Wandels, in: Gemeinschaftswerk der evangelischen Publizistik (GEP) (Hg.), Gefordert und gefördert: Wie selbstbestimmt ist ehrenamtliches Engagement? Dritte ökumenische Tagung zum ehrenamtlichen Engagement in Kirche und Gesellschaft, Köln, 20.-21.9.2013, epd Dokumentationen Nr. 5, 2014, 23–24.

Marquardt, Reiner (2004), Glauben leben – Kirche gestalten – Gottesdienst feiern. Ein theologischer Leitfaden für das Ehrenamt, Stuttgart 2004.

Meister, Ralf (2014), „Freiheit und Dienst. Christliches Selbstverständnis ehrenamtlichen Engagements.“ Ein theologischer Zwischenruf, in: Gemeinschaftswerk der evangelischen Publizistik (GEP) (Hg.), Gefordert und gefördert: Wie selbstbestimmt ist ehrenamtliches Engagement? Dritte ökumenische Tagung zum ehrenamtlichen Engagement in Kirche und Gesellschaft, Köln, 20.-21.9.2013, epd Dokumentationen Nr. 5, 2014, 25–27.

Jung, Volker (2012), „Frucht des Glaubens“ – theologische Aspekte des Ehrenamtes, in: Noschka, Christine (Hg.), Handbuch Ehrenamt. Eine Praxishilfe für Kirchenvorstände und Ehrenamtliche in der Evangelischen Kirche in Hessen und Nassau, Darmstadt 2012, 12–17.

Petry, Bernhard (2009), Von verfehlten Knopflöchern und ergriffenen Händen – Worauf Sie als Hauptberufliche achten können, damit ihre Gemeinde für ehrenamtlich Engagierte attraktiv ist, in: Praxis Gemeindepädagogik 69 (2/2009), 18–22.

Schmidt, Jutta (2014), Ehrenamtliches Engagement in Umbruchsituationen. Erfahrungen und Perspektiven der Kirche, in: Gemeinschaftswerk der evangelischen Publizistik (GEP) (Hg.), Gefordert und gefördert: Wie selbstbestimmt ist ehrenamtliches Engagement? Dritte ökumenische Tagung zum ehrenamtlichen Engagement in Kirche und Gesellschaft, Köln, 20.-21.9.2013, epd Dokumentationen Nr. 5, 2014,30–37.

Schweitzer, Friedrich u.a. (2015), Konfirmandenarbeit im Wandel – Neue Herausforderungen und Chancen. Perspektiven aus der zweiten bundesweiten Studie, Gütersloh 2015.

Seidelmann, Stefan (2012), Evangelische engagiert – Tendenz steigend. Sonderauswertung des dritten Freiwilligensurveys für die evangelische Kirche, Hannover 2012.

Sellmann, Matthias (2014), „Mein Engagement – meine Kirche". Engagementbiographien in Kirchen und Verbänden, in: Gemeinschaftswerk der evangelischen Publizistik (GEP) (Hg.), Gefordert und gefördert: Wie selbstbestimmt ist ehrenamtliches Engagement? Dritte ökumenische Tagung zum ehrenamtlichen Engagement in Kirche und Gesellschaft, Köln, 20.-21.9.2013, epd Dokumentationen Nr. 5, 2014, 20–22.

Steinfort-Diedenhofen, Julia (2014), Demographischen Wandel gestalten! Ehrenamtliches Engagement der jungen Alten und der wenigen Jungen, in: Gemeinschaftswerk der evangelischen Publizistik (GEP) (Hg.), Gefordert und gefördert: Wie selbstbestimmt ist ehrenamtliches Engagement? Dritte ökumenische Tagung zum ehrenamtlichen Engagement in Kirche und Gesellschaft, Köln, 20.-21.9.2013, epd Dokumentationen Nr. 5, 2014, 49–50.

Stoellger, Philipp (2008), Ehrenamt zwischen Gabe und Tausch. Potentiale und Probleme des Ehrenamtlichen Engagements, Vortrag auf der EKD-Synode am 26.10.2008 in Ulm, abgerufen am 3.8.2015 unter *www.ekd.de/download* stoellger_ehrenamt.*pdf.*

Synode der EKD, Beschluss zur Kundgebung zum Schwerpunktthema: Ehrenamt. Evangelisch. Engagiert – Kundgebung der 11. Synode der Evangelischen Kirche in Deutschland, 25. – 29. Oktober 2009, 2. Tagung, Hannover 2009, abgerufen am 2.8.2015 unter http://www.ekd.de/synode2009_ulm/beschluesse/beschluss_kundgebung.html.

Thomas, Günter (2009), Neue Schöpfung. Systematisch-theologische Untersuchungen zur Hoffnung auf das „Leben in der zukünftigen Welt", Neukirchen-Vluyn 2009.

Weidenfeld, Ursula (2014), Thesen zum Ehrenamt, in: Gemeinschaftswerk der evangelischen Publizistik (GEP) (Hg.), Gefordert und gefördert: Wie selbstbestimmt ist ehrenamtliches Engagement? Dritte ökumenische Tagung zum ehrenamtlichen Engagement in Kirche und Gesellschaft, Köln, 20.-21.9.2013, epd Dokumentationen Nr. 5, 2014, 18–19.

Wright, Tom (2011), Von Hoffnung überrascht. Was die Bibel zu Auferstehung und ewigem Leben sagt, Neukirchen-Vluyn 2011.

Kommt her und eßt!

Plädoyer für eine pluriforme Abendmahlspraxis

Stefan Claaß

Als die Jünger am frühen Morgen eingeladen werden, Mahl zu halten, wagt niemand, den Mann am Ufer zu fragen: „Wer bist du?“ (Joh. 21,12 b) „Denn sie wussten, dass es der Herr war“ (Joh 21,12 c). Dieses innere Wissen, dass Christus einlädt und Gastgeber ist, hat sich in den letzten Jahrzehnten wieder gefestigt und im ökumenischen Dialog für Annäherungen gesorgt. Nicht die Kirchen, nicht Konfessionen oder Geistliche laden ein, sondern Christus.

In der Feier des Abendmahls zeigen sich in den letzten Jahren Zeichen der Erschöpfung und neue Erfahrung von Fülle in spannungsreichem Verhältnis. Viele Beteiligte sind erschöpft von endlosen Diskussionen über praktische Fragen. An manchen Orten wird stets mit ein und demselben theologischen Motiv gefeiert. Zunehmend beschränkt sich die Praxis des Feierns auf den Gemeindegottesdienst am Sonntagmorgen.

Andererseits wird das Abendmahl häufiger und freudiger gefeiert, ist mehr in den Gottesdienst integriert als früher. Ich plädiere dafür, diese Entwicklung zu fördern. Biblische Bilder bieten weit mehr als eine einzige Deutung für das Feiern am Tisch Jesu Christi. Menschen können das Abendmahl für sich als Stärkung auf unterschiedlichen Wegen und Ebenen entdecken. Ich werbe für eine vielfältige und regelmäßige Praxis in unterschiedlichen Gruppen und bei verschiedenen Anlässen. Was nicht regelmäßig geschieht, wird in der Regel mäßig.

Drei Stärken

Die Einladung zum Abendmahl erfolgt biblisch und historisch auf vielerlei Weise. Sie hängt zusammen mit den zahlreichen Tischszenen aus den Evangelien, sie setzt sich fort in den Häusern der Gemeinde und bei unterschiedlichen Zusammenkünften. Auch wenn das letzte Mahl Jesu im Kreis der Jünger bild- und stilgebend ist, so lässt sich die Feier des Abendmahls nicht nur auf eine Wurzel, ein theologisches Motiv, eine Feiergestalt reduzieren. Die Einladung erschöpft sich nicht in einer Gestalt.

Mit dem Mahl am Christustisch verbinden sich unterschiedliche religiöse Erfahrungen: Wir erinnern uns an das Mahl vor der Kreuzigung, Christus wird an unserem Tisch gegenwärtig, wir feiern Versöhnung und Vergebung, wir erleben Gemeinschaft mit dem Gastgeber und untereinander und wir sehen voraus, dass dieser Tisch jenseits unserer Gegenwart von Gott noch einmal ganz anders gedeckt wird für eine vollendete Feier.

Wie in den frühen Zeiten kann das Mahl am Christustisch an unterschiedlichen Orten unterschiedliche Tischgemeinschaften stärken: Sonntagsgemeinde und Konfirmandengruppen, Kranke und Kirchenvorstände, Hauskreise und Pilgernde unterwegs, vertraute und fremde Menschen.

Herausforderungen

Historisch hat sich die Suche nach der Urform des Mahls einengend ausgewirkt. Die Feier hat sich konsolidiert und sich zum Ritual entwickelt, sie wurde aber auch klerikalisiert und materialisiert. Die Gemeinde wurde zum Publikum des Klerus, das Zeigen der heiligen Materie wurde wichtiger als der Verzehr. Die IV. Lateransynode 1215 hat nicht nur das berühmte Dogma der Transsubstantiation festgeschrieben, sondern auch den Verzicht auf den Kelch für alle beschlossen – zur Erleichterung vieler Menschen, die vor allem Angst hatten, einen Tropfen aus dem Kelch zu verschütten. Gleichzeitig wurde das Volk ermahnt, wenigstens einmal im Jahr (!) zur Eucharistie zu gehen. Deutlicher kann der Entfernungs- und Entfremdungsprozess nicht beschrieben werden. (Diese Einschätzung verstehe ich nicht als Kritik an der römisch-katholischen Kirche, sondern an unserer gemeinsamen Tradition.)

Im 16. und vor allem im 20. Jahrhundert kam es einerseits zu Aufbrüchen und neuen Tischerfahrungen, andererseits aber auch zu Ermüdungs- und Erschöpfungserscheinungen. Die Impulse aus Lima, von den Kirchentagen und aus den verschiedensten Kommunitäten sind vielerorts nicht angekommen. Vielleicht werden sie als persönliche positive Erfahrung erinnert, aber sie wirken sich dadurch noch nicht auf eine künftige eigene Feierpraxis aus.

Die unterschiedlichen theologischen Motive führen in vielen Gemeinden nicht dazu, das Feiern auch unterschiedlich zu gestalten. Oft haben liturgische Abläufe feste Formen und bieten wenig Raum, in der aktuellen Feier mehr die Versöhnung oder mehr die Gemeinschaftserfahrung oder mehr die Gegenwart Christi aufleuchten zu lassen. Dabei böten Festzeiten im Kirchenjahr ebenso wie gesellschaftliche Situationen durchaus Anlass, auch die Feier am Tisch dazu in Beziehung zu setzen. Wer jahraus jahrein die gleiche theologische Würzung erlebt, verliert die Nerven für andere Geschmacksrichtungen.

Kurz gesagt: Für liturgische und gemeindliche Erschöpfung gibt es wohl zwei Gründe. Erstens ermüdet die Gemeinde, wenn alle o.g. Motive in eine einzige Mahlfeier hineingezwängt werden, so dass keines davon Zeit und Raum hat, sich zu entfalten. Zweitens ermüdet es, wenn eine Gemeinde sich für ein Motiv entscheidet und es zum einzigen in allen Feiern zu allen Zeiten und an allen Orten macht.

Zwischenruf aus der Praxis

Seit 2013 werden fast alle Examensgottesdienste in der Evangelischen Kirche in Hessen und Nassau (EKHN) mit Abendmahl gefeiert. Die beiden Prüfungszeiträume liegen um Pfingsten und im Advent. Es gibt Gemeinden, in denen die Feier des Mahls so auch zu jeder anderen Zeit hätte stattfinden können. Es gibt aber auch Gemeinden, in denen die Mahlfeier je nach Kirchenjahreszeit durch entsprechende Motive und Bilder eine je andere Akzentuierung erfährt. Solche Feiern wirken frischer, aktueller, nachhaltiger, etwa: weil etwas biblische und zeitgenössische Erfahrungen am Tisch miteinander kommunizieren.

Das gilt ähnlich für die liturgische und praktische Gestaltung. Zunehmend erschöpft sich das Mahlfeiern in den Sonntagsgottesdiensten. Statistisch führt das zu einem interessanten Spagat. Die Zahl der Teilnehmenden bei

Abendmahlsfeiern hat sich zwischen 1974 und 1994 um 60% gesteigert. „Diejenigen, die zum Tisch des Herrn gehen, kommunizieren wohl häufiger.“[1] Gleichzeitig geht die Zahl anderer Formen, zum Beispiel der Haus- und Krankenabendmahle, ständig zurück. Für viele Evangelische bleibt offensichtlich Essen und Trinken marginal – zumindest in dieser Form. Als 2002 die Frage nach dem Abendmahl im Zusammenhang mit dem, was typisch evangelisch sei, erstmals in der Kirchlichen Mitgliedschaftsuntersuchung auftaucht, belegt die Antwort „Abendmahl feiern“ mit der Antwort „in der Bibel lesen“ den letzten Platz.[2] Diese Rangfolge findet sich im gleichen Frageraster in der KMU 2015 bestätigt.[3]

Wenn man vergleicht, welchen Stellenwert Essen und Trinken in der säkularen Gesellschaft einnimmt, schmerzt dieser Befund umso mehr. Eine Vielfalt öffentlicher Ereignisse und Feiern werden mit einem Festessen begangen! Zeitschriften wie etwa „Essen&Trinken“, diverse Kochsendungen mit hoher Einschaltquote und entsprechende Gourmet-Internetseiten belegen den öffentlichen Stellenwert des Essens und Trinkens.

Zwischenruf aus der Praxis

„Bist Du zum ersten Mal bei uns? Herzlich willkommen!“ Pfarrerin Emily steht vor einem großen gläsernen Schaufenster und reicht mir die Hand. „Hier kannst Du Dir Dein Namensschild malen und hinten im Inneren wird noch jemand gebraucht, der beim Decken der Tische hilft“. Was von außen wie eines der vielen modischen Cafés Brooklyns aussieht, ist die Dinner-Church St. Lydia's, eines der alternativen Gottesdienstprojekte in New York. Während im hinteren Teil des Raumes einige junge Menschen über den kochenden Eintopf wachen, sitzen vorne andere und singen die Lieder des Gottesdienstes an. Kurz darauf stehen wir alle mit einer dünnen Kerze in der Hand im Kreis und singen im Wechsel die Eingangsliturgie, die von einer Shrutibox begleitet wird. „Steckt nun die Kerzen in die mit Sand gefüllte Schalen, die auf den gedeckten Tischen warten“, ermuntert uns Emily. Die Gottesdienstteilnehmer, meist Studenten oder junge Berufstätige, versammeln sich um die Tischgruppen. Das Brot wird gebrochen, dann gemeinsam der Eintopf gegessen. Bunte Gespräche mit den Nachbarn beginnen, wobei die kleinen Namensschilder behilflich sind. Als ich gerade meinen letzten Löffel esse, erklingt eine Glocke, die Predigt beginnt. Heute ist Julia an der Reihe, eine Theologiestu-

---

1 Grethlein (2015), 127.
2 Grethlein (2015), 131.
3 Bedford-Strohm / Jung (2015), 211.

dentin. An die Predigt über die letzten Tage Jesu schließt sich ein Nachgespräch an, bevor der Segen über den Traubensaft gesprochen wird. Gut koordiniert helfen alle Gottesdienstteilnehmer im Anschluss beim Aufräumen und Abspülen, bevor wir schließlich – wieder im Kreis stehend – den Segen empfangen.[4]

In der Praxis der Gemeinden treffen zwei Grundhaltungen aufeinander. Die eine Tradition beschreibt das Mahl als ein Mysterium. Es solle folglich nur mit denen gefeiert werden, die in dieses Mysterium eingeweiht und getauft seien. Aber nein, sagt eine andere Tradition, das Mahl sei doch eher im Sinne der Lebenspraxis Jesu als offenes Gastmahl mit allen zu verstehen, die von den Hecken und Zäunen kämen.

Aus der Fülle der Quellen schöpfen

„So wenig wie eine einheitliche Form der Mahlfeier ist eine einheitliche Mahltheologie im frühesten Christentum zu rekonstruieren."[5]

Natürlich spielen die synoptischen Berichte und die Überlieferung des Paulus zum letzten Mahl vor der Kreuzigung eine prägende Rolle, aber auch sie unterscheiden sich in etlichen Punkten voneinander. So betont Lukas (Lk 22) „den Charakter des Mahls als Festmahl zum Pessachfest (V.14) und blickt zugleich auf das Leiden Jesu, aber auch auf das Königreich Gottes voraus, in dem Jesus erneut das Pessach zu feiern hofft (V.16)."[6] Auf die lukanische Überlieferung geht auch die Sprachbildung des „Brotbrechens" (Lk 24,30; Apg 2,46–47; 20,11; 27,35) als Bezeichnung für die besondere christliche Mahlfeier zurück.

Paulus überliefert in 1. Kor 11, 24–25 eine wörtliche Rede Jesu. Weder werden die Jünger erwähnt, noch ist von einer Pessachtradition die Rede. Der Blick richtet sich auf die Zukunft: „Der Befehl ‚Dies tut' zeigt, dass eine Praxis der Gemeinde im doppelten Sinn des Wortes *begründet* werden soll."[7]

Es gibt keine überzeugenden Hinweise darauf, die es uns erlaubten, die verschiedenen Überlieferungen auf eine Urquelle hin zurückverfolgen.

---

[4] Lenski (2016), 24.

[5] Löhr (2012), 86.

[6] Löhr (2012), 63.

[7] Löhr (2012), 57.

Die Feier des „Herrenmahles“ (Paulus) oder das „Brotbrechen“ (Lukas) oder die „Eucharistie“ (Didache) speisen sich aus unterschiedlichen Quellen, die mutmaßlich auf Jesus selbst zurückverweisen. Bildgebend ist die letzte Nacht vor der Kreuzigung. Gleichzeitig finden sich bei Paulus, Lukas und Johannes starke Bezüge in die Zukunft. So erweist sich vor allem die Emmausgeschichte (Lk 24, 13–35) als Brücke zwischen vorösterlichem und nachösterlichem Geschehen.

Johannes 21 schildert das Morgenmahl am See. Gehört diese Szene zur Abendmahlstradition – obwohl es Fisch statt Brot gibt?[8] Wenn man nicht die Materie als Kern betrachtet, sondern die Beziehung („Einladung“), kann man diese Frage durchaus bejahen. Im Zusammenhang der Abendmahlstheologie rückt damit „Leib“ als Beziehungsbegriff (wie im Griechischen und im Aramäischen) wieder mehr ins Zentrum. Das wird durch eine Tendenz in der Tradition umgekehrt, die das Begriffspaar „Leib und Blut“ durch das von „Fleisch und Blut“[9] ersetzt hat.

Auf dieser Spur lassen sich auch die vielen Mahlgeschichten mit und um Jesus im Neuen Testament als Zuflüsse (nicht Quellen) der Abendmahltradition begreifen. Speisungswunder (Mk 6,30–44 par), das Mahl anlässlich der Umkehr des Zachäus (Lk 19,1–10) und der Berufung des Levi (Mt 2,13–17), aber auch das Mahl, in dessen Umfeld die Sünderin Jesus die Füße salbt und Vergebung erlangt (Lk 7, 36–50) stellen einen Zusammenhang zwischen Jesu Haltung und seinem Handeln her, in deren Konsequenz das Christusmahl als nachösterliches Erkennungszeichen (Lk 24; Joh 2, 1) plausibel wird.

Die vielen biblischen Bilder und Szenen haben sich im Lauf der Geschichte in unterschiedlicher Gewichtung zu Wort gemeldet. Ihr Widerhall findet sich in Liturgien und Bekenntnissen. So heißt es in der Leuenberger Konkordie von 1973:

15 Im Abendmahl schenkt sich der auferstandene Jesus Christus in seinem für alle dahingegebenen Leib und Blut durch sein verheißendes Wort mit Brot und Wein. Er gewährt uns dadurch Vergebung der Sünden und befreit uns zu einem neuen

---

8 Grethlein (2015), 25: „Besonders der Fisch… hielt sich lange Zeit in der Ikonographie des Mahlfeierns.“

9 Dazu: Heilmann (2014).

Leben aus Glauben. Er lässt uns neu erfahren, dass wir Glieder an seinem Leibe sind. Er stärkt uns zum Dienstan den Menschen.

16 Wenn wir das Abendmahl feiern, verkündigen wir den Tod Christi, durch den Gott die Welt mit sich selbst versöhnt hat. Wir bekennen die Gegenwart des auferstandenen Herrn unter uns. In der Freude darüber, dass der Herr zu uns gekommen ist, warten wir auf seine Zukunft in Herrlichkeit[10]

Theologisch hat man sich 1973 verständigt, indem man die Fülle der Traditionen in einem gemeinsamen Bekenntnistext untergebracht hat. Bemerkenswert an dieser Konkordie reformatorischer Kirchen in Europa ist: „Nicht die Lehre zum Abendmahl steht im Vordergrund. Vielmehr wird der gemeinsamen Mahlpraxis ein Eigengewicht eingeräumt."[11] Für die Praxis, die aus dieser Verständigung folgen soll, muss dieses Paket wieder aufgeschnürt werden, damit die Begriffe lebendig werden können, damit Geschichten und ihre Bilder sich entfalten und wirken können.

Wenn wir nach den biblischen Quellen fragen, können wir aus dem Vollen schöpfen, was Mahlszenen und Motive angeht. Hier will ich nur einige hervorheben:

Die *Erinnerung* an konkrete Tischgemeinschaften stellt die feiernde Gemeinde in einen historischen Zusammenhang (1. Kor 11,23–26; Mk 14, 12–25 par). Sie weitet den Horizont und strahlt etwas von der langfristigen Verlässlichkeit dieser Feier aus.

Im Vollzug gibt sich Christus selbst in der *Gegenwart* zu erkennen (Lk 24, 30–32; Lk 24, 36–42; Joh 21,1–14). Was damals geschah, aktualisiert sich hier und jetzt. Christus spricht jetzt seine Einladung inmitten dieser versammelten Gemeinde aus.

Das Mahl versöhnt und lässt *Vergebung* erfahren (Mt 26,28; Did 14,1). Judas nahm am „letzten Abendmahl" teil. Er wurde nicht vor Beginn des Mahles des Saales verwiesen. Und: „Am Tisch Jesu sitzen nur solche, die es nicht verdient haben" (Ernst Käsemann). Wer die Sehnsucht nach Befreiung in sich trägt, erweist sich als würdig, zu den Unwürdigen zu gehören.

Das Mahl stiftet und stärkt *Gemeinschaft* (Apg 2, 42–47; 20,7). Sie reicht zeitlich und räumlich weit über die aktuelle Versammlung hinaus.

---

10 www.leuenberg.eu

11 Grethlein (2015), 97.

Aber die konkreten Menschen feiern diese Gemeinschaft in der Begegnung mit Christus und miteinander jetzt und hier. Sie sind von Christus angesehen und erkennen einander als Tischgenossen.

Das Mahl schenkt in Not *Zuversicht* (Apg 27,35)[12] und *Dank* (Apg 20, 11). Wo die Wogen des Lebens bedrohlich scheinen, gibt das Mahl neuen Lebenswillen. Wo Not überstanden ist, weicht die Angst und macht der Erleichterung Platz.

Das Mahl verbindet *Tod und Leben* durch Christus (1. Kor 11,26; Mt 26,29). Sein Tod war keine Privatangelegenheit (vgl. Phil 2, 6–11). Diese Brücke zwischen Passion und Auferstehung, zwischen Christus und uns kann über verschiedene Bilder und Worte begangen werden.

Das Mahl eröffnet Zukunft und lässt die *Vollendung* schon jetzt anbrechen (Lk 22,18; Offb 3,20f.). „Vorgeschmack"[13] und „Wegzehrung" können in der Feier eine Haltung des Aufbruchs fördern in einer Gesellschaft, die sich mehr mit Altersängsten als mit Auferstehungshoffnung beschäftigt. Das muss nicht nach Vertröstung schmecken, sondern eher nach Befreiung aus Gefangenschaften des Zeitgeistes. Das Mahl wäre Ausdruck einer Lebenshaltung, die das Leben von seiner verheißenen Zukunft verstünde.

Gerade die eschatologischen Motive[14] verdeutlichen eine weitere Herausforderung: „So konnte der Gedanke eines vorweggenommenen himmlischen Mahles nicht wirklich überzeugen, weil die gegenwärtige protestantische Frömmigkeit zwar auf ein Jenseits hofft, aber doch vor allem im Diesseits lebt."[15]

Corinna Dahlgrün beschreibt an diesem Beispiel, dass neue oder wiederentdeckte „theologisch motivierte Änderungen"[16] sich nur dann segensreich auswirken, wenn sie mit der Frömmigkeit der gegenwärtigen Gemeinde in einen lebendigen Zusammenhang gebracht werden können. Ob und welche Motive das Feiern prägen, ist also nicht nur historisch oder gemeindeleitend zu beantworten, sondern braucht die konkrete Erfahrung mit eben diesen vielfältigen Motiven und Formen, die die Tradition bereithält oder

---

[12] Anders: Löhr (2012), 73.

[13] Hilberath / Sattler (1995).

[14] vgl. Löhr (2012), 61.

[15] Dahlgrün (2012), 222.

[16] Dahlgrün (2012), 222.

anregt. Die reichhaltigen Möglichkeiten entwickeln sich in dem Maße als wirkliche Möglichkeiten, als die Gemeinden sie im gemeinsamen Beten, der gemeinsamen Lektüre der Bibel und im gemeinsamen Feiern entwickeln. Anders gesagt: Das Motiv des Vorgeschmacks im Abendmahl wird sich nur dort entfalten, wo sich eine Gemeinde der eschatologischen Dimension ihres Glaubens stellt und sich damit auseinandersetzt. Sonst bleibt das Motiv eine traditionelle Behauptung und verpufft als heiliges Geräusch.

Für die Feier des Abendmahls aus dem Vollen zu schöpfen, bedeutet zweierlei. Erstens: Die Fülle sollte zur Verfügung stehen. Gemeinden, die keine liturgische Hinführung zum Mahl feiern, haben kaum eine Chance, innere Bilder und Motive aufkommen zu lassen und sich auf die Feier vorzubereiten. Geschichten und Bilder brauchen Zeit zum Ankommen. Theologische Thesen haben ihren Ort in Bekenntnissen, die gefeierte Liturgie lebt vom Erzählen und Entfalten. Zweitens: Aus dem Vollen zu schöpfen sollte aber auch heißen: Schöpfen! Nicht alles auf einmal auf den Teller laden. Wer alles in die Feier packt, was Bibel und Tradition, Küche und Keller zu bieten haben, wird die Gemeinde eher mästen als sättigen.

Liturgische Fülle

Welche Möglichkeiten haben wir, unterschiedliche Bilder und Motive aufzurufen?[17]

Nach der Grundform I im Evangelischen Gottesdienstbuch bieten sich die *Gebete und Gesänge* an. In neuerer Zeit wurden altkirchliche Traditionen wiederentdeckt und neu entfaltet. Als entscheidend erweist sich in der Praxis sehr häufig, ob alte Formen einfach kopiert werden (das kann museal wirken), oder ob die altkirchlichen Intentionen und das Verständnis für Dramaturgie in eine zeitgenössische Gestaltung einfließt. Das gilt gleichermaßen für Gebete und Gesänge – vor allem für die Klänge. Kann die aktuell versammelte Gemeinde den „Rühmungscharakter“[18] aufnehmen und mitfeiern? In diese Richtung weist der erste Grundsatz des Evangeli-

---

17 Vgl. zum Folgenden: Emde / Bäuerle (2010).

18 EGb, 34.

schen Gottesdienstbuches: „Der Gottesdienst wird unter der Verantwortung und Beteiligung der ganzen Gemeinde gefeiert.“[19]

So können im *Lobgebet* (Präfation) dann nicht nur biblische, sondern auch zeitgenössische Befreiungserfahrungen anklingen. Anamnese wird dann nicht nur „Erinnerung“, sondern angemessener „Vergegenwärtigung“ heißen. Eine Bitte um den Heiligen Geist (Epiklese) zeigt nicht nur Kenntnis hochkirchlicher Tradition, sondern frische Sehnsucht danach, dass sich in der Kraft des Geistes hier und jetzt Menschen und Leben wandeln.

Die Tischgemeinschaft mitten im Gottesdienst wird eingeleitet durch die *wechselseitige Vergewisserung*, dass eine göttliche Erfahrung bevorsteht: „Der Herr sei mit euch – Und mit deinem Geist“ – damit wir nicht uns selbst oder die Gaben feiern, sondern die Einladung Christi.

Auch im *Dankgebet* am Ende schaut die Gemeinde nicht nur auf sich selbst, sondern darauf, wie sie weitergeben kann, was sie empfangen hat. Sie nimmt damit das lange verschüttete diakonische Motiv der Feier wahr und drängt zum Aufbruch: Christus nach, nach draußen.

Wie schön, wenn Worte und Klänge aus alter Tradition hier und da zeigen, dass sie dazugehören. Aber wir feiern nicht im Museum, Worte und Klänge müssen frisch und zugänglich sein.

Die Grundform II im Evangelischen Gottesdienstbuch entstammt der Tradition des Predigtgottesdienstes. Dort spielt die sog. „*Abendmahlsbetrachtung*“ eine wichtige Rolle[20]. Sie bietet sich geradezu an, ein Motiv zu entfalten. Wie gut, wenn es nicht willkürlich gewählt ist, sondern in die Dramaturgie der Feier passt.

Das eine Mahl zu vielen Zeiten und auf viele Arten

Die Sprachform der Behauptung darf als eine der typischen Quellen der Ermüdung gelten. Das wissen Kinder, deren Eltern ihnen Nahrung offerieren mit dem Hinweis: „Das ist aber gesund!“ Solches Behaupten erweist sich selten als erfolgreich. Kinder essen, was ihnen schmeckt, was neugierig macht aufs Probieren und was Freude macht, wenn es das wieder einmal gibt.

---

19 EGb, 15.

20 EGb, 34

Die oben beschriebene Beschränkung der Mahlfeier auf den Gemeindegottesdienst am Sonntagmorgen wirkt sich verhängnisvoll aus. Die Dominanz der Form beraubt das Mahl vieler unterschiedlicher Entfaltungen und Wirkungen.

1. Gruppen

Zwischenruf aus der Praxis

Bei einem Abendmahlsseminar im Februar wirkten Mitglieder eines bestimmten Kirchenvorstands besonders aktiv. Als sich alle über persönliche Mahlgeschichten austauschten, erzählten sie, sie hätten im vorausgegangenen Dezember auf ihre monatliche Sitzung verzichtet und stattdessen zum ersten Mal ein Tischabendmahl gefeiert. Da hatte sich im Advent eine neue Tür geöffnet.

Ein Gottesdienst, der fast immer mit dem Mahl verbunden wird, ist die Feier der Konfirmation. Aber es entsteht nicht selten Leidensdruck statt Festfreude, weil speziell die Feier des Mahls Probleme bereitet. Bevor es aber um zeitliche und praktische Fragen geht, liegt eine wesentliche Hemmung darin, dass Menschen kommunizieren (sollen), denen die Feier fremd ist.

Das spricht umso mehr dafür, Kindern und Jugendlichen früh zu ermöglichen, in dieses Erleben hineinzuwachsen und damit vertraut zu werden. In einem Drittel aller „Gemeindegottesdienste" findet mittlerweile eine Abendmahlsfeier statt. Aber nur „in 59,2% sind Kinder „gem. Beschluss des Presbyteriums" zum Abendmahl zugelassen, in 40,8% nicht."[21]

Da könnte dann die karikierende Anrede wirklich passen: „Liebe Gemeinde, liebe Kinder...". Das Argument, Jugendliche sollten zuerst verstehen, was sie tun, hört man in Familienzusammenhängen selten: dass Kinder Milch und Essen erst bekommen sollten, wenn sie verstehen, was da vor sich geht. Im ersten Jahrtausend der Christenheit war die Teilnahme von Kindern schon einmal üblich. Und auch Luther hat festgehalten: „Es steht aber nichts im Wege, dass auch Kindern das Sakrament des Altars gegeben werden kann."[22]

---

[21] Grethlein (2015), 129. Die Zahlen stammen aus der Kirche im Rheinland.

[22] WA.TR I, Nr 365, 157.

Zwischenruf aus der Praxis

„Eine wachsende Zahl junger Menschen bleibt auch nach der Konfirmation der Gemeinde verbunden. Gemeinden im Bistum Visby laden ihre Konfirmandinnen und Konfirmanden zu Freizeiten und Einkehrtagen nach Walsingham (einem Wallfahrtsort der anglikanischen Kirche) ein. So weiten sich Verständnis und Erfahrung der Jugendlichen durch die Feier des Gottesdienstes und des Abendmahls. Die Jugendlichen erwarten inzwischen, dass es Abendmahl gibt, wenn sie zur Kirche gehen! Die Säkularisierung bietet den großen Vorteil, dass Jugendliche heute nicht mehr mit den vorgefassten Meinungen belastet sind, die die ältere Generation prägen."[23]

Noch schwieriger ist es für Erwachsene, Zugang zu Feier zu gewinnen und neue Erfahrungen anzusteuern. Das kann natürlich nicht in einem einzigen Konfirmationsgottesdienst gelingen und schon gar nicht durch bloße Belehrungen und Behauptungen. Dafür braucht es einen langen Atem und eine angemessene Mahl-Kultur in der Gemeinde. Zwar hat sich an vielen Orten die grundsätzliche Haltung von feierlichem Ernst hin zu einer fröhlicheren und kommunikativeren Art des Mahlhaltens verändert, dafür sind aber nicht selten die ernsten und tiefen Motive „nur oberflächlich und verkürzt aufgenommen worden und haben zugleich der Vergewisserung der Sündenvergebung im Herrenmahl den Boden entzogen."[24] Als schwierig erweist es sich, die Wahrnehmung anderer Mahlteilnehmer/innen nachvollziehen zu können. Diejenigen, denen die Mahlfeier vertraut ist, können sich kaum vorstellen, wie sehr für Ungeübte Verlegenheit, Peinlichkeit und Scheu[25] eine große Rolle spielen können. Und umgekehrt ist es auch nicht einfacher. Wie kann hier Kommunikation gelingen? „Der Theologe umschreibt den Sinngehalt des Abendmahls, indem er von einer neuen Gemeinschaft im Geist Gottes spricht. Lena sagt prägnanter: ‚Das hatte was!'"[26]

2. Zeiten und Formen

So wichtig Haltung, Stimmung und Atmosphäre sind – sie sollten doch nur Folge der inhaltlichen Motivik sein. Wo es vorrangig um Tod und Leben,

---

[23] Ollberg (2015), 26.

[24] Dahlgrün (2012), 223.

[25] Fechtner (2015), 120–123.

[26] Fechtner (2015), 125.

Entfremdung und Versöhnung geht, kann eine ernstere Haltung angemessener sein. Wo es um Vollendung und Gemeinschaft geht, kann sie irritieren.

Noch einmal: Ich sehe eine Hauptschwierigkeit in Reduktionen: Beschränkung auf einzelne biblische Motive, Beschränkung auf einzelne Zeiten (Sonntag), Beschränkung auf einzelne Menschengruppen.

Die Feier am Sonntag kann davon profitieren, wenn sich insgesamt eine weitläufige Feierkultur in der Gemeinde entwickelt. Abendmahlsfeiern finden ihre je eigene Gestalt im Kirchenvorstand und auf seinen Seminartagen (-wochenenden), im Kreis der Konfirmandinnen und Konfirmanden, in den Häusern der Gemeinde (bei Menschen, die nicht mehr zur Kirche kommen können, in Hauskreisen), in der Runde von Konfirmandeneltern und Kita-Eltern, in eigenen Andachten der Gemeinde am frühen Morgen oder am Abend, bevor die neue Woche beginnt. Diese Feiern sind nicht abhängig von einer bestimmten Zahl der Teilnehmenden, und sie bieten neue Möglichkeiten, über jeweilige Motive, Bilder und Feierformen das Mahl für sich zu entdecken oder zu erweitern.

Dass die Feier des Mahls „abständig vom Alltag der Menschen“ blieb, ist nicht nur Erbe des Mittelalters, sondern auch der reformatorischen Gemeinden. „Der Predigtgottesdienst wurde zum Normalfall liturgischer Feier, nur zu bestimmten Festtagen wurde eine Mahlfeier angehängt.“[27]

Das Argument, das Abendmahl solle doch etwas Besonders bleiben wegen seiner besonderen Heiligkeit, findet sich auch heute noch in Gemeindediskussionen. Darüber sollte gesprochen werden. Wer dabei bleiben will, darf das. Aber sie oder er sollte das nicht zum Maßstab für alle machen.

3. Essen und Trinken

Der Aufforderung Jesu „Nehmt und esst…, nehmt und trinkt…“ wird in unseren Gottesdiensten nur sehr zaghaft und reduziert Folge geleistet. „Sinn- und Feiergestalt klaffen auseinander.“[28] Große Worte treffen auf kleine Brotstücke. Es ist kaum zu glauben, welche Meisterschaft in manchen Gemeinden erreicht wird, Brot in kleinste Teilchen zu portionieren. Hostien werden von vielen Zeitgenossen gar nicht als mit Brot verwandt

[27] Grethlein (2015), 105.
[28] Grethlein (2015), 108.

identifiziert. Sie erscheinen ihnen eher als „Astronautennahrung“[29]. Das Trinken erinnert manche ans Zuprosten mit Schnapsstampern, andere an eine Schluckimpfung. Und schon kommen wir mitten hinein ins Lästern, Karikieren und Aufregen. Es gibt kaum ein geeigneteres Thema als das Abendmahl, um zu zeigen, wie Menschen über jedes Detail in Streit geraten können.[30]

Zwischenruf aus der Praxis

2011 lud die EKD zum 1. Hygiene-Kongress nach Berlin. Wieder einmal gab es Streit um Gemeinschafts- und Einzelkelche. Ein Hygieniker erklärte, „dass die Diskussion um Groß- oder Kleinkelch so lange scheinheilig bleibe, wie die Oblate ohne Handschuhe und Mundschutz ausgeteilt würde.“ Die für das Ende des Kongresses geplante Abendmahlsfeier fiel aus.[31]

Manchmal erreichen die Informationen in Gottesdiensten über die diversen Gaben, Kelchinhalte und Austeilungsweisen die gleiche Länge wie alle liturgischen Handlungen zusammen. Debatten über diese praktischen Fragen tendieren dazu, sich endlos und ergebnislos in die Länge zu ziehen. Angeblich werden Sachfragen diskutiert, in Wahrheit geht es um emotionale Gehalte und religiöse Identitäten.

Auch in dieser Hinsicht kann es hilfreich sein, in unterschiedlicher Weise, an unterschiedlichen Orten, zu unterschiedlichen Zeiten gemeinsam zu feiern und später darüber in Austausch zu treten, was die Teilnehmenden erlebt haben. Ein hilfreicher Impuls zum Verhältnis zwischen Abendmahl und erkennbarem Essen und Trinken ging vom Kirchentag in Nürnberg 1979 aus. Seither hat sich eine eigene Form des Feierabendmahls entwickelt.[32]

Es stellt sich aber auch die Frage, wann und wie das Mahl mit einer Mahlzeit verbunden werden kann.[33] Chancen und Schwierigkeiten können hier nicht im Einzelnen dargestellt werden.

---

29 Kunz (2015), 39.

30 Dahlgrün (2012), 203–208.

31 Vogt (2012), 28.

32 EGb Ergänzungsband, 91–112.

33 Beispiele in: Emde/Bäuerle (2010), 241–244.

„Wozu braucht ein heutiger Mensch das Mahl? Das dürfte die entscheidende Frage für das Mahlfeiern in der Zukunft sein.“[34] Auf jeden Fall braucht der heutige Mensch Mahlzeiten. Wo ist die Verbindung?

Zwischenruf aus der Praxis

In der letzten Fachwoche zum Gottesdienst während des Vikariats beschäftigen wir uns mit alternativen Gottesdiensten. Stichwort „zweites Programm“. Von den bekannten Vorbildern dieser Gattung beinhaltet nur die „Thomasmesse“ die Feier der Eucharistie. In den eigenen Entwürfen der Vikarinnen und Vikare für einen Gottesdienst im zweiten Programm aber spielen Essen und Trinken eine wichtige Rolle: Oft in Form eines Bistros, das vor, im oder nach dem Gottesdienst öffnet, so gut wie nie als integrierte Abendmahlsfeier. Woran liegt das?

Ausblicke

Wo vertraute Feierformen verändert werden sollen, paaren sich immer die Lust an Veränderung und die Angst vor Verlust. Darum enden so viele Gesprächsprozesse über Reformen in der Abendmahlsfeier im Streit.

Vielleicht kann da eine Orientierung helfen an dem Modell „Anbauen statt umbauen“. Statt langer Diskussionen über die Integration aller Interessen am Sonntag könnten neue Feier-Erfahrungen treten und sich entwickeln. So kann das Abendmahl eine eigene Gestalt für einen Gottesdienst am Abend bekommen. Neben die bisherige Tradition am Sonntag tritt vielleicht eine zweite mit anderer Dramaturgie und Varianten in der Austeilung. Der Kirchenvorstand feiert ein Tischabendmahl. Im Jugendkreis wird eine ähnliche Feier anders Gestalt annehmen und im Seniorenkreis wieder eine andere. Kern und Dramaturgie bleiben deutlich erkennbar, sprachliche und musikalische Gestaltung verändern sich. Ebenso die Weise des Teilens, Austeilens, Weitergebens von Brot und Kelch.

Zwischenruf aus der Praxis

Im Rundschreiben „Ecclesia de Eucharistia“ hat Papst Johannes Paul II. im April 2003 eine Feier der Eucharistie ohne Gemeinde gutgeheißen und die sogenannte „Tabernakel-Frömmigkeit“ wieder gestärkt. Ganz anders klingt das bei Papst Franziskus. Auf die Frage einer evangelischen Christin, wie sie, die mit einem

[34] Grethlein (2015), 16.

Katholiken verheiratet ist, mit der katholischen Abendmahlspraxis umgehen solle, antwortete er: „Ein Glaube, eine Taufe, ein Herr, so sagt uns Paulus, und daraus ziehen Sie dann die Konsequenzen… Sprechen sie mit dem Herrn und schreiten Sie voran!“[35] Franziskus greift den bekannten Gedanken auf, „wonach das Herrenmahl Stärkung auf dem Weg ist, nicht allein die Siegesfeier im Ziel der Ökumene.“[36] Das alles geschah beim Besuch des Papstes in der lutherischen Gemeinde in Rom am 15. November 2015. Als Gastgeschenk hat er einen Abendmahlskelch mitgebracht.

„Kommt und haltet das Mahl!“ Die Stärke dieses Zeichens liegt darin, dass wir eingeladen sind teilzuhaben. Wir erfahren Zuwendung und Stärkung. „Tut dies zu meinem Gedächtnis.“ Essen und Trinken verbindet Alltag und Feier, Christus und Gemeinde, Menschen untereinander. Das Tischgespräch gehört dazu: Wie kommen wir dazu? Wo führt das hin?

Gebet und theologische Reflexion befruchten sich gegenseitig. „Schmecket und sehet, wie freundlich der Herr ist.“ Inhalt und Erfahrung gehen Hand in Hand. Innere Haltung und Ausstrahlung nach außen sind verwandt.

Als der Kirchenvater Irenäus einmal gefragt wurde, ob Jesus bei der Hochzeit zu Kana nicht zu viel Wasser in Wein verwandelt habe, antwortete er: „Keineswegs – wir trinken noch heute davon!“

Literatur

Bedford-Strohm, Heinrich / Jung, Volker (2015) (Hgg.), Vernetzte Vielfalt. Kirche angesichts von Individualisierung und Säkularisierung. Die fünfte Erhebung über Kirchenmitgliedschaft. Gütersloh 2015.

Dahlgrün, Corinna (2012), Von der „Speise der Seelen“, in: Löhr, Helmut (Hg.), Abendmahl, Themen der Theologie 3, Tübingen 2012, 195–229.

Ende, Natalie / Bäuerle, Sabine (2010) (Hg.), Gestärkt werden, Abendmahl feiern und verstehen, Materialbücher des „Zentrum Verkündigung der EKHN“, Bd. 114, Frankfurt 2010.

Evangelisches Gottesdienstbuch (EGb), Agende für die Evangelische Kirche der Union und für die Vereinigte Evangelisch-Lutherische Kirche Deutschlands, Berlin 2000.

[35] Metzger (2016), 40.

[36] Metzger (2016), 42.

Ergänzungsbend zum Evangelischen Gottesdienstbuch, Berlin 2002.
Fechtner, Kristian (2015), Diskretes Christentum. Religion und Scham, Gütersloh 2015.
Grethlein, Christian (2015), Abendmahl feiern in Geschichte, Gegenwart und Zukunft, Leipzig 2015.
Heilmann Jan (2014), Wein und Blut. Das Ende der Eucharistie im Johannesevangelium und dessen Konsequenzen. Stuttgart 2014.
Hilberath, Bernd Jochen / Sattler, Dorothea (1995) (Hgg.),Vorgeschmack. Ökumenische Bemühungen um die Eucharistie, Mainz 1995.
Kunz, Ralph (2015), Mahlzeit statt Kirchenkaffee, in: zeitzeichen 16 (11/2015), 38–41.
Kunz, Ralph (2016), Neues wagen. Abendmahl feiern, in: zeitzeichen 17 (7/2016), 63.
Lenski, Daniel (2016), Predigt beim Abendessen, in: Evangelische Sonntagszeitung 10.01.2016, 24.
Leuenberger Konkordie, abgerufen am 20.01.2016 über www.leuenberg.eu
Löhr, Helmut (Hg), Abendmahl, Themen der Theologie Bd. 3, Tübingen 2012.
Metzger, Paul (2016), Gewissen sticht Lehre, in: zeitzeichen 17 (1/2016), 40–42.
Ollberg, Bimbi (2015), Für dich gegeben, in: Kirche in Bewegung. Gemeindekolleg der VELKD 2015, 25–26.
Vogt, Fabian (2012), Trinket alle daraus, in: ZGP 30 (1/2012), 27–29.
Welker, Michael (2005), Was geht vor beim Abendmahl?, Gütersloh, 3. Aufl. 2005.

„Lasse leuchten Dein Angesicht ....!“

Die Bedeutung von Intersubjektivität für das Selbst-Verhältnis

Constanze Thierfelder

Einführung

Das Thema ‚Erschöpfung im Pfarramt‘ ist vielschichtig und der Blick auf das Thema verändert sich je nachdem, wer sich dazu äußert: Die betroffenen Pfarrerinnen und Pfarrer[1] sehen die Gründe für ihre Erschöpfung vor allem in Arbeitsverdichtung und erschwerten Arbeitsbedingungen, d.h. in den Strukturen und Bedingungen des gegenwärtigen Pfarramts. So beschreiben die Mitglieder des Heidelberger Pfarrkonvents in einem offenen Brief an den badischen Landesbischof und das dortige EOK-Kollegium[2] die Problemfelder und fordern strukturelle Veränderungen in ihrem Berufsbild, z.B. was ihre Erreichbarkeit oder die dienstliche Verpflichtung zum Religionsunterricht[3] betrifft. Die Mitglieder des Heidelberger Pfarrkonvents zeigen sich insbesondere darüber verärgert, dass seitens der Adressaten ihres Schreibens bis jetzt – trotz mehrfacher Ankündigung – auf ihre Fragen und Problemanzeigen nicht reagiert wurde. Besonders unverständlich scheint den Unterzeichnenden, dass nicht nur ihre Probleme ignoriert würden, sondern sie sich jetzt auch noch dazu aufgerufen sehen, für den Pfarrberuf zu werben.

---

1 Andere Kirchliche MitarbeiterInnengruppen äußern sich weniger prominent, sicher auch, weil die Verbeamtung für PfarrerInnen und Pfarrer ihre Stellen und Positionen schützt.

2 Der Heidelberger Pfarrkonvent: Offener Brief an den Landesbischof und das EOK- Kollegium (2016).

3 Bei einer vollen Pfarrstelle sind in der EKiBa 8 Stunden Religionsunterricht Pflicht.

Auf der anderen Seite werden Angebote zur Burnout-Prophylaxe[4] bzw. zur Behandlung von Burnout für kirchliche Mitarbeiter und Mitarbeiterinnen ausgebaut[5] und suggerieren, dass Erschöpfung vor allem ein individuelles Problem ist, das folglich durch individuelle Behandlung gelöst werden könnte. So diagnostiziert die Journalistin Bettina Weigundy von der FAZ:

> „Vom Mann Gottes erwartet die Gesellschaft, dass er stets Vorbild ist, nett zuvorkommend und rund um die Uhr hilfsbereit. Die Ansprüche sind hoch, auch die der Pfarrer an sich selbst, der Dank bleibt häufig aus. Denn längst gilt der Pfarrer in der Gemeinde nicht mehr so viel wie früher. Heute blickt er an vielen Sonntagen von der Kanzel hinunter auf leere Bänke und fragt sich, wofür er predigt, was er tun kann, um die Kirche wieder mehr in der Gesellschaft zu verankern, um die Kirchenaustritte zu stoppen – 150 000 Mitglieder kehren Jahr für Jahr der evangelischen Kirche den Rücken. Die Folgen: Gemeinden werden zusammengelegt, Personal abgebaut, und die Arbeitsbelastung der Pfarrer steigt. Wer dem nicht gewachsen ist, flüchtet sich in Zynismus, Resignation oder emotionale Erschöpfung."[6]

Auch wenn die Autorin die Bedeutung von gesellschaftlichen Veränderungen anspricht[7], geht sie letztlich davon aus, dass manche Pfarrer – von Pfarrerinnen ist nie die Rede – der Belastung nicht gewachsen sind und deswegen u.a. in emotionale Erschöpfung flüchten.[8] Sie impliziert damit eine individuelle Lösung, z.B. dass Pfarrer achtsamer mit sich und ihren Ressourcen umgehen sollten.

Hier werden zwei unterschiedliche Wahrnehmungsperspektiven auf die aktuellen Probleme der kirchlichen Arbeit deutlich und damit einhergehend verschiedene Lösungswege.

Die eine Seite stellt die sich verändernden gesellschaftlichen Strukturen, bzw. Strukturveränderungen der Kirche ins Zentrum der Aufmerksamkeit und fordert strukturelle Antworten auf strukturbedingten Probleme.

---

4 Heyl (2011).

5 Weigundy (2013), 24.

6 Weigundy (2013), 24.

7 Die Autorin geht auch davon aus, dass die Kirche vor allem durch Kirchenaustritte schrumpft. Das ist eine Fehlinformation. Kirchen leiden vor allem unter dem demographischen Wandel und zum Teil auch unter dem Wegzug von jüngeren Menschen in die Ballungsgebiete.

8 Weigundy (2013), 24.

Die andere Seite sieht zwar die sich verändernden und veränderten Strukturen in der kirchlichen Welt, geht jedoch davon aus, dass das Problem vor allem darin liegt, dass die kirchlichen Mitarbeiter und Mitarbeiterinnen der Situation nicht gewachsen sind, weil sie z.B. nicht achtsam genug mit ihren Ressourcen umgehen, nicht effektiv und strukturiert arbeiten, weil sie zu hohe Erwartungen an sich haben oder weil sie ihre spirituellen Ressourcen nicht nützen.

Ich möchte mich weder auf die eine oder auf die andere Seite schlagen, sondern in meinem Beitrag mithilfe eines Theoriebausteins aus der intersubjektiven Psychoanalyse eine weitere Perspektive ins Spiel bringen. Weiterhin werde ich mich mit dem inzwischen sehr populären Lösungsansatz beschäftigen, der empfiehlt, Pfarrerinnen und Pfarrer sollten sich, um ein drohendes Burn-out zu vermeiden, brachliegender spiritueller Quellen bedienen.

Das spiegelnde Angesicht

Lange Zeit wurde in der Psychoanalyse die psychische Entwicklung anhand von Krisen, wie z.B. des Ödipuskomplexes oder von oralen, analen und genitalen Fixierungen beschrieben. Inzwischen kommen mit der Aufnahme von Theorien und Beobachtungen der empirisch ausgerichteten Neueren Säuglingsforschung[9] auch die positiven Bedingungen von Entwicklung vermehrt in den Blick. Was sind die psychischen Grundbedingungen zur Entwicklung eines Selbst, das dem Menschen ermöglicht, schöpferisch „zu lieben und zu arbeiten“[10]? Welche Entwicklungsbedingungen sind konstitutiv, um mit Anforderungen in Arbeit und Beziehung umgehen zu können?

Jede psychologische oder philosophische Theorie von Entwicklung beinhaltet ein bestimmtes Menschenbild, das sowohl ein „Urbild“ als auch einen Modus und ein Ziel der Entwicklung beschreibt. Sigmund Freud benutzt als Urbild das monadische Bild des Protoplasmatierchens oder einer Amöbe. Dieser Einzeller entwickelt sich aus sich selbst und ist sich selbst genug. Wenn er durch existentielle Bedürfnisse wie Hunger oder Durst dazu getrieben wird, streckt er seine Pseudopodien in die ihn umgebende Um-

[9] Stern (2003) und Dornes (1993).

[10] zitiert nach: Erikson (1953), 135.

welt aus, zieht sie jedoch sofort wieder zurück, wenn sich die Umwelt als feindselig erweist.[11] So versteht Freud auch die Entwicklung des Kindes als eine Entwicklung aus sich selbst heraus:

„Die narzißtische oder Ich-Libido erscheint uns als das große Reservoir, aus welchem die Objektbeziehungen ausgeschickt und in welches sie wieder eingezogen werden. Die narzißtische Libidobesetzung des Ichs, als der in der ersten Kindheit realisierte Urzustand, welcher durch die späteren Äußerungen der Libido nur verdeckt wird, im Grunde hinter derselben erhalten geblieben ist."[12]

Das Bild von der Amöbe bzw. des ursprünglichen Reservoirs impliziert, dass von Anfang an im Kind ein Kern-Ich existiert, das versuchsweise Kontakt zur Umwelt aufnimmt. Es braucht seine Umwelt aber nur zur Erfüllung körperlicher Bedürfnisse. Es erscheint zudem ein riskantes und energieaufwändiges Unternehmen, sich in die Umwelt hinauszuwagen. Die Motivation, sich mit der Umwelt bzw. mit anderen Personen in Beziehung zu setzen, ist nach diesem Ansatz von Freud nur durch libidinöse Triebe bestimmt, d.h. durch existentielle Bedürfnisse wie Hunger, Durst oder Sexualität.

Dies würde für das Erwachsenenleben bedeuten, dass Menschen ihre Energie vor allem dafür einsetzen, ihre existentiellen Bedürfnisse zu befriedigen, zu denen bei Erwachsenen dann auch Bedürfnisse nach Macht und Besitz, nach sexueller Befriedigung und Erfolg zählen. Andere Menschen würden vor allem danach eingeschätzt, ob sie zu dieser Bedürfnisbefriedigung beitragen können oder nicht.

Dieser Amöbensaga von Sigmund Freud[13], die beeinhaltet, dass ein Kind sich getrennt von seiner Umwelt entwickelt, widerspricht schon die

---

11 Vgl. Freud (1916/17) 431.

12 Vgl. dazu: Freud (1905), 119.

13 An anderer Stelle (Freud 1933, 432) und doch manchmal fast übergangslos siedelt Freud den Urzustand in der intrauterinen Situation an, in der es noch keine Trennung von Subjekt und Objekt, von Mutter und Kind gibt. Auch nach der Geburt ist die Situation des Säuglings zunächst davon bestimmt, dass der Säugling vollständig abhängig ist von der versorgenden Umwelt d.h. von einer Bezugsperson wie der Mutter oder dem Vater. Das Kind sieht sich als ungetrennt von der versorgenden Umwelt, dem umfassend Versorgt- und Geliebtwerden. Dies wird besonders deutlich, wenn die umfassende Versorgung unterbrochen wird und der Säugling heftig gegen diese Zumutung protestiert.

Objektbeziehungstheorie[14] von Margret Mahler[15], und Melanie Klein[16], die davon ausgehen, dass Kinder weniger Triebwesen, sondern vor allem Beziehungswesen sind. Dennoch gehen auch die VertreterInnen der Objektbeziehungstheorie noch davon aus, dass sich die ersten Entwicklungsstadien (primärnarzisstische Phase, Phase des Autoerotismus) ohne Beziehungen zum Objekt, bzw. zu den Bezugspersonen, vollziehen.

Erst in den 1980er Jahren zeigt die Neuere Säuglingsforschung[17] bei ihrer Auswertung von empirischem Material[18], dass die frühen Interaktionen vom Kind und den entsprechenden Bezugspersonen gestaltet werden. Vor allem wurde hier deutlich, dass die Differenzierung zwischen Subjekt und Objekt, d.h. die Ich-Werdung durch das und im Gegenüber zu den ersten Bezugspersonen und unter dem hoffentlich liebevollen Blick dieser Personen geschieht.

Die Neue Säuglingsforschung kann in ihrer differenzierten Analyse der Kontakte zwischen Kleinkindern im vorsprachlichen Alter und deren Bezugspersonen darstellen, wie wichtig die spiegelnde Interaktion zwischen Kind und Bezugsperson ist. Diese wechselseitige Kommunikation kann durch Gestik und Mimik, aber auch durch Laute oder Geräusche oder körperliche Bewegung geschehen. Kind und Bezugsperson zeigen sich im gegenseitigen Spiegeln, dass sie verstanden haben, dass sie sich verstehen, dass sie sich überraschen und necken wollen und zwar aus Freude an der Begegnung, aus Lust an der Beziehung, nicht aber um etwas zu erreichen oder um Triebbedürfnisse zu erfüllen.

Die Voraussetzungen von Bezugsperson und Kind in diesen Begegnungen sind verschieden. Das Kind tritt zunächst ohne Vorerwartungen und

---

14 Mit „Objekten“ werden in der Psychoanalyse vor allem Personen bezeichnet, auf die sich Beziehungswünsche des „Subjekts“ richten.

15 Mahler (1996).

16 Klein (2001).

17 Die Vorläufer der Neueren Säuglingsforschung waren die Untersuchungen von René Spitz u.a., die die Qualität von Beziehungen zwischen Kleinkindern und ihren Bezugspersonen untersuchten.

18 Hierbei war die Weiterentwicklung der Videotechnik von großer Bedeutung. Durch Vergrößerung und Verlangsamung konnten nun auch Augenbewegungen und mimische Reaktionen mikroskopisch genau untersucht werden und damit die „Sprache der Säuglinge“ dokumentiert und verstanden werden.

Phantasien in diesen Kontakt ein und erfährt sich erst selbst dabei mehr und mehr als getrenntes und aktives Gegenüber und als geliebtes Wesen im Angesicht der Mutter oder des Vaters.

Die Mutter oder der Vater treten dagegen in die Beziehung zum Kind mit all ihren Phantasien, Wünschen und Befürchtungen ein und nehmen das Kind und seine Reaktionen im Lichte dieser Vorerfahrungen und Erwartungen wahr. Wenn das Kind z.B. in seiner Motorik und Lautgebung Energie und Kraft zeigt, könnte sich z.B. bei der Mutter die Phantasie entwickeln: „Das wird einmal ein starker Mann!" oder „Es wird eine starke Frau so wie ich!" oder „Das Kind ist ja gewalttätig, es wird mir alle Kraft entziehen!" Diese Phantasien und Zuschreibungen beeinflussen den Kontakt und die Begegnung. Sie können dazu führen, dass die Bezugspersonen lustvoll mitspielen oder dass sie unbewusst versuchen, das Kind und seine Aktionen zu dämpfen oder herunterzuregulieren.

In und durch diese wechselseitige Interaktion kann sich das Kind nicht nur geliebt und verstanden fühlen. Es differenziert sich darüber hinaus aus der Einheit von Bezugsperson und Kind aus und lernt sich zunehmend als getrenntes und eigenständiges Gegenüber kennen. „Die anderen sind es, auf deren Anerkennung wir angewiesen sind und von denen wir uns unterschieden müssen, um uns als Individuen zu fühlen."[19]

Das Selbstverständnis des Kindes wird wesentlich davon geprägt, was es in der Interaktion an Übertragungen erfahren hat. Die durch die Mutter oder den Vater geprägte Wahrnehmung des Selbst wird zum Grundstein des eigenen Selbstverständnisses für das Kind. Dieses grundlegende Selbstverständnis des Kindes kann darin bestehen, dass sich das Kind als liebenswert und gewollt versteht oder aber, dass das Kind erfährt, dass es nicht richtig ist, so wie es ist oder nicht liebenswert, sondern eine große Last. Dies gilt besonders, wenn Bezugspersonen nicht in der Lage sind, auf das Kind emotional adäquat zu reagieren, z.B. weil sie selbst durch eine depressive Erkrankung eingeschränkt sind. Donald W. Winnicott beschreibt, wie wenig selbstverständlich es ist, dass die Mutter oder der Vater als lebendiger Spiegel „funktionieren":

---

[19] Altmeyer (2004), 238.

„In der individuellen emotionalen Entwicklung ist das Gesicht der Mutter der Vorläufer des Spiegels [...]. Was erblickt das Kind, das der Mutter ins Gesicht schaut? Ich vermute im Allgemeinen das, was es in sich selbst erblickt. Mit anderen Worten: die Mutter schaut das Kind an, und *wie sie schaut, hängt davon ab, was sie selbst erblickt.* Diese Dinge werden allzu oft für selbstverständlich gehalten. Ich bin aber der Meinung, daß man nicht für selbstverständlich halten sollte, was Mütter, die ihre Kinder umsorgen, ganz natürlich tun. Was ich damit meine wird deutlicher, wenn ich direkt die Frage stelle, was ein Kind im Antlitz seiner Mutter erblickt, das ihre eigene Stimmung oder – noch schlimmer – Starrheit ihrer eigenen Abwehr wiederspiegelt.“[20]

Wenn sich ein Kind nicht gesehen fühlt, sich nicht im Angesicht der Mutter oder des Vaters reflektiert sieht, wird es zunächst mit allen Mitteln versuchen, Aufmerksamkeit zu erringen bzw. eine emotionale Antwort zu erhalten.[21] Viele Kinder führt dies zunächst in die Verzweiflung. Später versuchen sie jedoch dadurch zu gefallen, dass sie besonders nett, hilfreich und angepasst sind oder dadurch, dass sie durch besondere Leistungen glänzen.

Andere Kinder werden von Anfang an mit negativen Übertragungen ‚affiziert’[22]. Wenn die Mutter oder der Vater nicht in der Lage sind, als einigermaßen adäquater Spiegel zu fungieren, verbinden sie mit dem Kind und all seinen Lebensäußerungen etwas bedrohliches, beängstigendes, vielleicht auch ein Gefühl der Unzulänglichkeit, das sie selbst mit sich tragen, und übertragen diese Vorverständnis auf das Kind und dessen Sicht auf sich

---

[20] Winnicott (1995), 128–129.

[21] Vgl. auch die Videos aus der Bindungsforschung. Z.B. das Still Face Experiment von Dr. Eduard Tronick: Eine Mutter sitzt zunächst ihrem Kind gegenüber und spielt mit ihm. Die Situation ist entspannt. Dann lässt die Mutter ihre Gesichtszüge erstarren und regiert nur wenige Minuten nicht mehr die Versuche des Kindes, Kontakt zu ihr aufzunehmen. Zunächst steigert das Kind die Intensität seine Versuche in Kontakt zu kommen, wird dann immer verzweifelter bis es schließlich aufgibt und in sich zusammenfällt.

[22] Vgl. das Schicksal der Hauptperson im Roman ‚Das Herzhören‘ von Jan-Philipp Sendker, der in Birma spielt. Der Junge Tin Win wird an einem Tag geboren, der von den traditionellen Weissagern als Unglückstag bezeichnet wird. Seine Mutter ist durch den Tod ihres Bruders, den sie als Kind miterlebte, traumatisiert und geht davon aus, dass diese Kind Unglück bringen wird und schreibt ihm alles zu, was an Unbill über sie kommt. (Sendker 2015, 74–75).

selbst. Dieser internalisierte Blick der Bezugspersonen prägt das Selbst-Verhältnis und das Selbst-Verständnis tiefgehend und weitreichend.

Andererseits wird die Selbstbeziehung auch durch spätere Erfahrungen beeinflusst, z.B. dadurch, inwieweit ein Mensch später Anerkennung, Wertschätzung und Verständnis für seine Arbeit, in seiner Rolle bzw. in seinem Amt und als Person erfährt. Menschen sind also nicht nur zu Beginn ihres Lebens, sondern ihr ganzes Leben lang auf den wertschätzenden Blick der Anderen angewiesen, um in ihrem Selbst-Verhältnis gestärkt zu sein. Menschen sind Beziehungswesen, die nicht nur Beziehungen zur Bedürfnisbefriedigung brauchen, sondern wertschätzende und anerkennende Beziehungen als wohlwollende Spiegel brauchen, um zu sich selbst zu finden.

Entwicklungen des Selbstverhältnisses von Pfarrerinnen und Pfarrer

Kirche und Pfarramt sind in der spätmodernen Gesellschaft, deren Teil sie ja sind, besonderen Veränderungen und Herausforderungen durch Individualisierung, Fragmentierung und Säkularisierung ausgesetzt.[23] Die Entwicklungen in der Gesellschaft betreffen die Arbeit in den Gemeinden und den Blick, mit dem Pfarrerinnen und Pfarrer dort betrachtet werden. Sie betreffen einerseits das Gegenüber der Pfarrerinnen und Pfarrer in den verschiedenen Ebenen der Kirchenleitung, und betreffen andererseits das Verhältnis Pfarrerinnen und Pfarrern zu Glaube und Religion.

Der Blick der Gemeinde und sein Einfluss auf das Selbstverständnis der Pfarrperson

Pfarrerinnen und Pfarrer in der Gemeinde stehen mit ihrer Arbeit, mit ihrer Rolle, ihrem Amt und ihrer Person gleichermaßen im Rampenlicht. In Zeiten des Traditionsabbruchs und nach der Infragestellung von Hierarchien und Autoritäten Ende der 1960er und in den 1970er Jahren wird die Amtsrolle schwächer. Der Talar büßt seine schützende und stützende Funktion ein. Der Pfarrer oder die Pfarrerin muss mit ihrer/seiner Person vieles an

23 Vgl. dazu: Stührmann (2016), besonders: 1. Kirche in der spätmodernen Gesellschaft – gesellschaftliche Identitätskrise. Gert Stührmann stützt sich bei seiner Analyse vor allem auf den britischen Psychoanalytiker Wilfred R. Bion.

Glaubwürdigkeit transportieren und verantworten, was früher die Amtsrolle getragen und gestützt hat.

So stellt in der Schule wie auch im Konfirmandenunterricht der Pfarrer/die Pfarrerin nicht mehr selbstverständlich und unhinterfragt eine Autorität dar – genauso wenig wie die Lehrerinnen und Lehrer. Sowohl bei den Kindern als auch bei deren Eltern müssen sich die Lehrenden Respekt erarbeiten, sie müssen ihre Autorität wahren und verteidigen.

Deswegen ziehen sich viele Pfarrerinnen und Pfarrer gerne aus der Schule zurück in die Kerngemeinde, wo ihre Rolle und ihr Amt noch etwas zu gelten scheint, wo sie Entscheidungsgewalt haben und sie innerhalb eines vertrauten Systems arbeiten.

Doch nicht nur in der Schule, sondern auch in der Gemeinde erleben Pfarrerinnen und Pfarrer, dass Kenntnisse von und Erfahrungen mit Glaubensinhalten und Traditionen nur noch wenig vorhanden sind. Bei vielen Kindern, Jugendlichen und Erwachsenen sind kaum noch „Schnittstellen“, z.B. Vorerfahrungen und Vorkenntnisse zum Thema Glauben und Religion vorhanden, sondern diese müssen mühsam hergestellt werden. Vieles, was Pfarrerinnen und Pfarrer zu bieten haben, trifft wegen mangelnder Schnittstellen auf Unverständnis. In Zeiten der Säkularisierung scheint dieses Wissen nahezu überflüssig und irrelevant[24].

Die Unkenntnis und die Missachtung dessen, wofür der Pfarrer bzw. die Pfarrerin steht, aber vor allem das Desinteresse daran, kann als Pendant zu den Still-face Experimenten[25] verstanden werden, in dessen Verlauf die Bezugsperson mit reglosem Gesicht vor dem Kind sitzt, und das Kind mit allem ihm zur Verfügung stehenden Mitteln versucht, eine Regung bzw. Interesse bei der Bezugsperson hervorzurufen.

Für manche Pfarrerinnen und Pfarrer mögen dies nur leichte Kränkungen sein, quasi Dellen im Selbstbild, die sich von selbst wieder ausbeulen. Bei anderen Vorerfahrungen trifft dieser Mangel an Verständnis auf alte Verwundungen oder hat durch die Dauer und Tiefe des missachtenden

---

24 Auch wenn Kasualien wie z.B. Trauungen angefordert werden, so geht es dabei oft um den Rahmen, der kirchlicherseits zur Verfügung gestellt wird und von den Eventmanagern der Hochzeitsfeier mit neuen Inhalten gefüllt wird. So etwa im Sinne einer Feier und Besiegelung unendlicher Glücksversprechen.

25 Vgl. bei Youtube: Still Face Experiment Dr. Edward Tronick.

Blicks stärkere Wirkung. In jedem Fall wirken diese Erfahrungen eher als Infragestellung, nicht als Bestätigung und Wertschätzung.

Der Blick der Kirchenleitung und seine Bedeutung für die Pfarrerinnen und Pfarrer

Wie der am Anfang beschriebene Brief des Heidelberger Pfarrkonvents zeigt, erleben Pfarrerinnen und Pfarrer aber auch von der Seite der Kirchenleitung, dass ihre Arbeit wenig wertgeschätzt wird, bzw. dass die Strukturreformen durch die Vergrößerungen der gemeindlichen Einheiten suggerieren, dass die Pfarrerinnen und Pfarrer bis dahin noch nicht ausgelastet waren, sondern sie noch mehr übernehmen könnten – an Gemeindeanteilen, an Spezialseelsorge, an Altenheimen oder im Krankenhaus.

Die Pfarrerinnen und Pfarrer des Heidelberger Pfarrkonvents betonen, dass sie auf eine Reaktion der Kirchenleitung warten – mehr noch als auf eine Erfüllung ihrer Forderungen. Sie fordern damit „Intersubjektivität" ein, das Angesehen-, Wertgeschätzt- und Anerkanntwerden und ein Verständnis für ihre Situation. Offenbar liegt in der Intersubjektivität auch eine besondere Schwierigkeit, weil sich der andere damit auch den Blicken aussetzt, statt sich z.B. hinter Notwendigkeiten und Alternativlosigkeiten zu verstecken. Gleichzeitig liegt in der intersubjektiven Begegnung auch die Chance, Wertschätzung, und Anerkennung der/des anderen und ihrer/seiner Situation zu vermitteln, auch wenn keine unmittelbare Lösung in Sicht ist.[26]

Andererseits besteht auch die Gefahr, dass Pfarrerinnen und Pfarrer mit ihren Forderungen nach Wertschätzung und Anerkennung die Kirchenleitung als „Mutter Kirche" idealisieren und nicht realisieren, dass die Kirchenleitung wie jede Organisation nur mit begrenzten Ressourcen ausgestattet ist – wie übrigens alle anderen Mütter. Die Idealisierung von „Mutter Kirche" und die kindliche Sehnsucht nach allumfassender Versorgung muss dann notwendigerweise in Desillusionierung und heftige Enttäuschungen münden, die die Betreffenden in die innere Emigration führen kann.

[26] Durch die Zusammenlegung von Dekanaten und Propsteien wird diese Intersubjektivität weiter erschwert, weil Pröpste und Pröpstinnen oder Dekane und Dekaninnen die einzelnen Mitarbeiter weder wahrnehmen noch ihre Arbeit anerkennen können oder das Verständnis dafür entwickeln können, wofür deren Herz in der Arbeit schlägt.

Das Selbstverhältnis von Pfarrerinnen und Pfarrern und ihre Frömmigkeit

Gerade Pfarrerinnen und Pfarrer streben oft ein hohes Ideal bezüglich ihrer spirituellen Praxis an und fragen sich, welches Maß an Frömmigkeit eine Christin oder ein Christ vorzuhalten habe, der oder die von Amts wegen Woche für Woche das Evangelium zu predigen hat.

Oft beginnt die Auseinandersetzung, ob er oder sie mit dem jeweils eigenen Glauben und der jeweils eigenen Frömmigkeit den Anforderungen genügt, die das Berufsbild Pfarrerin/Pfarrer vermeintlich stellt, schon vor dem Studium. Die Frage nach der „vocatio interna“ wird sich sowohl vor dem Studium als auch im Studium immer wieder an dem (oft trügerischen) Eindruck abzuarbeiten haben, dass andere scheinbar fester glauben und ein lebendigeres Glaubensleben haben, vor allem, wenn die pietistische Vorstellung einer sogenannten „Lebensübergabe“ an Christus oder Gott als Ideal propagiert wird. Gleichzeitig treffen Studierende bei Mitstudierenden und im System der Universität auf ein akademisches Milieu, in dem Glaube, Frömmigkeit und Gemeindeleben nur einen geringen Stellenwert haben. Dieser Herausforderung entgeht man, indem man sich fortwährend in dezidiert christlichen Kreisen aufhält. Dieser Versuch aber hat Grenzen, weil man sich zumindest an einer öffentlichen Universität nicht fortwährend der wissenschaftlichen Auseinandersetzung bzw. dem akademischen Milieu entziehen kann. Schon im Studium trifft damit ein Ich-Ideal[27] im Hinblick auf die Frömmigkeit auf die Erfahrung, dass man dem Ich-Ideal eigentlich nie genügt und macht damit die Erfahrung des Scheiterns und der Kränkung, des kritischen Blicks statt des liebevollen Angenommenseins. Dieses Ich-Ideal von Frömmigkeit wird durch das Leben in einem weitgehend säkularen Milieu an der Universität in Frage gestellt und muss sich dazu verhalten.

Die vocatio interna und das Finden bzw. Entstehenlassen eines angemessenen Stils von Frömmigkeit erfordert einmal mehr einen gnädigen

---

[27] Gemäß der psychoanalytischen Theorie entsteht das Ich-Ideal, wenn die Einheit von erster Bezugsperson und Kind sich ausdifferenziert und das Kind zum getrennten Subjekt wird. Das Ich-Ideal trägt das Erbe des Vollkommenheitsgefühls in der primären idealen Beziehung zu Mutter in sich. Vgl. Altmeyer (2004) 52–53.

Blick und ein zugewandtes Angesicht, statt eines internalisierten kritischen Blicks. Wie kann der Blick auch auf die eigene Frömmigkeit so verändert werden, dass sie angenommen und wertgeschätzt wird und sich doch verändern darf, so dass das leuchtende Angesicht Gottes Gnade und Annahme auch für die Arbeit im Pfarramt verspricht und nicht Ideale und Leistungen im Vordergrund stehen?

Ein fragwürdiger Lösungsvorschlag: Spiritualität und Frömmigkeit stärken

Für kirchliche Mitarbeiterinnen und Mitarbeiter, besonders für die im Pfarrberuf, wird immer wieder als Lösung vorgeschlagen, sie sollten doch zu den geistlichen Quellen (zurück-)gehen, aus denen sie sonst immer für andere schöpfen.

So schlägt der römisch-katholische Theologe Peter Abel[28] vor, Burnout als Überdruss zu verstehen und sich an die Wüstenväter der alten Kirche (3. und 4. Jhdt. n.Chr.) zu wenden, um an ihnen exemplarisch wahrzunehmen, wie sie mit dem Laster des Überdrusses („acedia“) gerungen haben und sich dagegen behaupteten.

Der evangelische Theologe und Pfarrer Andreas von Heyl[29] geht davon aus, dass der Mangel an geistlichem Leben bei Pfarrerinnen und Pfarrern zum Ausbrennen und in die Erschöpfung führt. Am Ende seiner ausführlichen empirischen Studie über die Situation von evangelischen Pfarrerinnen und Pfarrer im Hinblick auf Burnout und Erschöpfung im Amt, bzw. den Stand ihres geistlichen Leben fasst er zusammen:

> „So bin ich, [. . .], in der Tat der Auffassung, daß die kompetente und beharrliche spirituelle Praxis von Beginn an ein ebenso integraler und obligatorischer Bestandteil der TheologInnenausbildung sein sollte, wie die regelmäßige Ausübung und beständige Weiterentwicklung und Vertiefung dieser gelebten Frömmigkeit während des späteren (Berufs)Lebens. Inwiefern die Ausbildung spiritueller Fähigkeiten und die Einhaltung einer Disziplin spiritueller Übung auch einen elementaren Beitrag zur Burnoutprophylaxe darstellt, wurde ebenfalls im Laufe dieser Arbeit zur Genüge betont.“[30]

---

[28] Abel (1996).

[29] Heyl (2003).

[30] Heyl (2003),418.

Andreas von Heyl beruft sich auf Julius Schniewind, der schon 1947 die geistliche Erneuerung des Pfarrerstandes forderte[31], um von dort aus die Gemeinden und die Kirche zu reformieren. Gerade die Pfarrerschaft hätte die Aussage des Evangeliums nicht nur zu verkündigen, sondern auch exemplarisch zu leben:

„Die Erneuerung darf nicht von einem Allgemeinbegriff der Renovation noch von einem Allgemeinbegriff des Geistigen her erhofft werden, sondern nur von einer Rückkehr zur neutestamentlichen anakainosis [Erneuerung durch den Hl. Geist /Anm. der Verf.in] und vom Glauben an den Heiligen Geist.“[32]

Heyl erläutert: „Die Anakainosis wird real und entfaltet sich in unserem Leben, indem wir das Evangelium von der Rechtfertigung des Sünders ernst nehmen.“[33] Er führt wieder Schniewind an, der der Auffassung ist, dass das Evangelium sakramental sei und bewirke, was es sage: Rettung und Gerechtsprechung.[34] Heyl dringt mit Schniewind darauf, dass die Pfarrerinnen und Pfarrer sich dem Wort aussetzen und ernst machen damit, es in ihrem persönlichen Leben wirksam werden zu lassen. Pfarrerinnen und Pfarrer sollen die zentralen Aussagen des Evangeliums nicht nur verkündigen, sondern auch exemplarisch leben.[35]

Damit scheint die Lösung gefunden zu sein: Das Evangelium im eigenen Leben wirksam werden lassen, für sich selbst gelten lassen und die Erneuerung durch den Heiligen Geist zuzulassen. Bei Schniewind soll dies durch die Erneuerung des Betens geschehen. Von dort aus würden alle Fragen ihre Antwort finden: 1. Die Frage nach dem einsamen Gebet des Pfarrers 2. Die Frage nach dem gemeinsamen Gebet und seinen Formen. 3. Die Frage der Beichte 4. Das Anliegen der „mutua consolatio fratrum“ (gegenseitige Tröstung der Brüder, Anm. der Verf.in).[36]

Wenn die Erneuerung des Geistes durch das Gebet und durch geistliche Übungen zu finden wäre, könnten Burnout und Erschöpfung sozusagen mit

---

31 Schniewind (1947).

32 Schniewind (1947), 8–9.

33 Heyl (2003), 413.

34 Schniewind (1947),13–14.

35 Vgl. Heyl (2003), 413–414.

36 Vgl. 15. und 16. These bei Schniewind (1947).

den Waffen, bzw. Mitteln geschlagen werden, die Pfarrerinnen und Pfarrern am vertrautesten sind. Eine mehr als elegante Lösung, zumal auch die Pfarrerinnen und Pfarrer in der Studie von Andreas von Heyl auf die Frage nach ihrer „Praxis Pietatis" vermehrt sagen: „Ich sollte das eigentlich mehr machen"[37]. Das könnte man übersetzen mit: ‚Ich will es eigentlich mehr, ich weiß, dass ich eigentlich mehr tun müsste – aber ich tue es nicht.' Was hindert Pfarrerinnen und Pfarrer daran, sich vermehrt um ihre „Praxis Pietatis" zu kümmern? Ist es wirklich nur der innere Schweinehund und die Trägheit des Herzens, die das Wollen und das Tun so auseinanderklaffen lassen?

Meine These ist vielmehr, dass das Evangelium nur selten sakramental und aus sich selbst heraus wirkt, sondern vor allem durch intersubjektive Vermittlung, d.h. durch das leuchtende Angesicht eines oder einer Anderen, sei es das leuchtende Angesicht Gottes oder eines Gegenübers, das Gottes leuchtendes Angesicht vermittelt und den internalisierten kritischen Blick verändern kann.

Die Er-Lösung: Das Evangelium als Entlastung wahrnehmen

Kirchlichen Profis scheint es besonders schwer zu fallen, das Evangelium als Entlastung und als Botschaft vom liebevollen Blick zu verstehen. Dies zeigt z.B. ein Gespräch zwischen einem Seelsorger und einer Ordensschwester, das Hans van der Geest in seine Sammlung gelungener Seelsorgegespräche aufgenommen hat:[38]

Die Ordensschwester Martha, die eigentlich Stationsschwester in einem Krankenhaus ist, musste sich wegen einer Infektionskrankheit selbst in dieses Krankenhaus begeben und konnte eine lange geplante und ersehnte Urlaubs- und Bildungsreise nicht antreten. Der evangelische Krankenhausseelsorger besucht sie und bemerkt, wie sehr sie der Verlust der Reise betrifft, dass sie aber ihre Enttäuschung und ihren Schmerz als unchristlich und ihren eigenen Idealen widerstrebend ansieht. Der Krankenhausseelsorger versucht, diese Erwartung von Schwester Martha an sich selbst mit ihrem Gottesverständnis zu verbinden:

37 Heyl (2003), 358–359.

38 Geest (1995), 25–33.

„Sie glauben, daß Gott das von Ihnen verlangt, daß Sie stark sind und gerade jetzt nicht aufbegehren.“ Schwester Martha antwortet: „Ich glaube sicher, daß Gott denkt: Martha könnte eigentlich ein bißchen tapferer sein.“ Der Krankenhausseelsorger wendet ein: „Vielleicht verlangt Gott das nicht von Ihnen, jetzt nicht ...“ und Schwester Martha beginnt zu weinen und kann das Gesagte für sich annehmen: „Heute bin ich noch nicht tapfer. Tränen wollen manchmal noch kommen.“

Der Krankenhausseelsorger will noch einen Schritt weiter gehen und meint „Ich denke jetzt an Jesus. Er ist gerade zu denen gegangen, die nicht stark, sondern schwach sind. Bei ihm darf man schwach sein.“ Sie erwidert aber: „Er selber hat nicht gehadert und alles auf sich genommen.“ Der Krankenhausseelsorger kommentiert für sich selbst: „Der Druck ist wieder da. Damit sagt sie im Grunde, daß sie auch alles auf sich nehmen soll. Ich bin einen Moment irritiert. Fast hätte ich von Jesus in Gethsemane und von seinem aufbegehrenden Wort am Kreuz geredet, aber ich merke, daß ich sie damit verurteilt hätte.“[39]

Das Stichwort „Jesus“ – interessanterweise nicht das Stichwort „Gott“ – bringt das Ich-Ideal von Schwester Martha und seine Forderungen wieder in den Vordergrund. Der Krankenhausseelsorger nimmt wahr, dass das Argumentieren mit anderen Jesusworten den Druck auf sie nur erhöhen würde, und belässt es dabei. Damit bietet er einen Weg der Entlastung an, ohne ihn mit Forderungen und Druck zu verknüpfen. Seine Entscheidung, nicht auf „dem Wort“ zu bestehen, bringt erst das entlastende Evangelium zur Geltung. Er lässt Gottes Angesicht auf diese Weise für Schwester Martha leuchten.

Ein anderes Vorgehen ist bei Andreas von Heyl zu sehen. Er verknüpft das „Angebot“ an die Pfarrerinnen und Pfarrer, das Evangelium für sich selbst gelten zu lassen, mit einer Forderung und mit dem Anmahnen eines Ideals:

„Im Grunde ist es eine Schande, daß man ausgerechnet PfarrerInnen auf die Bedeutung des spirituellen Lebens hinweisen muß. Das heißt, auf die Bedeutung muß man gar nicht so sehr hinweisen, derer sind sich die PfarrerInnen schon bewußt, wie übereinstimmend die entsprechenden Voten der Sparte Eigenwahrnehmung und Außeneinschätzung bei den hier durchgeführten Interviews zeigen. Nur der Sprung vom Wissen zur Praxis scheint den hauptamtlich in der Kirche Tätigen unendlich schwer zu fallen.“[40]

---

[39] Geest (1995), 30–31.

[40] Heyl (2003), 364.

Meine These ist nun, dass die Forderung nach mehr Spiritualität und nach Pflege der eigenen Frömmigkeit bei PfarrerInnen gerade deswegen nicht verfängt, weil damit das eigene Ich-Ideal unterstützt wird und sich damit der Druck noch weiter erhöht. Aussagen wie „Es ist eine Schande…“ verstärken die eigenen inneren Forderungen und die Scham[41] darüber, dass die Pfarrerin ihrem oder der Pfarrer seinem Ideal über das Wesen man eines Pfarrers / einer Pfarrerin nicht entspricht. Wenn nun Pfarrerinnen und Pfarrer das Gefühl haben, ihrem internalisierten kritischen Blick auf ihre Arbeit und ihren Vorstellungen vom Wesen eines Pfarrers/einer Pfarrerin in Bezug auf die Frömmigkeit nicht standhalten zu können, hilft es wenig, noch weitere Forderungen, z.B. die nach mehr Frömmigkeit hinzuzufügen, zumal es das Gefühl des Versagens und der Scham weiter vertieft.

Gottes leuchtendes Angesicht in der Welt und bei Anderen finden

Gerade wenn gelebte Spiritualität und Frömmigkeit zum Ziel haben soll, dass man die befreiende Botschaft des Evangeliums für sich selbst gelten lassen kann, muss es darum gehen, dass Menschen den internalisierten kritischen Blick auf sich selbst verändern und sich gnädig, d.h. mit den Augen eines gnädigen Gottes anzuschauen lernen.

Wie kann diese Veränderung gelingen? Martin Luther fand für sich einen neuen Blick. Er fand den gnädigen Blick Gottes beim Studium der Bibel (Röm 1,17) allein in der Studierstube im Wittenberger Augustinerkloster. So erzählt es wenigstens die evangelische (Heiligen-) Legende, die

41 Das Gefühl der Scham ist ein besonders schmerzhaftes und gerade bei Erwachsenen selten offen gezeigtes Gefühl. Anders als das Gefühl der Schuld, das sich auf die Ebene des Handelns oder Tun bezieht, umfasst das Gefühl der Scham den ganzen Menschen – das ganze Sein ist falsch. Der Psychoanalytiker Léon Wurmser beschreibt die Trias der Scham als das Gefühl, mangelhaft, schwach und schmutzig zu sein. Weil die Gefühle der Scham so schmerzhaft sind, werden sie meist abgewehrt und durch Affekte wie Verachtung und Spott, ein falsches Selbst, extravagante Schamlosigkeit und Exibitionismus, Trotz und Zorn, Erstarrung und Langeweile, Neid auf andere, die dem Ideal zu entsprechen scheinen oder eine Form von Liebe, die versucht mit dem idealen Objekt zu verschmelzen, verdeckt. Vgl. Wurmser (1998), 297ff.

sich auf Luthers eigene Darstellung in der 1545 verfassten Vorrede zu seinen lateinischen Werken[42] beruft.

Dieses Kunst-Stück, den internalisierten Blick auf sich selbst in einsamer Zwiesprache mit biblischen Texten zu verändern, gelingt nicht jedem. Im Grunde geht es um nichts weniger als um die Veränderung des inneren Gottesbildes, das die Selbstwahrnehmung bestimmt.[43]

Wenn der gnädige Blick Gottes nun nicht in einsamer Zweisprache mit der Heiligen Schrift gefunden werden kann, so liegt hier die Lösung nahe, dass Pfarrerinnen und Pfarrer im Gespräch miteinander Entlastung finden könnten, z.B. in Pfarrkonferenzen oder Pfarrkonventen, wie sie ja in allen Landeskirchen regelmäßig stattfinden. Dies erfordert aber, dass unter Pfarrerinnen und Pfarrern eines Konvents so viel Vertrauen und Offenheit möglich ist, dass sich jeder und jede mit seinen Stärken und Schwächen zeigen kann. Dies ist zumindest meiner Erfahrung nach selten der Fall, zumal wenn das Konkurrenzverhalten im Vordergrund steht.[44] Das Ideal einer vielbeschworenen Gemeinschaft von Ordinierten ist in der Realität kaum zu finden.

Schon am Ende des 19. Jahrhunderts beschrieb der Pfarrer Fritz Philippi zum einen, dass so ein wertschätzendes und vertrauensvolles Kollegium nicht gegründet wird wie ein Kegelklub, es wird vielmehr „aufgefunden wie ein Nest mit gesprenkelten Kibitzeiern“[45] D.h. diese Gemeinschaft kann man nicht herstellen, sie fällt einem zu. Philippi sieht jedoch auch, dass so eine Gemeinschaft eher im Abseits zu finden ist:

> „Wo die Welt mit Brettern vernagelt ist, gedeihen menschliche Zusammenkünfte am besten ... , weil in ultima Thule[46] am besten zu finden ist, was man in der Großstadt vergeblich mit der Laterne sucht: der Mensch unter Menschen.“[47]

---

42 WA 54,185, 12–187, 7.

43 Vgl. zum Thema der lebendigen, d.h. wirksamen Gottesbilder in Verknüpfung zu ihren Beziehungserfahrungen: Rizzuto (1979) und Thierfelder (1998).

44 Vgl. zum Thema Konkurrenz unter Pfarrerinnen und Pfarrern: Heyl (2003), 248f. und 269.

45 Philippi (2013), 100.

46 Sc. Nördlichster Landpunkt, mythologisch: das Ende der Welt.

47 Philippi (2013), 100. In manchen Predigerseminaren wurde versucht, in Anlehnung an das Predigerseminar Finkenwalde unter Dietrich Bonhoeffers Leitung in den Vikariatskursen eine solche enge Gemeinschaft herzustellen. Dazu wurden z.B. im Petersstift

Fritz Philippi beschreibt das monatliche Treffen der Pfarrer auf dem Westerwald[48] als ein hohes Fest, das zunächst der gegenseitigen Entlastung dient:

„Im ersten Teil des Festes gibt's ‚schlecht Geschwätz'. Will sagen, dass jeder erst loswerden will, was er vier Wochen lang bei sich behalten musste. Was einer in Haus und Gemeinde erlebt und womit er allein nicht fertig wurde. Stellt sich heraus, dass auch die anderen Buben so geplagt wurden, kratzt man sich gemeinsam hinter den Ohren über die immer noch nicht hinreichend geklärten Hintergedanken Gottes bei der Weltschöpfung."[49]

Die gegenseitige Entlastung unter Kollegen gelingt auch, indem die Probleme im Grunde vor Gottes Füßen abgelegt werden. Was hat Gott sich nur dabei gedacht! Sie reden sich alles von der Seele und dabei wird gelacht „dass die Kaffeetassen klirren."[50] Dann folgt ein zweiter Teil, ein ernster Teil, wo Menschliches theologisch diskutiert wird, aber immer mit Bodenhaftung, d.h. wo die eigene Betroffenheit mit ins Spiel gebracht wird:

„Unbemerkt hat des Festes zweiter Teil begonnen. Der Ernst lässt sich nicht mehr durch schlecht Geschwätz abhalten. [...] Die Männerrunde hat die Köpfe zueinander geneigt, weil jetzt erst die wahre Beichte anhebt, die ein Mensch sonst nur heimlich vor sich ablegt. Ob die Sinnlichkeit ein Gottesgeschenk oder vom Teufel sei? Und wie man darüber vor den Leuten predigen soll? ‚Wie oft wagen wir's, frei heraus zu reden von etwas, was solche Macht hat über Fleisch und Blut. Wir schweigen still davon, weil wir trotz unseres guten Leumund bei der Polizei selber nicht sauber sind.'"[51]

Eindrücklich ist bei diesem Bericht einer Pfarrerversammlung vom Ende des 19. Jahrhunderts, dass hier die Erfahrungen der Pfarrer in den Gemeinden im Zusammenhang mit dem eigenen persönlichen Erleben, ja z.B. so-

in Heidelberg verpflichtende gemeinschaftliche Veranstaltungen an den Wochenenden angesetzt. Dies führte eher zur Solidarisierung gegen die Leitung als zur Gemeinschaftsbildung. Gemeinschaft kann weder verordnet werden noch kann sie einfach vorausgesetzt werden wie z.B. bei Pfarrkonferenzen.

48 Gemäß des lokalen Dialekts fährt man noch heute „auf den Westerwald", nicht „in den Westerwald". Der Westerwald wird so eher als Gebirge nicht als Wald verstanden.

49 Philippi (2013), 101.

50 Philippi (2013), 102.

51 Philippi (2013).104f.

gar in Zusammenhang mit eigenen sexuellen Bedürfnissen diskutiert und mit Gottes Gegenwart in Verbindung gebracht werden konnten.

Hingegen fehlt ganz offensichtlich jede Form geprägter Frömmigkeit, wie z.B. Kirchenlieder, Bibelworte oder Gebete. Aber auch ohne diese Formen geprägter Frömmigkeit wird das Erlebte vor Gott und mit Gott ins Gespräch gebracht.

Was die Westerwälder Pfarrer im Wällerkranz[52] fanden und feierten, erleben Pfarrerinnen und Pfarrer heute in Supervisions- und Intervisionsgruppen[53]. Sie können Erfahrungen im vertrauten Rahmen einbringen, in der Erfahrung der Gruppe reflektieren und dadurch entlastet, gestärkt und mit neuen Handlungsoptionen in ihren Alltag zurückkehren.

Interessanterweise fällt in diesen Supervisionsgruppen das theologische Reflektieren weitgehend aus zugunsten psychologischer, psychodynamischer und zum Teil auch organisationsanalytischer Reflexion. Vielleicht weil wir es immer noch nicht gewöhnt sind und nicht geübt haben, psychologische und theologische Reflexion zu verbinden und sie sich gegenseitig durchdringen zu lassen, sondern das psychologische gegen das theologische Denken stellen? Vielleicht weil wir inzwischen das Persönliche eher psychologisch als theologisch erfassen können?

Schluss

Kirchliche Arbeit, besonders die Arbeit im Pfarramt ist in hohem Maße von strukturellen Veränderungen in Kirche und Gesellschaft betroffen. Die Veränderungen durch Individualisierung, Pluralisierung und Säkularisierung

[52] „Wällerkranz“ war der Name des Wirtshauses, wo sich die Pfarrer monatlich trafen, die sich selbst die Kränzchenbuben nannten.

[53] Bei Intervisionsgruppen wird die Leitung wechselweise von den Gruppenmitgliedern übernommen. Inzwischen werden viele Supervisionsgruppen von den Kirchen und damit speziell für kirchliche Mitarbeitende angeboten. Besondere Erfahrungen können jedoch in multiprofessionellen Gruppen gemacht werden, in denen die Wahrnehmung für die besonderen Chancen und Schwierigkeiten des Pfarrberufs geschärft werden. So waren auch die berufsbegleitenden Supervisionsgruppen, die Michael Balint ins Leben rief, angelegt.

wirken sich sozusagen auch „mikro-soziologisch"[54] auf das Anforderungsprofil für das Pfarramt und auf die Pfarrerinnen und Pfarrer selbst aus.

Pfarrerinnen und Pfarrer werden in ihrer Autorität, in ihrer Botschaft und ihrem Glauben in Frage gestellt und stellen sich selbst in Frage. Für Pfarrerinnen und Pfarrer ist deswegen wichtig, dass in ihrem Selbst-Verhältnis das leuchtende Angesicht spürbar ist, das durch die Beziehung zu anderen und zu sich selbst, zu Gott und manchmal sogar zur Kirchenleitung geprägt wird.

Dieses positive Selbst-Verhältnis lässt sich nicht durch die Forderung nach vermehrter Frömmigkeit erreichen, sondern nur dadurch, dass Menschen – und dazu gehören auch Pfarrerinnen und Pfarrer – Kontexte suchen und finden, in denen ihnen Wertschätzung und Anerkennung für sie als Person und für ihre Arbeit begegnet, d.h. Kontexte, in denen ihnen Gottes leuchtendes Angesicht begegnet.

Literatur

Abel, Peter (1996), Burnout in der Seelsorge. Grünewald Mainz 1996.

Altmeyer, Martin (2004), Narzißmus und Objekt. Ein intersubjektives Verständnis von Selbstbezogenheit. Göttingen 2.Aufl. 2004.

Dornes, Martin (1993), Der kompetente Säugling.Die präverbale Entwicklung des Menschen. Frankfurt 1993.

Erikson, Erik H. (1953): Wachstum und Krisen der gesunden Persönlichkeit. Stuttgart 1953.

Freud, Sigmund (1905), Drei Abhandlungen zur Sexualtheorie (1905) GW V, 33–145.

Freud, Sigmund (1916/17), Die Libidotheorie und der Narzißmus, in: Vorlesungen zu Einführung in die Psychoanalyse (1916/17), GW XI.417–446.

Freud, Sigmund (1933), Vorlesung zur Einführung in die Psychoanalyse. GW XV.

Geest, Hans van der, Gespräche unter vier Augen. Beispiele gelungener Seelsorge. Theologischer Verlag Zürich 5.Auflage 1995.

[54] Bei diesem mikrosoziologischen Ansatz beziehe ich mich auf die Herangehensweise von Barbara Risman und Pepper Schwartz (1989). (Hg.): Gender in Intimate Relationships. A Microstructural Approach. Wadsworth Publishing Company, Belmont (CA) 1989.

Heidelberger Pfarrkonvent, Offener Brief an den Landesbischof und das EOK-Kollegium vom Dezember 2015, in: Pfarrvereinsblatt 2/2016 des Badischen Pfarrvereins 76–81, 76.

Heyl, Andreas von (2003), Zwischen Burnout und spiritueller Erneuerung. Studien zum Beruf des evangelischen Pfarrers und der evangelischen Pfarrerin. Frankfurt 2003.

Heyl, Andreas von (2011), Das Anti-Burnout-Buch für Pfarrerinnen und Pfarrer, Freiburg 2011.

Klein, Melanie (2001), Das Seelenleben des Kleinkindes und andere Beiträge zur Psychoanalyse. Klett-Cotta, Stuttgart 2001.

Mahler, Margareth, (1996), Die psychische Geburt des Menschen. Symbiose und Individuation, Frankfurt a.M. 1996.

Philippi, Fritz (2013), Vom Pfarrer Mathias Hirsekorn und seinen Leuten. Dillenburg 2013. Neuauflage der 1924 erstmals erschienen Erzählungen von Fritz Philippi über seine Zeit als Pfarrer in Breitscheid auf dem hohen Westerwald.

Risman, Barbara / Schwartz, Pepper (1989) (Hgg.), Gender in Intimate Relationships. A Microstructural Approach, Belmont (CA) 1989.

Rizzuto, Ana-Maria (1979), The Birth of the Living God, Chicago 1979.

Schniewind, Julius (1947). Die geistliche Erneuerung des Pfarrerstandes. Berlin 2.Aufl. 1947.

Sendker, Jan-Philipp (2015), Das Herzhören. München 11.Aufl. 2015.

Stern, David (2003), Die Lebenserfahrung des Säuglings, Stuttgart 2003.

Stührmann, Gert (2016), Belastungssymptome als Zeichen von Identitätskrisen bei kirchlichen Mitarbeitenden, in: WzM 68 (2016), 142–155.

Thierfelder, Constanze (1998), Gottes-Repräsentanz – Kritische Interpretation des religionspsychologischen Ansatzes von Ana-Maria Rizzuto. Stuttgart 1998.

Weigundy, Bettina (2013), Seelsorger verzweifeln am eigenen Leid. Pfarrer sind eine Hochrisikogruppe für Burn-out und Depressionen. Wer tröstet jene, die hauptberuflich Trost spenden? FASZ 22.12.2013, Nr. 1, 24.

Winnicott, Donald W. (1995), Die Spiegelfunktion von Mutter und Familie in der kindlichen Entwicklung, in: ders., Vom Spiel zur Kreativität. Stuttgart 8.Aufl. 1995, 128–135, 128–129.

Wurmser, Léon (1998), Die Maske der Scham. Die Psychoanalyse von Schamaffekten und Schamkonflikten. Springer Berlin 3. Aufl. 1998.

Das „Jüngste Gericht“ als Ferment der Neuschöpfung

Therapeutikum für eine Gesellschaft, in der wir uns selbst (zugrunde) richten

Peter Scherle

„Das eschatologische Büro ist geschlossen!“[1] – Mit diesen Worten hatte Ernst Troeltsch eine Summe der Theologie am Anfang des 20. Jahrhunderts gezogen. Im Zentrum der erledigten Eschatologie stand die Vorstellung eines Jüngsten Gerichts, das der neuzeitliche Mensch nicht mehr als Hoffnung verstehen konnte. Nur noch Angst und Schrecken konnten in dem Gerichtsbild erkannt werden. Sie schienen die Gottesvorstellung nachhaltig zu „vergiften“, wie es Tilman Moser sehr viel später formulierte.[2] So wurde sowohl in der Theologie als auch in der rituellen Frömmigkeit ein vermeintlich gnadenlos richtender Gott und die Hölle, die er zur Durchsetzung seiner Gerechtigkeit zu brauchen schien, einer mythologischen Weltvorstellung zugeordnet und musealisiert.

Das Jüngste Gericht ohne Gott
Die Verselbständigung von Gericht und Hölle

Was Troeltsch im Blick auf das 19. Jahrhundert nicht veranschlagte und bezüglich der Entwicklungen im 20. und 21. Jahrhundert noch nicht im Blick haben konnte, war die kulturelle Verselbständigung der Gerichtsvorstellung in ihren vielen Varianten.[3] Schon in der Kunst hatte sich im 19. Jahrhundert

---

1 Troeltsch (1925), 36.

2 Moser (1976).

3 Vgl. zum Folgenden besonders Horn (2014).

erkennen lassen, dass die Angst vor der Vernichtung der Welt, der Auslöschung der Geschichte und die Einsamkeit des Menschen in einem ohne Gott nunmehr hoffnungsleeren Universum, neue Ausdrucksformen fand.[4] An die Stelle der großen Gerichtsgemälde etwa Michelangelos in der Sixtinischen Kapelle (1541) oder Rogier van der Weydens im Hospiz in Beaune (1434) traten Mitte des 19. Jahrhunderts, die auf keinen diakonischen oder liturgischen Zusammenhang mehr bezogenen Gemälde von John Martin. So etwa „The Last Man" (1849), „The Last Judgement" (1853) und „The Great Day of His Wrath" (1853).[5] Die neue Bildwelt kommt ohne den kommenden Christus aus, den gerichteten Richter, und ohne die zu ihm gehörigen Heiligen. Die Schrecken einer anonymen Vernichtung dominieren dagegen in einer Weise als hätte John Martin die Vernichtungsmaschinerien des 20. Jahrhunderts vorausgesehen[6]

Die „Zukunft als Katastrophe" (Eva Horn) wurde im 20. Jahrhundert zu einer enorm wirkmächtigen Vorstellung. In der Literatur, in Filmen und neuerdings in Computerspielen wimmelt es zu Beginn des 21. Jahrhunderts von endzeitlichen Katastrophenphantasien- und szenarien, die weiter reichen als immer neue Erzählungen vom Kampf zwischen Gut und Böse (Star Wars, Harry Potter etc.).

Bei den von außen kommenden tödlichen Gefahren werden die Mächte immer weniger menschenähnlich. Die Entwicklung reicht von gesprächsbereiten Aliens, über maschinenähnliche Wesen ohne jede Kommunikationsbereitschaft, die aus anderen Welten kommen oder aus einer von Menschen eröffneten Zukunft („Terminator"-Reihe), bis hin zu Viren, die die

---

4 Horn (2014), 27: „Die Moderne denkt, wie Günter Anders formuliert hat, vor allem ‚nackte' Apokalypse, Weltenden ohne Neubeginn."

5 Vgl. Horn (2014), 45ff.; „Die trübe Sonne, die auf den letzten Menschen scheint, wirft nicht mehr Licht, sondern die Finsternis, deren Zentrum sie ist. Gott ist verschwunden, kein Licht blitzt mehr in göttlichem Zorn oder göttlicher Gerechtigkeit auf die Welt herunter. Das Dunkel, das Martin hier in Szene setzt, ist nicht mehr die Offenbarung seiner Macht – sondern seiner Abwesenheit. Es ist das Dunkel der modernen Katastrophe." (49)

6 Horn (2014), 338 unter Bezug auf den Film *Take Shelter* (2011) von Jeff Nichols: „Genau das ist die Pointe des modernen Verhältnisses zur Zukunft: Die externe Perspektive des Zuschauers, der weiß, was gekommen sein wird, verschwindet. Den Blick Gottes kann niemand mehr einnehmen. Das Narrativ verschluckt den Zuschauer, lässt ihn nicht mehr sehen als die Protagonisten, die wie Faust blind vor Sorge werden."

ganze Menschheit zu Zombies machen („World War Z"; „The Walking Dead") oder einer Erde, die sich einfach auftut und die menschliche Zivilisation verschlingt.[7]

Neben diesen Endzeitphantasmagorien wechseln die ökopolitischen Vorstellungen von der Auslöschung der menschlichen Geschichte oder des Lebens auf dem Planeten Erde mit den gesellschaftlichen Umständen. War es einmal der „nukleare Winter"[8], so ist heute die Überhitzung der Erde der Bildgeber für menschengemachte Katastrophen[9]

Wenn in diesen kulturellen Phantasmagorien – jenseits der aus der Naturwissenschaft entlehnten Erzählungen von dem in der Kälte erstarrenden oder in der Hitze kollabierenden Universum – noch eine Rettung versprochen wird, dann sind dabei zwei Muster prägend. Zum einen ist es die Rückkehr der Natur nach der Auslöschung der menschlichen Zivilisation, die wie eine Rückkehr in der Garten Eden vor der Erschaffung des Menschen erscheint.[10] Zum anderen wird das Überleben einer Klein-Familie (Vater, Mutter, zwei Kinder) oder eines kleinen Sozialverbandes ausgemalt, der in die Urgeschichte der Menschheit zurückführt.[11]

Diese beiden Rettungs-Phantasien sind regressiv und haben eben keine Hoffnung für die Menschheit und ihre Geschichte der Zivilisation.

---

[7] Vgl. Horn (2014), 181ff.

[8] Vgl. Horn (2014), 77ff.

[9] Vgl. Horn (2014), 110ff.; die Klima-Angst kennt allerdings auch das Szenario der Abkühlung: „Der Einbruch der Kälte, der ‚Eiszeit', ist dabei das populärste Bild, das insbesondere am Anfang des 20. Jahrhunderts eine intensive Konjunktur erlebt und sich zur allgemeinen kulturellen Metapher ausdehnt: Kälte und Abkühlung werden zu Symbolen für eine durchgreifende Rationalisierung der Lebenswelt und der sozialen Beziehungen." (144).

[10] Vgl. Horn (2014), 10.

[11] Vgl. Horn (2014), 193ff.; „Die Katastrophe wird damit zum Moment einer *anderen* biopolitischen Entscheidung, die mitten durch die Gemeinschaft geht: die Entscheidung darüber, *wer überleben darf und wen man sterben lässt.* ... Wenn die ‚Überlebenswürdigkeit' nicht eine Eigenschaft des einzelnen Körpers ist, dann dreht sich alles um die *Verfahren*, mit denen die, die leben dürfen, von denen gesondert werden, die man sterben lässt. Die Katastrophe ist ein Experimentierfeld dieser Verfahren." (208f.) Und: „Indem sie das Pathos der Notgemeinschaft und die rührende Rettung der Kleinfamilie mit der Tragödie des zu vollen Rettungsbootes oder der Härte der Kampfgemeinschaft verbinden, machen sie denkbar, was als Regel weder ethisch noch politisch zu rechtfertigen wäre." (223)

Wer die Geschichte des 20. Jahrhunderts vor Augen hat, kann sich über diese Entwicklung schon deshalb nicht wundern, weil die Realität selbst solche katastrophischen Züge angenommen hatte. Die beiden Weltkriege, der Holocaust und die Atombomben auf Hiroshima und Nagasaki sind dabei zwar die Höhepunkte menschlicher Vernichtungskraft. Aber sie sind mitnichten alles, was dazu erinnert werden müsste. Die Brüchigkeit der menschlichen Zivilisation und die Fähigkeiten der Menschen, anderen das Leben zur Hölle zu machen, haben unser Vertrauen in den beständigen Fortschritt der Menschheit tief erschüttert.[12]

Mehr noch: wir müssen heute erkennen, dass das „Jüngste Gericht" in den gesellschaftlichen Verhältnissen durch eine allgemeine Kultur der Verurteilung ersetzt wurde. Odo Marquard spricht in diesem Zusammenhang von einer „Übertribunalisierung"[13]. Die Angst vor einem göttlichen Richter, der sich alle Informationen über unser Leben besorgt und die vollständige Transparenz zur Grundlage seines (dann wenigstens möglicherweise doch rettenden) Urteils macht, ist von der Wirklichkeit überholt. Es gehört zu unseren Vorstellungen von Subjektivität, dass wir uns unserer selbst bewusst sind, dass wir folglich selbstverantwortlich bestimmen können, was mit unserem Leben geschieht. In dieser Vorstellung hat die Idee einer Verstrickung (wie sie in dem Begriff der „Erbsünde" bzw. „Ursünde" zum Ausdruck kam) keinen Platz. Bezüglich der Beurteilung des eigenen Lebens konzentriert sich alles auf die entsprechende Verantwortung, die wir für unser selbstbestimmtes Handeln tragen und wahrzunehmen uns verpflichtet sehen. Damit steht nicht mehr die vermeintlich voraufgeklärte Konstruktion einer Erb- oder Ursünde, sondern die sogenannte „Tatsünde" zur Debatte. Diese Sicht des selbstbestimmten und für sein konkretes Handeln verantwortlichen Menschen auf sich selbst wird in unserer Zeit in der Forderung nach ständiger „Selbstoptimierung" zu einem wirkmächtigen Tribunal. An

---

12 Vgl. Moltmann (1995), 230ff; Etzelmüller (2001), 2.

13 Körtner (2014) beruft sich hier auf eine Formulierung von Odo Marquard. Der Mensch „wird *der absolute Angeklagte*, und das ist, in nuce, der Befund, den ich als ‚Übertribunalisierung' der menschlichen Lebenswirklichkeit bezeichnet habe: *dass fortan der Mensch als wegen der Übel der Welt absolut Angeklagter – vor einem Dauertribunal, dessen Ankläger und Richter der Mensch selber ist – unter absolutem Rechtfertigungsdruck, unter absoluten Legitimationszwang gerät*". (215f.)

die Stelle des göttlichen Beobachters sind neben dem sich selbst be- und verurteilenden Menschen die externen Beobachter in allen möglichen Evaluationsverfahren getreten. Und an die Stelle der Beichtspiegel zur Selbsterforschung im Horizont des göttlichen Gerichts sind Verfahren zur Vermessung von Körper und Geist getreten, die nach einem Urteil schreien. Wir sind – auf mannigfache Weise – zu Richtern unserer selbst geworden, können aber keine Gnade mehr walten lassen. In diesen Zusammenhang gehören entsprechende Mechanismen der Skandalisierung.[14]

Vom Kommen Gottes
Die Rehabilitierung der Eschatologie

Wir sehen also, dass das Schließen des eschatologischen Büros eine etwas zu voreilige Ressourcenkonzentration war. Weder das Gericht noch die Hölle sind im 20. Jahrhundert aus der menschlichen Geschichte verschwunden. Und auch zu Beginn des 21. Jahrhunderts hat uns die Angst vor der Zukunft und vor dem eigenen Versagen fest im Griff.

So ist es kein Wunder, dass schon wenige Jahre nach der Schließung des eschatologischen Büros eine neue Bürogemeinschaft entstand, die die Theologie wieder eschatologisch ausrichtete. Hans Urs von Balthasar bemerkte Ende der 1950er Jahre: „Wenn für den Liberalismus des 19. Jahrhunderts das Wort von Troeltsch gelten konnte: Das eschatologische Büro ist meist geschlossen, so macht dieses im Gegenteil der Jahrhundertwende Überstunden.“[15] Schon Albert Schweitzer legte die eschatologische Ausrichtung der biblischen Texte erneut frei. Eine vielgestaltige „Theologie der Krise“ konfrontierte das theologische Denken neu mit der Brutalität der modernen Welt. So avancierte die Eschatologie von einem „Kapitelchen am Ende der Dogmatik“[16] (K. Barth) im 20. Jahrhundert doch wieder zu einem Zentrum, wenn nicht gar Epizentrum christlicher Theologie.

---

[14] Vgl. dazu Kepplinger (2012).
[15] Balthasar (1957), 403.
[16] Barth (1926), 484.

**Vom Futur zum Advent
Warum das Jüngst Gericht seine eigene Zeit hat**

Nach wie vor lassen sich dabei, mit Gerhard Sauter, drei Zugänge unterscheiden: die Eschatologie als Lehre von den letzten Dingen („de novissimis“), als Ausdruck von Zukunftshoffnungen und schließlich „nicht mehr als Finale, sondern als Ferment der Theologie“[17]. Erst diese dritte Denkform ermöglicht es jedoch, die problematische Abhängigkeit der Eschatologie von bestimmten Zeitverständnissen freizulegen. Denn zum einen hatte die ontologische Voraussetzung der kategorialen Trennung von (bewegter) Zeit und (unbewegter) Ewigkeit die Frage der Beziehung der Neuschöpfung zur Welt und zur Geschichte nicht lösen können. Der chronologisch-lineare Zeitbegriff, der heute auch naturwissenschaftlich nicht mehr haltbar ist, hielt nur die Option punktueller Einbrüche des Eschatons in der Zeit vor. Der für diesen punktuellen Einbruch verwendete Begriff „Kairos“ sollte diese Zeitpunkte im Sinne „supremer Augenblicke“ (C. G. Jung) inhaltlich qualifizieren. Zum anderen konnte sich die eschatologische Orientierung an der Zukunft von der chronologisch-linearen Zeiterfahrung nicht lösen. Und so ist bis heute jeder Diskurs über Gericht und Neuschöpfung gefangen in der Vorstellung, dass das „Jüngste Gericht“ ein Zeitpunkt in der Geschichte sei, nämlich ihr Finale. Eben dadurch wurde das Gericht systematisch von der übergeschichtlichen Neuschöpfung getrennt.

Verstärkt wurde dies noch durch die Wiederentdeckung der Apokalyptik im Kontext des Endes gesellschaftlicher Utopien und im Kontext eines christlichen Fundamentalismus.[18] Die „Apokalypse“ wurde zur Metapher für das gewalttätige Finale der Geschichte. Selbst die Erkenntnis, dass es sich in der Bibel dabei um Texte handelt, in denen Viktimisierte ihre Hoffnung zum Ausdruck bringen, dass Gott seine rettende Gerechtigkeit durchsetzt, hilft dabei nicht weiter. Denn die Texte selbst schaffen es nicht, die menschliche Vorstellung zu durchbrechen, die eschatologische Gerechtigkeit setze sich mittels eines Prozesses durch, den man sich als heilsame Verwandlung vorstellen dürfe, die ohne eine gewaltsame Vernichtung des

---

[17] Sauter (1995), 2f.

[18] Vgl. Moltmann (1995), 150ff.

Bösen auskommt.[19] So werden die Texte – wenn sie von der „Oberseite" der Geschichte gelesen werden – von den einen ganz ignoriert und als nicht dem Evangelium gemäß abgelehnt, während andere sie als eine Offenbarung vom geplanten Ende der Geschichte lesen.[20]

Da der „jüngste Tag" das Ende der Geschichte markierte, sah man sich mit der Frage konfrontiert, was sich nach dem individuellen Tod ereignet. Die Tradition hatte mit dem Purgatorium für die Seelen (römisch-katholisch), dem Zustand des Erwartens (Calvin) und mit dem Seelenschlaf (Luther) einen Zwischenzustand angenommen, da der Exitus mit dem Adventus nicht in Eins gesetzt werden konnte.[21] Der Sterbeprozess hat nichts mit dem „Partikulargericht" zu tun. Die Hoffnung aber, dass Gottes Kommen die Toten auferweckt, muss nicht chronologisch verortet werden. Wichtiger ist der Trost, der sich mit diesem Ereignis verbindet: das Aufrichten des Menschen, das Schauen des Wesens (der Identität, der Personalität), die ihm von Gott her zukommt. Erst wenn Gott uns ge-richtet hat, verwandelt und geheilt, sind wir „O.K.".

Demgegenüber wird erst eine Eschatologie, die sich davon frei macht, das Gericht als (gewalttätiges und innergeschichtliches) Finale der Geschichte zu denken, dem biblischen Gesamtzeugnis gerecht. Das Gericht gehört – wie auch die Auferweckung, das Reich Gottes, der neue Himmel und die neue Erde, und Gottes ungetrübte Herrlichkeit – ganz zur Neuschöpfung. Es ist das Ferment des neuen Lebens, das in den Kategorien von Zeit und Raum nicht erfasst werden kann, sondern uns von Gott her zukommt. Aufgrund ihrer grundsätzlichen Ausrichtung am „Kommen Gottes", an Auferstehung und Neuschöpfung kann christliche Eschatologie nicht naturwissenschaftlich-evolutionistisch begründet werden. Auch der Versuch, aus einer erhofften oder befürchteten Zukunft für die Gegenwart

---

19 Und selbst wenn wir annehmen, dass Gewaltphantasien der Psychohygiene dienen können und so die reale Gewalt auch minimieren, so bleibt doch das Problem, dass diese Gewaltphantasien durch ihren ‚kanonischen' Charakter immer wieder neu Gewalt entfesseln können.

20 Eschatologie geht jedoch von der „Initiative Gottes" aus und „kümmert sich weniger um das Ende der Welt als um das Ende des Bösen". Jackelén (2002), 280.

21 Vgl. Beintker (2007), bes. 16ff.; Marquardt (1996), 56 macht deutlich, dass das „Zusammenkommen von Exitus und Advent *kein Prinzip natürlicher Theologie* bildet", denn: „Er bleibt auch unserer Todesstunde gegenüber frei."

eine Haltung zum Kommen Gottes zu extrapolieren, reicht nicht weit genug. „Zur Extrapolation muss deshalb eine andere Kraft hinzutreten, nämlich diejenige der Intropolation, der Bereitschaft, das überraschend Neue entgegenzunehmen. Darin ist das Neue auch Gericht über das Alte. Es gehört zu den Eigenarten christlicher Theologie, insbesondere der Eschatologie, das Kommen vor das Werden zu setzen und damit das Futurum durch den Adventus zutiefst zu provozieren."[22]

Novum und Pleroma
Wenn die Zeit erfüllt sein wird

Um das Kommen Gottes zu bezeichnen wäre deshalb der Begriff des „Novum" hilfreich. Er lässt sich nicht chronologisch-linear verrechnen, sondern enthält die Möglichkeit eines qualitativen Verständnisses, die auch den Begriffen „olam-ha-ba" (die „andere" im Gegensatz zu „dieser" Wirklichkeit), „neues Äon" (im Gegensatz zum „alten" Weltzeitalter) und „adventus" (als Ereignis, das im Kommen ist) zu eigen ist. Von daher wäre das Gericht zu verstehen als ein Ereignis der neuen Wirklichkeit, die sich jeweils nur als jene erfassen lässt, die gekommen sein wird.

In diesem Sinn verbinden auch die neutestamentlichen Texte das Ereignis des Kommens Jesu mit der Kategorie der Fülle: „Die Zeit ist erfüllt" (Mk 1,15). Mit dieser Formulierung wird keine Extrapolation aus der Zeit versucht, sondern das Kommen der göttlichen Fülle markiert. „Pleroma" wäre also der Schlüsselbegriff für eine Theologie des Novum, die weder dualistisch Zeit und Ewigkeit auseinander reißt und allein kairotisch-punktuelle Berührungen von Zeit und Ewigkeit für denkbar hält, noch einen – auch naturwissenschaftlich fragwürdigen – chronologisch-linearen Zeitbegriff normativ werden lässt.[23] Denn Kairos und Chronos lassen jene dynamische Relationalität vermissen, die dem Novum zu eigen ist. Kein Zeitpunkt kann ohne die Möglichkeit gedacht werden, dass er von Gottes Novum erfüllt gewesen sein wird.[24]. Umgekehrt erfordert das – mit Blick

[22] Jackelén (2002), 289.

[23] Vgl. dazu aus theologischer Sicht auch Schüßler (2013), 20ff; Dalferth (1997) und Arens (2010). Zu den Zeitpraktiken und -strukturen vgl. Rosa (2006).

[24] Welker (1998), 323: „All times are *coram deo*, but God is not automatically active and

auf die Christusgeschichte – unabweisbar von einer Zeit-Offenheit Gottes auszugehen und einen Zuwachs an Komplexität der Neuschöpfung zu denken.[25] Unsere Vorstellungen und Bilder der kommenden Fülle müssen angereichert sein mit jenen geschichtlichen Erfahrungen, in die hinein Gott schon gekommen ist, kommt und gekommen sein wird. Wenn Gott sich an die Kreatur, an das Gottesvolk Israel und an Jesus Christus gebunden hat, dann wird Gottes Neuschöpfung die ganze Komplexität dieser Bundesbeziehungen verarbeiten.[26]

In diesem Sinne wird die von Menschen erfahrbare Zeit fermentiert. Die Zeiten sind daher nicht alle gleich, sondern sie ‚brodeln‘ (um ein Bild, das wir aus Prozessen der biotechnologischen Fermentierung kennen, in Anspruch zu nehmen). Diese ‚Ereignisse‘ lassen sich nur – als solche, die

---

present in all of them. In order to grasp and to express this, we should grasp God's relation to time as a living aggregation or relation of times that includes their *fullness, but not their totality*.“; Link (1997), 65: „Die Ewigkeit muss … im Prozess der Wandlungen Gottes ‚zubereitet‘ werden“; Marquardt (1996), 52: „Wenn wir, wie es biblisch und theologisch allein sinnvoll ist, die *Zeit als Tätigkeit* begreifen, also von dem her, was zeitlich *passiert*, dann müssen wir die Zeit des Kommens *Jesu* zugleich begreifen als Zeit, in der *Gott* zu uns kommt.“

25 Thomas (2013), 182f.: „In der Neuen Schöpfung werden dieser Schöpfung auf kreative Weise rettende Möglichkeiten zugespielt, die den ihr eigenen emergenten Prozessen nicht immanent sind. Ohne dieses radikal Neue verschwindet im Christentum der Horizont der Erlösung, und was bleibt, ist ein coping mit dem evolutionären Prozess, eine Lebensbegleitungsreligion. In Christus, in Kreuz und Auferstehung und in dem als Eschatologie zur Sprache gebrachten Handeln offenbart sich jedoch ein radikal neues Moment der Intervention Gottes – ein radikal Neues zugunsten des Alten. Als radikal Neues überschreitet es die Möglichkeiten dieser Schöpfung und liegt jenseits dessen, was in deren Prozessen als emergent Neues aufbrechen kann. Eschatologisch kann die Treue Gottes zu dieser Erde nur als radikal Neues gedacht werden.“

26 Marquardt (1996), 257ff. betont deshalb zu Recht auch die Dimension des „Völkergerichts“, das die geschichtlichen Unterschiede ernst nimmt und vom Auftrag des Bundes-Volkes her zu verstehen ist. Die „Völkerwallfahrt zum Zion“ (Jes 2; Mi 4), der „Völkerfrieden“, das „Völkermahl“ (Jes 25,6) und die „Heilung der Völker“ sind zentrale Motive der transformierten Schöpfung (vgl. 278ff.).

gekommen sein werden – erzählen oder symbolisieren.[27] Sie lassen sich nicht machen und auch nicht vorhersehen.

Das Jüngste Gericht als Ferment der Neuschöpfung

Die Frage nach der „Zeit" des Jüngsten Gerichts lässt sich von daher neu beantworten. Der „Tag JHWHs" (Jes 65,17; Offb 21,1) bzw. der „Tag Jesu Christi" (Phil 1,6) ist kein Zeitpunkt, der das Finale der menschlichen Geschichte und des Kosmos markiert. Sondern das Jüngste Gericht ist das Ferment der Neuschöpfung, das die Zeit zum Brodeln bringt. Die deutsche Übersetzung des Satzes aus dem Apostolikum „… von dort wird er kommen zu richten die Lebenden und die Toten" verstellt diese Möglichkeit. Das lateinische „venturus est" wäre im Sinne des Futur II besser übersetzt mit „wird er gekommen sein". So könnte das Ereignis des Gerichts als Kommen der Neuschöpfung – anstelle der Vorstellung von einem zeitlichen Ende der Schöpfung – deutlich gemacht werden.

Dieses fermentierende ‚Brodeln' der Zeit zu imaginieren ist der eigentliche Sinn der apokalyptischen Texte im Alten und Neuen Testament. Inmitten einer Zeit voller Gewalt und Erniedrigung soll den Bundesgenossinnen und -genossen, soll dem Gottesvolk Israel oder der Gemeinde Jesu Christi erzählt werden, wie sich die rettende Gerechtigkeit Gottes gegen die Mächte und Gewalten der jeweiligen Zeit durchsetzt.[28] Die zentrale

[27] Vgl. Schüssler (2013), 294ff.: „Gott ist für uns nicht immer der Gleiche, sondern der, der immer neu mit uns beginnt. Seine Ewigkeit liegt nicht in kontinuierlicher Dauer, sondern in seiner ‚unverbrauchbaren Transzendenz' (Rahner) immer wieder einen neuen Anfang schenken zu können. (…) Das Jesusgeschehen wird im Ereignisdispositiv deshalb glaubhaft, weil Gott in der biblischen Offenbarung vom Exodus über Jesus von Nazareth bis heute gezeigt hat, dass er immer wieder neu mit uns anfängt – in der Zeit und dann bis über die letzte Grenze, über den Tod hinaus." (320f.).

[28] Marquardt (1996), 58–109 bringt die Durchsetzung der göttlichen Gerechtigkeit in einen unlösbaren Zusammenhang mit dem Kommen des Menschensohns *„als Rechtshelfer Gottes"* (71). „Sein Richten ist ein Unterscheiden" (69) und das Kommen „die *Zeitform seines Richtens*" (71). Da es um die Bundes-Gerechtigkeit geht, versteht er Gott als *„Parteigänger für Israel"* (81), der „die Völker nach Israel, Israel nach den Völkern" fragt (102). Da Jesus und der Menschensohn in „Wirkeinheit" (108) zu sehen sind, offenbart sich an Ostern aber „das *Ziel* des Gerichts", denn *„Gott richtet zum Leben, nicht zum Tode."* (106)

Metapher für diese rettende Gerechtigkeit ist das „Buch des Lebens“ (Dan 7,10; Offb 20,12), in dem die Menschen von Gott erinnert werden. Diese Erinnerung oder besser dieses Ein-Gedenken (Lk 23,42), ist ein grundlegend neu-schöpferischer Akt der rettenden „konnektiven Gerechtigkeit“. Es geht eben nicht um eine „distributive Gerechtigkeit“ einer göttlichen Machtsphäre (wie in der Religion Ägyptens) oder einer blinden Justitia, bei denen die „Waage“, auf denen das Herz oder die Taten gewogen werden, die zentrale Metapher ist.[29] Nein, die biblische Vorstellung kennt auch den buchhalterischen Gerichts-Gott nicht, vor dem sich die Menschen der aufkommenden Moderne so sehr gefürchtet haben, dass sie in mutmaßlich postmodernen Zeiten lieber selber (mit sich und über sich) zu Gericht sitzen und geleitet von ihrem Rechtsempfinden (nämlich der „iustitia distributiva“) sich selbst und andere be- und aburteilen. Diese uns so vertraute Zurechnungsgerechtigkeit kennt jene Gnade nicht, die dem apokalyptischen Bild vom „Buch des Lebens“ eingestiftet ist. Denn mit ihm ist die Lebensmächtigkeit Gottes ins Bild gesetzt, die sich im Sinne einer „iustitia sanctificans“ durchsetzen wird.

Dort, wo die apokalyptischen Texte – gewissermaßen als Flugschriften – unter den traumatisierten Opfern der Geschichte kursieren, sollen sie die Geschundenen trösten und in der Gewissheit stärken, dass Gott sich gegen den Anschein durchsetzt und jene heilsam verwandelte Welt hervorbringt, wie sie etwa in Jesaja 65 und Offenbarung 20–22 geschildert wird. Dort, wo sich die Texte an die Mächtigen und die Genossenschaft des Bundesvolkes wenden, wollen sie diese ermahnen, ihr Leben im Rahmen der Weisungen der Thora bzw. des Weges Jesu Christi zu führen.

Beides, Trost und Ermahnung, wird – um im technischen Bild der gewollten Fermentierung zu bleiben – als ‚Brodeln‘ der Neuschöpfung erzählt. Wird diese Neuschöpfung als Geburt imaginiert, dann ist die Rede von den „Wehen“ (Röm 8,22), wird sie als Gottes Handeln in der Geschichte imaginiert, dann wird von einer „Krisis“ (Joh 3,19) des Lebens erzählt, vom Gericht. Die aus den (technischen, organischen und sozialen) Bildwelten entlehnten Imaginationen lassen sich systematisch nicht zu theologischen Gewissheiten verfestigen, die Gott etwa in irgendeiner Weise an

---

[29] Vgl. dazu Moltmann (2007), 31–34.

feste zeitliche Abläufe binden oder die Existenz eines Ortes namens Hölle erweisen könnten. Was die Texte jedoch verbindet, ist erstens die Vorstellung, dass es in dieser Krisis zu einer (Ver-)Nichtung des Todes, des Bösen und der Sünde kommt, damit das Leben in der neuen Welt Gottes möglich wird. Zweitens gehen die Texte davon aus, dass die Menschen – und zwar die Bundesgenossinnen und -genossen Gottes vorrangig – von Gott in ein aufklärendes Gespräch gezogen werden, das keineswegs als Gerichtsverhandlung verstanden werden muss. Dies wird drittens dazu führen, dass sich eine Scheidung des Sünders von der Sünde, des Todes vom Leben und des Bösen von Gottes neuer Welt vollziehen muss. Es handelt sich also weder um die Scheidung zweier Menschengruppen im Sinne einer von Calvin gelehrten und von Karl Barth verworfenen „praedestinatio gemina“[30] noch um die „Apokatastasis panton“, wenn diese als Restitution (Wiederbringung aller Dinge) gemeint ist.[31] Im ersten Fall wird der allgemeine Heilswille Gottes und damit Gott selbst klein gemacht. Im zweiten Fall die Weltgeschichte verharmlost und die Viktimisierten verhöhnt.

Die (Ver-)Nichtung des Todes, des Bösen und der Sünde im Jüngsten Gericht

Wenn die uns bekannte Wirklichkeit durch das Jüngste Gericht fermentiert wird, dann werden im ‚Brodeln‘, das die neue Schöpfung hervorruft, jene Kräfte erfolgreich verwandelt, die die biblische Erzählwelt auf den Sündenfall zurückführt. Mit ihm ist der Tod in die Schöpfung eingedrungen, die sich Gott erwählt hat. Auch das Böse in seinen vielen Gestalten ist ein Einbruch jener Lebensmöglichkeiten, die Gott in der Schöpfung, in der Erwählung des Lebens, verworfen hatte, und die Karl Barth deshalb treffend

---

30 Barth, Karl, KD II,2 63.111.124.

31 Moltmann (1995), 261ff. erörtert die theologischen Alternativen und plädiert eindeutig, indem er die „Apokatastasis panton“ gerade nicht als Restitution versteht: „Die eschatologische Lehre von der *Wiederbringung aller Dinge* hat diese beiden Seiten: das zurechtbringende *Gericht Gottes* und das zu neuem Leben erweckende *Reich Gottes*“ (284).

als das „Nichtige“ bezeichnet hat.[32] Schließlich haben sich die Menschen in ihren Selbstrechtfertigungen im Garten Eden (Gen 1,12–13) so verstrickt, dass sie in jenem Zustand der Verstrickung leben, den die Tradition als „Erbsünde“ bezeichnete, der aber besser „Ur-Sünde“ („peccatum *originale*“) genannt werden sollte.[33]

Alle drei Kräfte – der Tod, das Böse und die Sünde – können biblisch in der Vorstellung der „Sarx“, des „Fleisches“, verdichtet werden, die sich der „Ruach“, dem göttlichen Geist, entgegenstemmen. Dieser Widerstand gegen die Erwählung zum Leben hat zu einem Riss in der Schöpfung geführt. Er tut sich auf in der Diskrepanz zwischen der Erwählung der Schöpfung als Erwählung zum Leben und ihrem sündhaften Verfall an die lebensfeindlichen Mächte des Todes, der Sünde und des Bösen. Dieser Riss berührt Gott im Innersten seiner selbst, weil er es ist, der die sich dem Tod überlassende Schöpfung zum Leben erwählte. Er kulminiert in der Zerreißprobe, die Vater und Sohn angesichts des Kreuzes auf sich nehmen. Hier geschieht das Gericht. In der österlichen Neuschöpfung erfährt dieser Riss eine universale Heilung. Indem Gott diesen Riss in sich selbst einlässt, überwindet er die Kluft, die dieser aufreißt. Es ist nicht umsonst der Geist, der diese Kluft als ‚vinculum unionis‘ überbrückt. Das Gott selbst diesen Riss erleidet, ist der theologische Grund für die Vorstellung, dass die Neuschöpfung als Heilung des Risses auch für Gott selbst bedeutsam ist, dass also die an dem Riss leidende Herrlichkeit Gottes – um alles in allem zu sein – selbst das Gericht braucht.[34]

Den wohl stärksten Ausdruck der Auseinandersetzung Gottes mit dem Riss in der Schöpfung stellen die Kreuzigung und die Höllenfahrt Christi dar. Sie werden deshalb nicht zu Unrecht als Vollzug des Gerichts verstanden. Demnach hat Gott sich in Christus nicht nur dem menschlichen Richten (Joh 18–19) und dem Tod ausgesetzt (und wurde so zum „gerichteten

---

[32] „Demnach bedeutet Gericht zunächst – in Barths Terminologie – das Gericht über das Nichtige. In ihm setzt Gott das Lebensrecht seiner Geschöpfe gegen dessen Bedrohung durch das Nichtige durch.“ Etzelmüller (2001), 326; vgl. Karl Barth, KD II, §33 und KD IV, 1 § 59.

[33] Vgl. dazu Harasta (2012), bes. 95–122 und 161–180.

[34] Vgl. dazu besonders Marquardt (1996), 212–235 und Moltmann (1995), 351ff.

Richter"[35]), sondern ist in das „Inferno" der absoluten Gottesferne eingedrungen. Er hat dem fürchtenswerten „Ort" der Gottesferne durch seine Gegenwart den Garaus gemacht und der „Hölle" ihre Macht genommen.[36] Die geistgewirkte Auferweckung Christi (Röm 8,11) demonstriert diesen Sieg. Von dem höllischen Inferno, mit dem Menschen zu allen Zeiten bedroht wurden, ist dabei nichts als eine überwundene Möglichkeit übrig geblieben. Insofern ist auch gar kein „Urteil" mehr denkbar, durch das Menschen von Gott einer als „Raum" gedachten Hölle übergeben werden.

Diese Nichtung der Sünde, des Todes und des Bösen wird in den apokalyptischen Texten auf eine problematische Weise imaginiert.[37] In den Versuchen das ‚Brodeln' zu beschreiben wird immer wieder auf jene Erfahrungswelten zurückgegriffen, die eigentlich ge-nichtet werden sollen. So wird in Offenbarung 20 die Nichtung des Todes und des Bösen durch einen „zweiten Tod" (Offb 20,6) erhofft und das Bild von einem „feurigen Pfuhl" (Offb 20,10) ausgemalt, einem Raum, in dem scheinbar endlos gelitten werden muss. In diesen feurigen Pfuhl sollen dann auch alle jene geworfen werden, die nicht im Buch des Lebens stehen, also von Gott nicht aus der Verstrickung in die Sünde befreit werden (konnten oder können bzw. wollten oder wollen). Die Sehnsucht nach einer Welt ohne Gewalt und Schmerz kann sich in diesem Text nicht aus den eigenen Gewalterfahrungen und Schmerzen lösen. Zwar lässt sich behaupten, dass in den Texten durch die Übertragung der „Rache" (vgl. Röm 12,19; Lev 19,18) auf Gott, eine Be-

[35] Vgl. Barth, Karl, KD IV/1, 231–311.

[36] Moltmann (1995), 281: „Luther glaubte nicht, dass die Hölle ‚ein sonderlicher Ort' sei. Sie sei kein *Weltort*, auch nicht in der Unterwelt, sondern eine *Existenzerfahrung*, die Erfahrung des Zornes und des Fluches Gottes über Sünde und gottlos Wesen."

[37] So sieht in der Folge etwa die lutherische Orthodoxie im Jüngsten Gericht eine strafende Vergeltung Gottes am Werk (Bildwelt: Christus mit dem zweischneidigen Richtschwert im Mund) und zeichnet dies in die „annihilatio mundi" ein, nach der nur noch Himmel und Hölle übrig bleiben: „Nach dem letzten Gericht tritt dann das völlige Ende der Welt ein. Außer Engeln und Menschen wird alles, was dieser Welt angehört, durch Feuer verbrannt werden und sich in nichts auflösen. Nicht also eine Verwandlung der Welt, sondern ein völliges Aufhören ihrer Substanzen ist zu erwarten." (Heinrich Schmid, Dogmatik, 407; zitiert nach Moltmann [2007], 35 Anm. 8) In dieser theologischen Denkform wird dem Bösen, dem Tod und der Sünde radikal ein Ende gesetzt, aber um den Preis der Vernichtung der (nach dem Sündenfall völlig korrumpierten) Schöpfung.

grenzung auf „Rachephantasien“ und damit der menschlichen Gewalt stattfindet. Weil aber diese Texte im biblischen Kanon aufbewahrt sind, stehen sie in Gefahr, für Rachefeldzüge aller Art missbraucht zu werden.

Eine weitere Tücke bei der Lektüre der apokalyptisch-endzeitlichen Texte hat mit der Anthropologie zu tun. Es geht um die Vorstellung, dass größere Gruppen von Menschen in der Folge eines „Gerichts nach den Werken“ in dem feurigen Pfuhl der Hölle landen. Dazu ist jedoch Folgendes zu bedenken. Die hebräische Anthropologie, die auch im Neuen Testament nachwirkt, geht vom ganzen Menschen aus, dem Erdling, der durch Gottes Anhauch zum Leben erweckt wurde: „nefesch chaja“. Dieser wird immer in seiner sozialen Einbindung gesehen, also eingebettet in Kollektive (Volk Israel), und nicht so sehr als ein Individuum im heutigen Sinn. Dieser Sichtweise zufolge ist ein Mensch entweder ganz lebendig oder ganz tot – und das betrifft auch seine Sozialität. „Scheol“ ist jener Zustand, in dem die Toten sind: Schatten ohne Leben und ohne Stimme, die auf Gottes Anruf nicht mehr antworten und die Gott nicht mehr loben können (Ps 115,17; Jes 38,18).[38] Erst mit der Hoffnung auf eine Auferweckung der Toten wird diese Sphäre aufgebrochen und ein neues „Leben in Fülle“ (Joh 10,10) in der Gegenwart Gottes denkbar.

Diese Ganzheits-Anthropologie wird in der abendländischen Denkwelt zweifach gebrochen, was dazu führt, dass es nicht mehr um den „ganzen“, sondern um den „wahren“ Menschen geht. Das geschieht zum einen durch den Dualismus von „soma“ (zweifach lesbar: als Körper, den ich habe; als Leib, der ich bin) und „psyche“ (ebenfalls zweifach lesbar: als „Seele“, d.h. als im Anruf Gottes begründete Per-sonalität; als „Subjektivität“, d.h. als Selbst-Bewusstsein eines Subjekts), der um die Dimension des „sozialen“ Lebens (im Unterschied zur nackten Existenz) zu erweitern ist.[39] In der

---

[38] Marquardt (1996) schlussfolgert „weswegen übrigens das Himmelsgetöse bei der Ankunft des Menschensohns – Engelsgeschrei, Schofargeschmetter – so wichtig ist: Da wird die Totenstille aufgehoben ... Laut und Wort kehren zurück, – *das Getön vom Himmel her kündet die Ankunft des Wortes*“ (122). „*Die Toten müssen das Evangelium hören, um erst so rechenschaftsfähig fürs Gericht zu werden.* Sie *müssen vom Worte Gottes angesprochen werden*, um *ihrerseits sprachfähig für Gott zu werden, ihm Rede und Antwort stehen zu können*“ (127).

[39] Vgl. dazu Horn (2014), 224, die diese Differenz an den griechischen Begriffen „bios“ (als „ein Leben in Gemeinschaft, ein Leben in der Welt, ein Leben in Bezugssystemen“)

Folge dieser dreistelligen Anthropologie kann im Blick auf den Tod zwischen dem physischen, dem sozialen und dem psychischen Tod unterschieden werden. Diese Dimensionen des Todes können auseinandertreten.[40] Um es an einem markanten Beispiel zu verdeutlichen: Die Wahrnehmung von Alzheimer als einem Verlöschen der Person (psychischer Tod) zeigt an, wie stark wir heute den Lebensbegriff an das Selbst-Bewusstsein knüpfen. Das zeigt sich auch in der Definition eines (Teil-) Hirn-Todes, die es – zum Zweck der Organtransplantation – erlaubt, den physischen Tod einzuleiten.

Zum anderen dringt die Unterscheidung von „Person" und „Werk" in das anthropologische Denken ein. Damit wird für das heutige Denken die von Paulus skizzierte Verwandlung des „soma psychikon" in den „soma pneumatikon" (1. Kor 15,44) irritierend. In der paulinischen Anthropologie meint dies die Auferweckung des ganzen Menschen und die Enthüllung des wahren, des bisher verborgenen Menschen gleichermaßen.

Wir lesen diese Texte jedoch einerseits im Horizont der Vorstellung der Unterscheidung eines sterblichen Leibes und einer unsterblichen Seele, die die Kontinuität des Menschen im Tod ausmache, der dann von Gott einen neuen, unvergänglichen Leib empfängt. Daraus speisen sich die Vorstellungen einer Zwischenwelt, in der die Seelen (im Fegefeuer) gereinigt werden, oder aber bis zum Jüngsten Tag – als dem Ende der Geschichte – schlafen. Andererseits können wir das „Gericht nach den Werken", das dann aber die ganze Person trifft, nur mit unseren Vorstellungen vom menschlichen Richten, nicht aber mit der rettenden Gerechtigkeit in Einklang bringen, die Paulus im Blick hat. Er geht davon aus, dass wir uns selbst erst erkennen, wenn Gott uns von Angesicht zu Angesicht erkennt.[41] Die Kontinuität der Person liegt hierbei allein in der Anrede Gottes. Und erst, wenn wir ganz mit dem „soma pneumatikon" eingekleidet sind, wird der verborgene Mensch sichtbar.[42]

---

und „zoé" (als das „nackte Leben") fest macht.

40 Diese dreistellige Anthropologie findet sich bei Feldmann (2010).

41 Vgl. Kol 3,3: „Euer Leben ist mit Christus verborgen in Gott".

42 Sauter (2011) hat seine theologische Anthropologie aus dieser Perspektive entworfen: „Das verborgene Leben ist die *Verborgenheit unserer externen Identität: des Lebens in Christus mit Gott*" (150). Im Blick auf das Gericht formuliert Marquardt (1996), 339: „*Vor dem Jüngsten Gericht werden wir das geschichtliche Geheimnis unserer selbst nicht kennenlernen.*"

Auf dem Hintergrund dieser Überlegungen dürfen wir davon ausgehen, dass im Fermentierungsprozess des Jüngsten Gerichtes, der neue Mensch hervortritt, der von der Sünde – als Verstrickung (Ur-Sünde) und als eigene Handlungsform (Tat-Sünde) – geschieden ist und dem die Sünde in der himmlischen Polis auch nicht mehr ein-fällt. Nicht der Sünder wird vernichtet, sondern die Sünde vom Sünder geschieden. Der Mensch wird sich seiner selbst bewusst durch den Anruf Gottes, nicht aber kraft eines eigenen Selbst-Bewusstseins. Dann kann ADAM, der urmenschliche Erdling, von CHRISTUS, dem Erstgeborenen der neuen Schöpfung, mit einem neuen „soma pneumatikon" eingekleidet werden.[43]

Wie weit diese neue Schöpfung von unseren Erfahrungshorizonten entfernt ist, zeigt sich schließlich darin, dass sie in den biblischen Texten nur symbolisch verwendet werden. Dass in Gottes neuer Welt das „Meer" nicht mehr sein wird (Offb 21,1), ist keine Absage an eine bestimmte Naturerfahrung, sondern meint die endgültige Nichtung der Chaosmächte, die aus dem „Meer" kommen (Leviathan und Behemoth) und denen Gott – nach dem ersten Schöpfungsbericht – die Schöpfung abgerungen hatte. Auch die Vorstellung, dass die himmlische Garten-Stadt keine „Nacht" mehr kennt (Offb 22,5), darf nicht mit unserem Tag-Nacht-Rhythmus abgeglichen werden, sondern sieht diesen außer Kraft gesetzt.

Die Scheidung von der sarkischen Macht im Jüngsten Gericht

Die Nichtung der Sünde, des Todes und des Bösen impliziert, wie eben schon kurz erwähnt, die Scheidung des Todes vom Leben, des Bösen von Gottes neuer Welt und der Sünde vom Sünder.[44] Im Fermentierungsprozess des Weltgerichtes muss die Weltgeschichte verwandelt und geheilt werden. Ohne eine solche Zu-Richtung der Geschichte, ohne das Aus-Scheiden

---

[43] Körtner (2014) versteht dies rechtfertigungstheologisch: „So lässt sich das Jüngste Gericht als Symbol für das endgültige Offenbarwerden dessen verstehen, was sich schon jetzt im Rechtfertigungsgeschehen ereignet (211).

[44] Vgl. Etzelmüller (2007), 97ff. Aus der Perspektive einer Mächte-Theologie stellt Marquardt (1996), 341 fest: „Gott wird uns scheiden und sondern von der Welt, nämlich von den sie beherrschenden *Mächten* der Sünde, des Todes und des Teufels, – er will uns herauslösen aus den Zwangsstrukturen, die uns bis dahin übermächtig, fast unwiderstehlich determinieren konnten und für Gott verschlossen."

der Macht der „Sarx“ ist die neue Schöpfung nicht denkbar. Das Zeugnis vom biblischen Gott und seinem Verhältnis zur Geschichte zwingt uns zu der Annahme, dass im Gericht eine Anerkennung der Viktimisierung und des Leids erfolgt, die der „sekundären Viktimisierung“ (der Leugnung des Leids) ein Ende bereitet. Gleichermaßen dürfen wir von einer Aufdeckung der Taten und der Entblößung der Täterinnen und Täter ausgehen, die das von Gott gewollte Leben zerstört haben und zerstören.[45] Und schließlich – vielleicht am schwersten zu denken – wird den Traumatisierungen die Macht genommen, die Erinnerung und die Träume der Opfer zu beherrschen, da sie in Gottes neuer Schöpfung den Traumatisierten nicht mehr ein-fallen werden.[46]

In seiner Lektüre des Gerichtstextes in Matthäus 25 weist Gregor Etzelmüller zu Recht darauf hin, dass der Text auch auf eine Kritik der „sekundären Viktimisierung“ zielt.[47] Demnach weist der Menschensohn auch jene von sich weg, die bestreiten je eine Notlage gesehen zu haben, die selbst also gar nicht schuldig geworden sind. Diese Verweigerung der Anerkennung des Leids der Opfer ist besonders schwerwiegend, weil sie eine zweite Viktimisierung darstellt. Eben deshalb beobachten wir ja allenthalben, wie Opfer(-Gruppen) miteinander – und leider oft auch gegeneinander – um die Anerkennung ihres Leids ringen. Das Versprechen des Jüngsten Gerichts ist eben diese Anerkennung. Das Leid wird nicht bestritten, der Schmerz nicht

---

45 Etzelmüller (2001), 276 spricht zwar von einer Scheidung von Opfern und Tätern, inhaltlich geht es ihm aber darum „dass die Opfer das Angesicht ihrer Bedränger nicht mehr sehen müssen und d.h. aus ihrer Gewalt befreit werden“. Ihm liegt daran, der Vorstellung zu widersprechen, „dass alles ‚reparabel und bis zum äußersten noch versöhnbar‘ sei“ (zitiert wird: Klaus Berger, Wie kommt das Ende der Welt?, Stuttgart 1999, 161).

46 Volf (2006) illustriert das Problem mit Hilfe der beiden Ströme, Lethe (dem Strom des Vergessens des Bösen) und Eunoe (dem Strom der Erinnerung des Guten), die Dante in seiner „Göttlichen Komödie“ an der Grenze zwischen dem Purgatorium und Paradies, also dieser und der kommenden Welt ansiedelt (vgl. 131ff. und 175f). Er schlussfolgert: „If we remembered wrongs in the world to come, we would not only defer to the wishes of evildoers, we would also pay too much respect to evil itself. (...) The reason for our non-remembrance of wrongs will be the same as its cause: Our minds will be rapt in the goodness of God and the goodness of Good's new world, and the memories of wrongs will wither away like plants without water“ (214).

47 Vgl. Etzelmüller (2007), 96 und Etzelmüller (2001), 284ff.

negiert. Ganz im Gegenteil: In der Neuschöpfung wird „das geschlachtete Lamm“ (Offb 5,6) im Zentrum stehen, d.h. am auferstandenen Christus sind die Narben seiner Tötung zu erkennen. Und die Wunden der an Leib und Seele verletzten Völker werden – bedeckt und verbunden mit Blättern von den Bäumen des Lebens – an den Strömen lebendigen Wassers heilen können. (Offb 22, 1-2)

Durch die Anerkennung der Opfer werden jene Taten aufgedeckt, die im Leben Wunden geschlagen haben. Jede große und jede noch so kleine Beschädigung des Lebens wird erinnert und aufgezeigt. Und so stehen – ganz ohne den Deckmantel der Sünde, des Bösen und des Todes – plötzlich alle Täterinnen und Täter nackt da. Ihre Scham gleicht jener, die die adamitische Menschheit noch im Garten Eden nach dem Sündenfall erfasste. Existentiell entblößt voreinander und vor Gott wollen wir uns am liebsten verstecken.

Doch im Blick auf die Scham, die das Gericht auslöst, muss nun zwischen alter und neuer Schöpfung unterschieden werden.[48] In diesem Leben ist Scham ein leib-seelisches Widerfahrnis, in dem ich – über das Angeblicktwerden durch Andere – meine Unzulänglichkeit und Verletzlichkeit spüre und zugleich verberge (z.B. indem ich rot werde). Scham bezieht sich also auf den ganzen Menschen und seine vor-moralische und überindividuelle Verstrickung (Ur-Sünde), die den konkreten Schuldzusammenhängen (Tat-Sünden) vorausliegt. Allerdings ist Scham kulturell codiert und wird – vermutlich auch wegen ihrer leiblichen Dimension – vorrangig mit weiblichen Geschlechtsrollen assoziiert.

In der biblischen Urgeschichte wird die Scham mit dem Sündenfall und der Selbsterkenntnis von Adam und Eva verbunden (Gen 3,7–10). Gott negiert diese Scham als Existenzbedingung nicht, sondern bedeckt die Nacktheit, indem er ihnen Kleider macht (Gen 3,20). Andererseits ist eine Begegnung von Angesicht zu Angesicht nun nicht mehr möglich. Wer in der Folge der Sünde Gott von Angesicht zu Angesicht sieht, muss (vor Scham – angesichts der eigenen Verwicklung in die Ursünde?) sterben. Im aaronitischen Segen wird uns allerdings verheißen, dass Gott uns freundlich ansieht, uns

48 Im Blick auf die alte Schöpfung vgl. Fechtner (2015), dessen Überlegungen hier aufgenommen sind.

also nicht beschämen will. Paulus ist überzeugt: „Wer an ihn glaubt, wird nicht zuschanden (beschämt) werden“ (Röm 10,11).[49]

In der Garten-Stadt, die am Ende der Bibel aufscheint, wird der Mensch völlig entkleidet von der Sünde, in die er verstrickt ist und aus der heraus er handelt. Dies betrifft also den ganzen Menschen, mit Leib und Seele und mit allen seinen Beziehungen. Diese Entblößung und die damit verbundene Beschämung ist zwar nicht das Ziel, aber sie ist eine Wirkung der Fermentierung durch die wir Täterinnen und Täter heil werden können. Denn selbst eine Anerkenntnis der Schuld reicht nicht tief genug, trifft nicht den ganzen Menschen. Es geht nicht um Schuldeinsicht und Reue als Bedingung von Vergebung und Verwandlung. Vielmehr zeigt sich die verwandelnde Kraft der Fermentierung in der Entblößung, die Gott sofort bedeckt: ADAM wird – wie CHRISTUS – mit dem „soma pneumatikon“ neu eingekleidet. Nun kann er Gott von Angesicht zu Angesicht sehen, ohne rot zu werden. Und der Name Gottes auf der Stirn offenbart seine Per-sonalität: „Die auf ihn sehen, werden strahlen vor Freude, und ihr Angesicht soll nicht schamrot werden“ (Ps 34,6).

Die Entkleidung und Beschämung der Täterinnen und Täter nimmt ihnen die Macht, die Erinnerung und die Träume der Opfer zu beherrschen. Sie ermöglicht die Befreiung der Viktimisierten von ihren Traumata und der Verbitterung, die sie für das Leben „taub“ machten.[50] Der Heilungsprozess muss tiefer gehen, als es die Vergebung von Schuld ermöglichen würde, weil die Verbitterung und die Traumata dadurch noch nicht verschwunden sind.[51] Erst wenn diese nicht mehr er-innert werden, sind die Viktimisierten wirklich frei. „Denn vergessen sind die früheren Nöte und verschwunden vor meinen Augen. Denn siehe: ich schaffe neu den Himmel und die Erde. An das Frühere wird nicht mehr gedacht werden, und es wird nicht mehr zu Herzen gehen.“ (Jes 65,16b.17) Das Gericht – so die Hoffnung – ist eben

49 Vgl. dazu Fechtner (2015), 74ff.

50 Müller-Fahrenholz (1993) hat in seinem geisttheologischen Entwurf Überlegungen des amerikanischen Psychologen Robert J. Lifton zum „psychic numbing“ (82) in einem noch weiteren Sinn aufgenommen und der lähmenden Taubheit noch den Zynismus und den Fundamentalismus als Phänomene der Entgeisterung beschrieben (vgl. 75ff).

51 Dazu gehört allerdings zuallererst: „Parteinahme für die Opfer muss deshalb in der Theologie heißen, sich einer Gerichtskonzeption entgegenzusetzen, die den Opfern zumutet, letztlich vergeben zu müssen.“ Etzelmüller (2007), 99.

keine Re-Traumatisierung der Opfer, sondern es befreit die Traumatisierten sowohl von ihrer individuellen „Taubheit“ an Leib und Seele als auch im Blick auf ihre Sozialität aus ihrer sozialen „Taubheit“, der sie von sich aus nicht zu entkommen in der Lage sind. Mit dem „soma pneumatikon“ neu eingekleidet, können sie sich selbst, Gott und die Anderen wieder (todes-)angstfrei ‚spüren‘[52]: „Ich freue mich im HERRN, und meine Seele ist fröhlich in meinem Gott; denn er hat mir die Kleider des Heils angezogen und mich mit dem Mantel der Gerechtigkeit gekleidet.“ (Jes 61,10).

Die schematische Rede von Viktimisierten einerseits und Täterinnen und Tätern andererseits hat ihre Grenze darin, dass sich die Lebenswirklichkeit so nicht aufteilen lässt. Der Riss geht durch alle Menschen hindurch: keiner ist „ohne (Verstrickung in die) Sünde“ und ohne jene „Taubheit“, die aus Verletzungen entsteht. Eben deshalb sind auch die Bilder vom doppelten Gerichtsausgang und einer Aufteilung der Menschen auf Himmel und Hölle so unzulänglich. Die Scheidung, um die es im Jüngsten Gericht geht, will Menschen nicht vernichten, sondern sie mit ihrer Lebensgeschichte heilen. Dazu aber müssen der Tod, das Böse und die Sünde, in die unser Leben so verstrickt ist, von uns geschieden werden.

Das Kommen Christi zum Gericht als „Krisis des Lebens“

Friedrich-Wilhelm Marquardt hat das Jüngste Gericht als jene Lebenskrise beschrieben, zu der es kommt, wenn Gottes ganze Lebensmächtigkeit zum Ereignis wird, das Israel und die Kirche, das die Völker und die Einzelnen, das aber auch Gott selbst betrifft.[53] Um dieses Ereignis zu beschreiben bietet es sich an, dem Apostolikum in seiner Bewegung zu folgen. Dabei gehören die beiden folgenden Sätze zusammen: „Er sitzt zur Rechten Gottes, des allmächtigen Vaters. Von dort wird er kommen zu richten die Lebenden und die Toten.“

Beide Sätze beziehen sich auf Christus. Er sitzt – wie es dem Menschensohn in Daniel 7 und Matthäus 25 vorbehalten ist – zur Rechten Got-

52 Vgl. dazu Etzelmüller (2007), 98 sowie die Arbeiten von Augst (2012) Poser (2012).

53 Marquardt (1996), 164 und 186ff. Der Begriff der „Krisis“ verdankt sich der dialektischen Theologie. Insbesondere Karl Barth hat das Christusgeschehen von daher verstanden; vgl. dazu Etzelmüller (2001), 87ff.

tes. Dieses Sitzen auf einem Thron ist in der antiken Welt alle andere als bedeutungslos. Sitzen bedeutet Macht, jene Macht, die dem Thron zu eigen ist, der neben Gottes Thron aufgestellt ist. Deshalb sprechen wir heute noch vom „Sitz der Bundesregierung", vom „Heiligen Stuhl" oder vom „Lehrstuhl", wenn wir Orte der politischen, der religiösen oder der akademischen Vollmacht beschreiben. Zur Rechten Gottes zu sitzen bedeutet also in göttlicher Vollmacht zu handeln.[54]

Die Rabbinen hatten große Probleme mit dem Thron des Menschensohnes in Daniel 7 und machten daraus in der späteren talmudischen Auslegung – zum Zwecke der Abgrenzung vom Christentum – einen Schemel für die Füße Gottes. Der „zweite Thron" trug die Gefahr der christlichen Lektüre in sich, wie sie dann im Christentum ja auch üblich wurde.[55] Dass das Credo den Menschensohn „zur Rechten Gottes" ansiedelt, ist darum auch kein Zufall. Weil mit der Rechten gehandelt wird, wird Christus so zum vollmächtigen „Handlanger" des allmächtigen Vaters. Er ist es, der zum Gericht kommt.

In der christlichen Interpretation des Gerichts hat sich das Bild einer Gerichtsverhandlung durchgesetzt. Dadurch steuern die jeweiligen gesellschaftlichen Rechtskulturen die Wahrnehmung der biblischen Texte. Selbst in jüngerer Zeit wurden Christus im Gerichtssaal unterschiedliche Rollen zugewiesen. Einmal ist er der Richter, dann wieder erscheint er wie ein Staatsanwalt und schließlich – wie aus angelsächsischen Filmen vertraut – wie ein smarter Verteidiger der Angeklagten, der mit einem brillanten Plädoyer für einen Freispruch sorgt. Wie auch immer diese Bildwelt ausgestaltet wird, sie wird letztlich von der Annahme gesteuert, das Jüngste Gericht sei eine Gerichtsverhandlung, in der – nach Maßgabe einer alle, auch den

---

[54] Vgl. Marquardt (1996), 47.

[55] Vgl. dazu Schäfer (2010), 65ff.; Marquardt (1996), 198ff. versucht in Auseinandersetzung mit der rabbinischen Tradition die „eschatologische Differenz in Gott" (208) und die „Einung" Gottes in seinen Beziehungsweisen (middot) und Namen (schemot) fruchtbar für die christliche Theologie zu machen. „Mit dem verhüllten Namen – Eheje ascher eheje, der Name ist zugleich Verbergung des Namens – wird es dann zu Ende sein. Sein Name wird dann heilig sein (Jes 57,15; Lk 1,49) – auch in unserem Munde" (211). Deshalb: „*Dass Gott mit sich selbst eins werde, ist hier wie da eine gemeinsame Erwartung*" (213).

Richter bindenden Rechtsordnung – ein Urteil gefällt wird, gegen dessen Vollzug keine Macht der Welt mehr ankommt.

Davon ist allerdings in den biblischen Texten nicht die Rede. Sie sind zwar auch durch das Bild des königlichen Richters geprägt, der Zeugen aufruft, um zu einer Entscheidung zu kommen. Sie sind aber vorrangig an der Art der Gerechtigkeit interessiert, die hier zur Geltung kommt. Das ist eben nicht eine gleichgültig abwägende, also eine aufrechnende Gerechtigkeit („iustitia distributiva“), sondern die rettende Gerechtigkeit („iustitia sanctificans“) des biblischen Gottes. Daraus speisen sich der Trost und die Mahnung dieser Texte.

Dieser Richter unterliegt keiner ihn bindenden kosmischen Rechtsordnung. Er hat sich selbst gebunden. Er hat sich durch die Erwählung der Kreatur (im Akt der Schöpfung) an sie gebunden. Er hat sich durch einen heiligen Bund des Lebens an menschliche Bundesgenossinnen und genossen gebunden, die ihre Erwählung zum Leben bezeugen. Den Tod, das Böse, die Sünde hat er nicht gewählt, sondern als Möglichkeit verworfen. Gott hat das Leben gewählt. Deshalb ist auch kein Urteil vorstellbar, in dem er die Kreatur und die Menschen dem „Inferno“ preisgibt.[56]

Mit der Übertragung des Gerichts auf Christus, den Menschensohn, ist diese Zielrichtung offenbar. Er kommt mit der ganzen Lebensmächtigkeit Gottes. Der selbst gerichtete Richter, der in das „Inferno“ herabstieg und vom Vater der Gewalt des Todes entrissen wurde, kommt nicht, um seinerseits die Menschen dem „Inferno“ preiszugeben, sondern um die Menschen aufzurichten und die Kreatur heilsam zu verwandeln. Das im Kommen Jesu Christi sich vollziehende Gericht über die alte Schöpfung führt das Leben in eine Krisis. Sie muss aber nun im Blick auf die Menschen keineswegs als Gerichtsverhandlung imaginiert werden. Sie ist sehr viel besser als ein Gespräch vorzustellen, als jenes Krisen-Gespräch, in das Gott die Menschen verwickelt, um sie aus ihrer Verwicklung in die Sünde, den Tod und das

[56] Vgl. Beintker (2007), 21: „In Gottes zukünftiger Welt wird das Böse keinen Raum mehr für sich in Anspruch nehmen können, nicht einmal mehr in Form der Hölle, an der unsere Vorfahren mit einer irritierenden Entschlossenheit festgehalten haben, so als könne Gottes ewiges Reich zur Stabilisierung des göttlichen Gerechtigkeitsverlangens auch noch einen ewigen Ort der Vergeltung und der fürchterlichen Qualen neben sich ertragen.“

Böse zu lösen. Das ist kein „therapeutisches“ Krisengespräch, sondern ein Gespräch im Raum der Gerechtigkeit und des Rechts, das bei aller Unähnlichkeit Ähnlichkeiten zum „Täter-Opfer-Ausgleich“ oder zu einer Institution wie der „Wahrheits- und Versöhnungskommission“ aufweist. In ihnen scheint das endzeitliche Krisen-Gespräch antizipiert.

Das Jüngste Gericht als Krisen-Gespräch im Raum der Gerechtigkeit

Die Urszene des Krisen-Gesprächs Gottes mit den Menschen findet sich in der Erzählung, die nach dem Sündenfall einsetzt.[57] Sie wird mit der Frage Gottes eröffnet: „Adam, wo bist du?“ (Gen 3,8) Gott sucht bei seinem Abendspaziergang im Garten Eden nach dem Menschen, der sich versteckt, weil er weiß, dass er sich ein anderes Leben wählen wollte, als jenes, in das Gott ihn gewiesen hatte. Der Mensch fühlt sich in seinem sündigen Vorhaben ent-deckt und muss (sich) seine Blöße eingestehen. Im Gespräch aber versuchen beide, der Mann und die Männin, die Schuld von sich zu weisen. Doch Gott hakt nach: „Wer hat dir gesagt, dass du nackt bist?“ (Gen 3,11) – „Warum hast du das getan?“ (Gen 3,13). Und schließlich beendet er das Gespräch und nennt die Folgen, die sich für das Leben jenseits von Eden ergeben. Dazu gehören die Geschlechtlichkeit und die Geschlechterrollen. Von da an nennen sich die beiden Menschen ADAM und CHAVA, Adam und Eva.

Auch das nächste Krisen-Gespräch findet sich in der Urgeschichte.[58] Die „Geschichte der Zeugungen“, wie es im Judentum heißt, die Menschheitsgeschichte beginnt mit einem Brudermord. Auch hier sucht Gott das Gespräch: „Kain, wo ist dein Bruder Abel?“ (Gen 4,9a) Und auch Kain versucht die Schuld von sich zu weisen: „Soll ich meines Bruders Hüter sein?“ (Gen4,9b) Auch hier hakt Gott nach „Was hast du getan?“ (Gen 4,10) und benennt die Folgen für den Bruder-Mörder: „Unstet und flüchtig sollst du sein auf Erden“ (Gen 4,12).

---

[57] Das Motiv des „Gesprächs“ hat Marquardt (1996), 186ff. ausgearbeitet und auch die Gespräche der Urgeschichte als „klassische Gerichtserzählung von dauernder Rede und Gegenrede zwischen Gott und Mensch“ (188) skizziert. Dieser Skizze folgt der nächste Abschnitt.

[58] Vgl. dazu Marquardt (1996), 314ff.

Diese biblischen Erzählungen stellen uns den göttlichen Willen zum Krisen-Gespräch vor Augen, in das Gott selbst im Jüngsten Gericht mit uns einzutreten beabsichtigt und entschlossen ist. Es sind ernste Gespräche. Gott will wissen, ob die Menschen zu ihrer Schuld stehen und ob sie Reue zeigen. Weder Adam und Eva noch Kain stehen zu ihrer Schuld. Sie zeigen keine Reue, so dass die Schuld nicht vergeben werden und die gebrochene Beziehung keine Heilung erfahren kann. Aber es wird eben auch kein vernichtendes „Urteil“ gefällt. Das Leben geht weiter. Die Tatsache, dass Gottes Einweisung ins Leben nicht befolgt wurde, zeitigt jedoch Folgen. Den Menschen wird (post-lapsarisch) ein neuer Lebensraum zugewiesen: „jenseits von Eden“.

Die biblischen Texte nehmen diese Grundfigur immer wieder auf. Und wenn, wie in prophetischen und apokalyptischen Texten, das Gericht als Vernichtungsinstanz ausgemalt wird, dann in keinem Fall mit der Absicht, Gott eine Vernichtungsabsicht zu unterstellen. Die Texte wollen jene mahnen, die mit ihrem lebensschädigenden Handeln riskieren, das Leben und ihren jetzigen Lebensraum (das Land Israel) ganz zu verlieren. Die Texte wollen darüber hinaus und zuvörderst jene trösten, die nicht mehr glauben können, dass Gottes Gerechtigkeit sich durchsetzen wird. Die Gerichtsbilder sind samt und sonders als Gesprächsangebote Gottes konzipiert.

Ganz anders verläuft das Krisen-Gespräch Gottes mit Jesus von Nazareth, dem Christus, von dem Gott sagt: „Dieser ist mein geliebter Sohn“ (Mt 3,17). Es findet von Seiten Gottes nicht statt. Stattdessen sucht Jesus von Nazareth in einem anderen Garten, in Gethsemane, selbst das Krisen-Gespräch mit Gott: „Vater, willst du, so nimm diesen Kelch von mir; doch nicht mein, sondern dein Wille geschehe.“ (Lk 22,42) Und als ihm mit der Kreuzigung das Leben genommen wird, wendet er sich wieder an Gott: „Vater, vergib ihnen; denn sie wissen nicht, was sie tun!“ (Lk 23,34) Kein Wort seitens Gottes. Nur Schweigen. Und das Flehen des Gekreuzigten: „Mein Gott, mein Gott, warum hast du mich verlassen?“ (Mk 15,34)

Anders als in den Gesprächen der Urgeschichte werden die Folgen des Vergehens an dem, der als „der Weg, die Wahrheit und das Leben“ (Joh 14,6) bezeichnet wird, nicht von Gott festgestellt, sondern von Gott selbst in Christus erlitten. Der, dem nichts vorzuwerfen ist, muss auch noch das Schweigen jenes Gottes aushalten, der ihm als Vater so „am Herzen lag“

(Joh 1,11). Er bittet für die, die an ihm schuldig geworden sind. Damit legen die Evangelien nahe, dass alle Nachkommen ADAMs und KAINs in diese Bitte eingeschlossen sind. Nicht das Blut des Gekreuzigten, sondern seine Bitte („Vater vergib ihnen... " Lk 23,34) und Zusage („Heute noch wirst du mit mir im Paradies sein" Lk 23,43) sind der Grund für die Hoffnung, dass das Krisen-Gespräch im Jüngsten Gericht nicht von einem unerbittlichen Richter-Gott geführt werden wird. Es wird von dem geführt, der es selbst schon mit Gott geführt und den Weg in neue Schöpfung voraus gegangen ist. Er, der die Sünde der Welt getragen hat (Joh 1,29), der sogar zur Sünde selbst wurde (2. Kor 5,21) hat bereits die Erfahrung gemacht, dass Gott ihn im Gericht über die Sünde von der Sünde getrennt und mit dem „soma pneumatikon" bekleidet hat. Das in seinem Fall einseitige Krisen-Gespräch mündet in das erlösende Wort des Vaters: „Denn dieser mein Sohn war tot und ist wieder lebendig geworden; er war verloren und ist gefunden worden" (Lk 15,24). Dieses Krisen-Gespräch aber wird uns nicht erspart. Es hub an: „Vater, ich habe gesündigt gegen den Himmel und vor dir!" (Lk 15,21) und endet damit, dass der Vater dem entblößten Sohn „das beste Gewand" (Lk 15,22) anlegen lässt, das seine Blöße bedeckt. Nur so können wir aus den Verwicklungen in den Tod, das Böse und die Sünde befreit werden. Nur so können wir von unseren Traumata und Verbitterungen befreit werden. Nur so kann uns das alles – in Gottes neuer Schöpfung – nicht mehr einfallen.

Wie schon erwähnt muss ein solches Gespräch, obwohl es im Raum der Gerechtigkeit und des Rechts stattfindet, nicht als Gerichtsverhandlung imaginiert werden. Ähnlich wie der Täter-Opfer-Ausgleich im Blick auf individuelle Taten, oder die Einrichtung einer Wahrheits- und Versöhnungskommission (etwa in Südafrika) im Blick auf Taten, die ganze Gesellschaften betreffen, können wir uns heute solche Gespräche im Raum des Rechts vorstellen. Sie sind der Versuch, neues Leben jenseits von Zerrüttungen der Lebensverhältnisse zu eröffnen, die nicht mehr „wieder gut gemacht" werden können. Es geht dabei nicht um eine „wiederherstellende Gerechtigkeit" („restorative justice"), sondern um eine „schöpferische Gerechtigkeit“ („creative justice“), die einen Weg der „Heilung der Erinnerungen“[59] bereiten soll. Es soll auf-gerichtet werden, damit nicht gerichtet werden muss.[60]

Die Gesprächsstruktur ähnelt dabei nicht zufällig jener des Buß- bzw. Beichtrituals. Für die Täterinnen und Täter wird durch die Viktimisierten oder in ihrem Namen ein Raum eröffnet, in dem vier Schritte gegangen werden können. Theologisch betrachtet beruht diese Möglichkeit auf der schon geschehenen Vergebung, um die der Gekreuzigte, der als gerichteter Richter die Folgen der Sünde schon getragen hat, seinen himmlischen Vater gebeten hat. In diesem von Gott eröffneten Raum der Vergebung kann der Schuldiggewordene Reue zeigen („contritio cordis“) und diese öffentlich machen („confessio oris“). So kann die dieser Reue vorauslaufende und sie erst ermöglichende Vergebung bekräftigt werden („absolutio“) und eine zeichenhafte Praxis der Umkehr erfolgen („satisfactio operis“). Die reformatorische Kritik an der Ablasspraxis (Gefahr der Werkgerechtigkeit, Missbrauch der öffentlichen Beichte) muss keineswegs eine Kritik dieser Struktur bedeuten. Längst hat die evangelische Theologie – ausgelöst durch die gesellschaftliche Relevanz dieses rituellen Musters – ihre Bedeutung neu erkannt. Und sie hat z.B. durch die Arbeit der „Aktion Sühnezeichen/Friedensdienste“ auch erkannt, dass die vier Schritte zirkulär zu denken sind und deshalb der Prozess auch an einem anderen Punkt beginnen kann, eben mit den „Sühne-Zeichen“ („satisfactio operis“). Dabei wird die Verantwortung für geschichtliche Schuld angenommen. Es wird öffentliche Reue für diese Schuld gezeigt (die in einer vor-moralischen Scham wurzelt) und es wird konkret gehandelt (in Bau- oder Sozialprojekten), um gegenüber den Viktimisierten bzw. ihren Angehörigen oder Nachkommen die Umkehr zu dokumentieren. Dabei muss auch ausgehalten werden, dass diesen die Vergebung (etwa für die in den Vernichtungslagern Ermordeten) nicht immer möglich ist und dass die Bitterkeit nicht überwunden werden kann. Vergebung lässt sich eben nicht erzwingen. Und schon gar nicht lässt

---

[59] Falconer / Liechty (1998) fassen die Ergebnisse eines längeren Studienprozesses zum „Healing of Memories“ an der Irish School of Ecumenics in Dublin zusammen.

[60] Vgl. Shriver (1998) ; Marshall (2001), 255ff. spricht deshalb zu Recht von „Forgiveness as the Consummation of Justice“.

sich Versöhnung machen. Sie ist ein Wunder, kaum geringer als das der Schöpfung und der Neuschöpfung, wie schon Hannah Arendt erkannte.[61]

Eine besondere Herausforderung stellen solche Prozesse dar, wenn es um gesellschaftliche Neuanfänge in tief zerrütteten Gesellschaften geht.[62] Beispiele dafür wären etwa Südafrika nach der Apartheid oder der Friedensprozess in Nordirland. An letzterem lässt sich das kurz illustrieren. Im sogenannten Nordirland-Konflikt sind so viele Menschen getötet oder verletzt worden, dass die Gewalt in praktisch jeder nordirischen Familie Spuren hinterlassen hat. Die Verletzungen an Leib und Seele reichen tief und der 1998 begonnene Friedensprozess hat bis heute die Traumata und Verbitterung nicht zum Verschwinden gebracht. Wie auch? Allerdings musste dieser Friedensprozess, um einen Weg in die Zukunft zu eröffnen, auch dafür sorgen, dass die Traumata und die Schuldfragen nicht die ganze Gesellschaft in eine lähmende Beschäftigung mit der Vergangenheit hineinziehen. Auch der Friedensprozess in Nordirland orientierte sich sich einerseits an den Opfern (Stichwort: „Heilung der Erinnerungen"), andererseits aber auch an dem Bedürfnis von Gesellschaften, neue Lebensverhältnisse zu ermöglichen.[63] Und das geht – zumindest jenseits von Eden und diesseits der himmlischen Polis – eben nicht ohne die Einbeziehung der Täter, selbst wenn das die Viktimisierten schmerzt.

So zeigt sich gerade an der Grenze dieser sozialen Prozesse, dass ein weiterer sozialer Prozess, nämlich das Krisen-Gespräch im Jüngsten Gericht, erst jene Heilung denkbar macht, die in dieser Welt noch aussteht. Erst mit der neuen Schöpfung werden alle Erinnerungen der Viktimisierten von Traumata und Bitterkeit geheilt.

---

61 Arendt (1994), 243.

62 Meier (2010) reflektiert dieses Problem im Blick auf die deutsche Geschichte und benennt (81) auch den „Konflikt zwischen der Forderung nach Gerechtigkeit (insofern des unabweisbaren Erinnerns) und der Notwendigkeit, Frieden zu haben und das Zusammenleben zu sichern (also dem Gebot zu vergessen)".

63 Vgl. dazu Meier (2010), von Sass (2013a) sowie Zehner (1998).

Das Gottesvolk Israel und die Kirche Jesu Christi im Jüngsten Gericht

Die biblischen Texte lassen nicht den geringsten Zweifel daran, dass die sehnsüchtige Erwartung des Jüngsten Gerichts eine Erwartung der Bundesgenossinnen und -genossen Gottes ist. „Das Gericht beginnt am Hause Gottes" (1. Petr 4,17).[64] Damit ist keine zeitliche Abfolge im Finale der Menschheitsgeschichte gemeint, sondern die Überzeugung, dass Gott die beiden Zeugnisgemeinschaften besonders am Herzen liegen. Und dabei geht es nicht nur um die einzelnen Gläubigen, sondern um das Bundes-Kollektiv.

Diese Sehnsucht nach dem Jüngsten Gericht hat sich aber in der klassischen Ekklesiologie nicht abgebildet. Kirchen nehmen sehr gerne die Bestimmung für sich in Anspruch, die „eine, heilige, allgemeine und apostolische Kirche" zu repräsentieren (als „Christus prolongatus") bzw. zu bezeugen (durch Wort und Sakrament), und in der „communio sanctorum" mit den Christinnen und Christen aller Zeiten und Orte verbunden zu sein. Die Erwartung des Jüngsten Gerichts aber wird kaum auf die Kirchen selbst bezogen. Sie gerieren sich hin und wieder so, als ob sie aufgrund ihrer mutmaßlichen „Heiligkeit" nicht unter dem Gericht stünden. Wenn ekklesiologisch selbstreflexiv von „Gericht" die Rede ist, dann eigentlich nur in dem Sinne, dass ein Machtverlust und Bedeutungsschwund der Kirchen bzw. die zunehmende Säkularisierung (samt Pluralisierung und Individualisierung) als Form eines innergeschichtlichen Strafgerichtes Gottes interpretiert wird. Dass die Kirchen selbst das Krisen-Gespräch mit dem kommenden Christus sowie die Scheidung vom Tod, dem Bösen und der Sünde erwarten, ist kein Thema der herkömmlichen Ekklesiologie.

Dabei bietet die reformatorische Denkform von der Kirche als „corpus permixtum" durchaus einen Anhaltspunkt. Die Kirchengeschichte bis in die Gegenwart verlangte gerade danach, das Jüngste Gericht in das Nachdenken über die Kirche einzubeziehen. Als Ferment der Neuschöpfung ginge es dabei um die Hoffnungsgehalte für die Kirche und ihr Zeugnis. Eine Kir-

---

[64] Vgl. dazu Marquardt (1996), 236ff. Er meint deshalb: „Jedenfalls sind *auch Gericht und Ende unter die notae ecclesiae* zu zählen" (251). Schon die Formulierung zeigt, dass hier der Aspekt der Neuschöpfung zu wenig akzentuiert ist.

che, die auf die Nichtung des Todes, des Bösen und der Sünde hofft, wird versuchen, die heilsame Scheidung von der Macht der Sarx auch in ihrer Gestalt und in ihrer Praxis zu bezeugen. Ihre Verkündigung wird sich daran orientieren, dass von der Hölle, vom „Inferno" mit der Auferweckung Christi nur mehr eine leere Hülle zurückgeblieben ist. Sie wird den (auch durch die Kirche!) Viktimisierten die Anerkennung ihres Leids nicht verweigern und den Trost nicht vorenthalten, dass Gottes Gerechtigkeit sich durchsetzen wird. Sie wird den Täterinnen und Tätern (auch in der Kirche) die Mahnung nicht vorenthalten, dass sie ohne Umkehr nicht in die himmlische Garten-Stadt finden.

Im Verhältnis zur Zeugnisgemeinschaft des rabbinischen Judentums, wird die Kirche „aus Blindheit und Schuld zur Umkehr gerufen" selbst nicht dabei stehen bleiben können, „die bleibende Erwählung der Juden" (Grundartikel der EKHN) nur zu bekennen. Sie schuldet dem Judentum nach wie vor „Sühne-Zeichen", die eine Umkehr beglaubigen. Zu lange hat die Vorstellung vom verworfenen Gottesvolk zu Ausgrenzung, Verfolgung und Vernichtung geführt, als dass die Zweifel von Jüdinnen und Juden sich auflösen könnten. Zu wenig verankert ist die Geschwisterlichkeit mit dem rabbinischen Judentum in den christlichen Kirchen, zu halbherzig die öffentliche Reue. Doch gerade die Schamesröte wäre ein Zeichen für jene Fermentierung, aus der die Kirche – mit einem „soma pneumatikon" bekleidet – als „Leib Christi" erscheint. Sie wird erst dann in die „communio sanctorum" verwandelt worden sein, wenn die Traumata und die Verbitterung, die der Antijudaismus und der Antisemitismus hinterlassen, geheilt sind.

Die Hoffnung auf das Jüngste Gericht als Therapeutikum

Zu Beginn des 21. Jahrhunderts ist die Kirche herausgefordert ihre Hoffnung auf das Jüngste Gericht als Ferment der Neuschöpfung ins Zentrum der Aufmerksamkeit zu rücken. Denn es ist „das therapeutische Ereignis schlechthin"[65]. Ein eschatologisches Büro wird es dabei nicht tun. Nicht einmal als Großraumbüro oder erweiterte Bürogemeinschaft. Die ganze

---

[65] Jüngel (1989), 58.

Kirche müsste in den Hoffnungsraum der Eschatologie umziehen – und der ist nicht durch Größe oder Pracht eines Gebäudeensembles definiert. Die Kirche müsste sich von der Lebens-Krise her verstehen, die Gottes Kommen auslöst und nicht von jener Krise, die sich aus ihren Zukunftsängsten ergibt und aus der Erschöpfung, die das zur Folge hat.

In einer Welt, in der die Menschen einander ständig (zugrunde) richten und das Leben zur Hölle machen, in einer Welt, die von Zukunftsängsten und selbst produzierten Krisen geplagt ist, da ist dieses Jüngste Gericht eine frei und froh machende Erwartung. Ob dieses Therapeutikum wirkt, ist dabei so offen, wie zu allen Zeiten.

Literatur

Arendt, Hannah, Vita activa oder Vom tätigen Leben, München 8. Aufl. 1994.

Arens, Edmund (2010) (Hg.), Zeit denken. Eschatologie im interdisziplinären Diskurs, Freiburg 2010.

Assmann, Jan / Janowski, Bernd / Welker, Michael (1998) (Hg.), Gerechtigkeit. Richten und Retten in der abendländischen Tradition und ihren altorientalischen Ursprüngen, München 1998.

Augst, Kristina (2012), Auf dem Weg zu einer traumagerechten Theologie. Religiöse Aspekte in der Traumatherapie – Elemente heilsamer religiöser Praxis, Stuttgart 2012.

Balthasar, Hans Urs von (1957), Eschatologie, in: Feiner,J., Trütsch,J., Böckle, F. (Hgg.), Fragen der Theologie heute. Einsiedeln 1957, 403–421.

Barth, Karl (1926), Der Römerbrief. München, 5. Aufl. 1926.

Barth, Karl (1948), Kirchliche Dogmatik, Bd. II,2, Zollikon-Zürich 1948.

Barth, Karl (1953), Kirchliche Dogmatik, Bd. IV,1, Zollikon-Zürich 1953.

Bedford-Strohm, Heinrich (2007) (Hg.), „... und das Leben der zukünftigen Welt“. Von Auferstehung und Jüngstem Gericht, Neukirchen-Vluyn 2007.

Beintker, Michael (2007), Das Leben der zukünftigen Welt, in: Bedford-Strohm (2007), 14–29.

Dalferth, Ingolf U. (1997), Gott und Zeit, in: ders., Gedeutete Gegenwart, Tübingen 1997, 232–267.

Dietrich, Walter / Link, Christian (2000), Die dunklen Seiten Gottes, Band 2: Allmacht und Ohnmacht, Neukirchen-Vluyn 2000, 315–359.

Etzelmüller, Gregor (2007), Die Bedeutung der Weltgerichtsrede Jesu (Mt 25,31–46) für eine realistische Rede vom Jüngsten Gericht, in: Bedford-Strohm (2007), 90–102.

Etzelmüller, Gregor (2001), „… zu richten die Lebendigen und die Toten". Die Rede vom Jüngsten Gericht in Anschluss an Karl Barth, Neukirchen-Vluyn 2001.

Falconer, Alan / Liechty, Joseph (1998) *(Ed.)*, Reconciling Memories, Dublin 1998.

Fechtner, Kristian (2015), Diskretes Christentum. Religion und Scham, Gütersloh 2015.

Feldmann, Klaus (2010), Tod und Gesellschaft. Sozialwissenschaftliche Thanatologie im Überblick, 2. überarb. Aufl., Wiesbaden 2010.

Fuchs, Ottmar (2009), Das Jüngste Gericht. Hoffnung auf Gerechtigkeit, Regensburg 2009.

Harasta, Eva (2012) (Hg.), Erbsünde. Neue Zugänge zu einem zwielichtigen Begriff, Neukirchen-Vluyn 2012.

Horn, Eva (2014), Zukunft als Katastrophe, Frankfurt am Main 2014.

Jackelén, Antje (2002), Zeit und Ewigkeit. Die Frage der Zeit in Kirche, Naturwissenschaft und Theologie, Neukirchen-Vluyn 2002.

Jüngel, Eberhard (1989), Gericht und Gnade (Vortrag auf den 23. Deutschen Evangelischen Kirchentag in Berlin vom 10.6.1989), in: epd-Dokumentation 29/1989, 35–62.

Kepplinger, Hans (2012), Die Mechanismen der Skandalisierung, München 2012.

Körtner, Ulrich H.J. (2014), Die letzten Dinge, Neukirchen-Vluyn 2014.

Krötke, Wolf (1983), Sünde und Nichtiges bei Karl Barth, 2. durchges. und erw. Aufl., Neukirchen-Vluyn 1983.

Link, Christian (1997), Gott und die Zeit. Theologische Zugänge zum Zeitproblem, in: Stock, Konrad (Hg.), Zeit und Schöpfung, Gütersloh 1997, 41–66.

Marquardt, Friedrich-Wilhelm (1996), Was dürfen wir hoffen, wenn wir hoffen dürften? Eine Eschatologie Band 3, Gütersloh 1996.

Marshall, Christopher D. (2001), Beyond Retribution. A New Testament Vision for Justice, Crime and Punishement, Grand Rapids /Mi. 2001.

Meier, Christian (2010), Das Gebot zu vergessen und die Unabweisbarkeit des Erinnerns. Vom öffentlichen Umgang mit schlimmer Vergangenheit, München 2010.

Moltmann, Jürgen (1995), Das Kommen Gottes. Christliche Eschatologie, Gütersloh 1995.

Moltmann, Jürgen (2007), Sonne der Gerechtigkeit. Das Evangelium vom Gericht und der Neuschöpfung aller Dinge, in: Bedford-Strohm (2007), 30–47.

Moser, Tilmann (1976), Gottesvergiftung. Frankfurt 1976.

Müller Fahrenholz, Geiko (1993), Erwecke die Welt. Unser Glaube an Gottes Geist in dieser bedrohten Zeit, Gütersloh 1993.

Poser Ruth (2012), Das Ezechielbuch als Traumaliteratur, Leiden/Boston 2012.
Rosa, Hartmut (2006), Beschleunigung. Die Veränderung der Zeitstruktur in der Moderne, Frankfurt a.M. 2006.
Sass, Hartmut von (2013a), Vergeben und Vergessen. Über eine vernachlässigte Dimension der Soteriologie, in: NZSTh 55 (2013), 314–343.
Sass, Hartmut von (2013b) (Hg.), Wahrhaft Neues. Zu einer Grundfigur des christlichen Glaubens, Leipzig 2013.
Sauter, Gerhard (1995), Einführung in die Eschatologie, Darmstadt 1995.
Sauter, Gerhard (2011), Das verborgene Leben. Eine theologische Anthropologie, Gütersloh 2011.
Schäfer, Peter (2010), Die Geburt des Judentums aus dem Geist des Christentums. Fünf Vorlesungen zur Entstehung des rabbinischen Judentums, Tübingen 2010.
Schüßler, Michael (2013), Mit Gott neu beginnen. Die Zeitdimension von Theologie und Kirche in ereignisbasierter Gesellschaft, Stuttgart 2013.
Shriver, Donald W. Jr (1998), An Ethic for Enemies. Forgiveness in Politics, Oxford 1998.
Thomas, Günter (2013), Emergenz oder Intervention? Konstellationen der schöpferischen Treue Gottes in Auseinandersetzung mit einem theologischen Naturalismus, in: von Sass (2013), 151–190.
Troeltsch, Ernst (1925), Glaubenslehre. Nach Heidelberger Vorlesungen aus den Jahren 1911 und 1912. Mit einem Vorwort von Maria Troeltsch, München / Leipzig 1925.
Volf, Miroslav (2006), The End of Memory. Remembering Rightly in a Violent World, Grand Rapids / Michigan 2006.
Welker, Michael (1998), God's Eternity, God's Temporality and Trinitarian Theology, in: Theology Today 55 (1998), 317–328.
Zehner, Joachim (1998), Das Forum der Vergebung in der Kirche. Studien zum Verhältnis von Sündenvergebung und Recht, Gütersloh 1998.

MIT GRENZEN LEBEN

Perspektiven für den Pfarrberuf

Im Wandel gute Wege finden

Pastoralkollegs in der EKHN

Klaus-Volker Schütz

Entschleunigung als kulturelle Errungenschaft

„Auf, mein Freund, der Braut entgegen, Königin Sabbat wollen wir empfangen ...", lauten die Anfangsworte eines Sabbathymnus, wie er seit Jahrhunderten zum synagogalen Gottesdienst gehört. Das Lied stammt aus der Feder von Schlomo Alkabez, einem Rabbiner und Kabbalisten, der in der ersten Hälfte des 16. Jahrhunderts in Safed im Norden Israels gelehrt hat.[1] Nachdem neun Strophen gesungen sind, wendet sich die Gemeinde zum Portal der Synagoge, um sich zur Begrüßung des Sabbat zu verbeugen. In der Mystik des kabbalistischen Judentums ist der Sabbat mit der Gegenwart Gottes selbst identifiziert. Er ist Wohnstatt des Ewigen in der Welt, innerer und äußerer Ort, an dem der Mensch in den Wirkkreis Gottes gezogen wird. Der Sabbat ist eine Institution, aber auch eine soziale Erfahrung. Eindrücklich beschreibt das Oliver Sacks, der kürzlich verstorbene Schriftsteller und Neurologe, in den Erinnerungen am Ende seines Lebens:

„Der Sabbat (...) unterschied sich grundlegend vom Rest der Woche. Eigentlich durfte man nicht arbeiten, nicht Auto fahren, nicht telefonieren und weder eine Kerze noch den Ofen anzünden. (...) Am Freitag legte meine Mutter um die Mittagszeit ihre ärztliche Identität und Kluft ab und widmete sich der Zubereitung von gefülltem Fisch und anderen Schabbes-Köstlichkeiten. Kurz vor Anbruch der Dunkelheit zündete sie den rituellen Kerzenleuchter an, schützte die Flammen mit den Händen und murmelte ein Gebet. Bevor wir uns zum ersten Sabbatmahl, der Abendmahlzeit, versammelten, zogen wir uns saubere, frische Schabbeskleidung

---

[1] Berger (2014).

an. Mein Vater hob den silbernen Weinkelch und sprach den Segen und den Kiddusch. Nach dem Mahl sang er mit uns gemeinsam das Tischgebet.“[2]

Der Sabbat ist eine kulturelle Errungenschaft, die im Christentum mal mehr, mal weniger gesehen und verstanden ist. Oft hat man ihn zur „Sonntagsruhe“ verkürzt, bei der dann das „Nichtstun“ im Vordergrund stand. Das Halten des Sabbat ist aber mehr als freie Zeit. Er ist Lebenskunst, die in ein anderes Daseinsfeld zieht. Menschen bekommen einen neuen Blick und kommen ins Lot.

Auch Pfarrerinnen und Pfarrer brauchen entsprechende Erfahrungen. Wer Menschen geistlich beistehen will, braucht selbst ein geistliches Leben und Impulse dafür. Längst hat die Beschleunigung des Lebens die Hauptamtlichen der Kirche im Griff. Man könnte aber auch genauso gut sagen: Auch Pfarrerinnen und Pfarrer hatten die Bereitschaft, sich von der Veränderung der Zeitstrukturen in der Moderne[3] einholen zu lassen, obwohl sie doch eigentlich in einer anderen Kultur zu Hause sind, die um die Schönheit des Ruhens weiß und um die Anfälligkeit eines Lebens, das bereit ist, darauf zu verzichten.

Arbeitsverdichtung als Last

Es gab einmal eine Zeit, da hatte die Langsamkeit einen guten Ruf. In den letzten Jahren hat sie ihn abgegeben an Schnelligkeit und Effizienz. Zeitnah, zielgerichtet und wirkungsvoll soll sein, was wir tun. Der Trend zur Beschleunigung hat alle erreicht. Das Tempo nimmt zu, weil wir die Technik dazu haben.[4] Jeder kann überall und zu jeder Zeit erreichbar sein. Das Auto ist schneller als das Fahrrad, die WhatsApp-Nachricht schneller als der Brief. Wir produzieren mehr Güter und Dienstleistungen in kürzerer Zeit. Das ändert Erwartungen: In unseren Kontakten haben wir uns an eine höhere Reaktionsfrequenz gewöhnt. Wir erledigen Dinge rasch – Multitasking am Schreibtisch und im Büro, „*power nap*“statt Mittagsschlaf oder wir lassen die Pausen gleich ganz weg. Der allgemeine Trend zur Effizienz

---

2 Sacks (2015), 44–45.

3 Vgl. Rosa, Hartmut (2004).

4 Vgl. Rosa, Hartmut (2009).

ist das eine, das andere sind besondere berufsspezifische Belastungen. War das Rollenbild der Pfarrerin und des Pfarrers im 20. Jahrhundert über weite Strecken noch konsistent und von einer gewissen Selbstverständlichkeit geprägt, so hat sich das inzwischen grundlegend gewandelt.

Zum einen kommt hierbei zum Tragen, dass es heute in gewisser Weise kein Alleinstellungsmerkmal mehr ist, Pfarrerin und Pfarrer zu sein. Nicht wenige Tätigkeiten, die den Dienst ausmachen, lassen sich heute verteilt bei verschiedenen Akteuren finden und werden von ihnen medial gut aufbereitet präsentiert. Wie man Hochzeiten gestaltet, erfährt man aus TV-Formaten wie „Wedding Planner". Für spirituelle Praxis wird heute selbst auf dem Land durch eine Vielzahl von Anbietern geworben – von Yogastudios und -zentren, buddhistischen Tagungshäusern, aber auch von Volkshochschulen und anderen mehr. Wer für sein Leben irgendeinen Ritus oder ein Ritual sucht, findet im Internet Anbieter jeglicher Art. Ob individuell entworfene Hochzeitszeremonien, Scheidungsriten oder Rituale zum Lebensbeginn, ob Initiation oder Heilung durch einen Schamanen – was immer auch gesucht wird, ist schnell gefunden. Stärker als früher sind Pfarrerinnen und Pfarrer heute Teil eines Marktes. Sie bedienen, könnte man sagen, das christliche Segment.

Zum anderen arbeiten Pfarrerinnen und Pfarrer heute in einer Welt, in der selbst kirchenaffine Menschen oft nur noch wenig mit christlichen Traditionen verbunden sind. Paare und Familien bringen heute alle möglichen Vorstellungen und Wünsche mit, wenn es darum geht, eine Taufe, eine Trauung oder eine Trauerfeier zu gestalten. Die Pfarrerin oder der Pfarrer sieht sich dann vor die Aufgabe gestellt, die Dinge am Ende so zu verbinden, dass ein Gottesdienst gefeiert werden kann, in dem Erwartungen und Wünsche aufgenommen sind, der aber auch anbietet, was die Tradition an Schätzen vorhält. Wo gemeinsame Deutungshorizonte nicht mehr tragen, kann die Gestaltung ganz normaler Kasualien zu einer Herausforderung werden, die an den Kräften zehrt.

Damit hat sich die Arbeitswelt von Pfarrerinnen und Pfarrern in den letzten Jahren gewaltig verändert. Zwischen Individualisierung und Säkularisierung arbeiten sie heute in Netzwerken, in denen sehr Unterschiedliches gefordert ist. Und vieles hängt an der Person, mehr als in manch anderem Beruf. Die neueste Kirchenmitgliedschaftsuntersuchung bestätigt, dass die Person der Pfarrerin und des Pfarrers nach wie vor zentral sind für die Sichtbarkeit der Institution[5]:

„Die Ergebnisse der V. KMU zeigen eindrücklich die Relevanz von öffentlich präsenten Pfarrerinnen und Pfarrern in ihrer Rolle als Repräsentanten und Identifikationsfiguren der evangelischen Kirche. Die Schlüsselrolle beschränkt sich selbstverständlich nicht auf parochial strukturierte Gemeinden, denn auch in anderen Kontexten sind Pfarrerinnen und Pfarrer Schlüsselpersonen."[6]

Damit ist zum wiederholten Mal ein Trend formuliert, wie er sich seit Jahren in den Mitgliedschaftsuntersuchungen der EKD abzeichnet.

Die Relevanz des Pfarrberufs bei der Vermittlung religiöser Inhalte und der Gestaltung kirchlicher Praxis ist ungebrochen zentral. Pfarrerinnen und Pfarrer sind wesentlicher Teil dessen, was man öffentlich von, an, mit und in der Kirche erlebt. Sie sind Identifikationsfiguren, wie schon die erste Mitgliedschaftsbefragung von 1972 festgestellt hat. Damit wird auch der Druck deutlich, unter dem Pfarrerinnen und Pfarrer stehen. Ulrike Wagner-Rau hat das unter dem Stichwort „Hoher Druck – wenig Struktur" zusammengefasst[7]:

1. Pfarrerinnen und Pfarrer erfahren beständig wie wichtig die Qualität des Kontaktes zu ihnen für das Verhältnis der Mitglieder zu ihrer Kirche ist.
2. Pfarrerinnen und Pfarrer haben in ihrem Dienst immer wieder Grenzsituationen mit Menschen auszuhalten.
3. Pfarrerinnen und Pfarrer stehen auch im Hinblick auf ihre privaten Lebensverhältnisse mehr oder unter dem unter dem Druck öffentlicher Rechtfertigung.[8]

Hinzu kommt die allgemeine Arbeitsverdichtung, Fusionen von Kirchengemeinden und Dekanaten, Umstellungen im Rechnungswesen, in der Verwaltung und anderes mehr. Und natürlich: Pfarrerinnen und Pfarrer arbeiten zurzeit in einer Institution, die Mitglieder verliert. Hoch engagierte Kolleginnen und Kollegen neigen dann dazu, wahrnehmbare Defizite im kirchli-

[5] Vgl. Bedford-Strohm / Jung (2015)
[6] a.a.O., 154.
[7] Vgl. Wagner-Rau (2009), 22 ff.
[8] a.a.O.

chen Leben durch persönliche Mehrarbeit auszugleichen. So hat der Pfarrberuf mit erheblichen Belastungen zu kämpfen, weil er für eine Institution steht, die im Übergang ist und die einen sicheren Weg in die Zukunft noch nicht gefunden hat. Damit sind chronische berufsbedingte Überlastungszustände vorprogrammiert, auch weil Pfarrerinnen und Pfarrer sich sehr mit ihrer Berufstätigkeit identifizieren.

Pastoralkollegs als organisierte Unterbrechung

Seit langem ist die Evangelische Kirche in Hessen und Nassau bestrebt, dem entgegenzuwirken und hat die entsprechenden Programme ausgebaut. Damit leistet sie, was die letzte Kirchenmitgliedschaftsuntersuchung fordert:

> „Aus der Kenntnis, dass die öffentliche Gesamtwahrnehmung der Kirche stark mit der öffentlichen Wahrnehmbarkeit von Pfarrerinnen und Pfarrern zusammenhängt, ergibt sich für die kirchenleitende Perspektive zum einen die Aufgabe, Pfarrerinnen und Pfarrer in der Wahrnehmung eben dieser öffentlichen Rolle zu stärken und entsprechende Ressourcen für Ausbildungs- und Unterstützungsmaßnahmen vorzusehen.“[9]

Dem dienen auch die Pastoralkollegs, die es in der EKHN seit Jahrzehnten gibt und die von den Pröpstinnen und Pröpsten angeboten werden. Im Raum der EKD ist das ein Alleinstellungsmerkmal, denn in anderen Landeskirchen sind die Pastoralkollegs eigene Fortbildungseinrichtungen (Loccum, Drübeck, Neuendettelsau etc.) oder Abteilungen landeskirchlicher Institute für Fort- und Weiterbildung (so z. B. in der Rheinischen Kirche). Für die Leitung sind Rektorinnen und Rektoren oder Pastoralkollegsleiterinnen und -leiter verantwortlich. Diese sind keine Mitglieder der jeweiligen Kirchenleitung und daher nicht mit episkopalen Aufgaben betraut.

Die Arbeit in den Pastoralkollegs der EKHN hat hier einen anderen Ansatz; bewusst wurde der Schwerpunkt von Anfang an auf die „Gemeinschaft der Ordinierten“ gesetzt, zu der auch die Pröpstinnen und Pröpste gehören. Dies ist von den Angeboten unterschieden, wie man sie im

9 Bedford-Strohm / Jung (2015), 454.

Programm der „WissensWerte“, des landeskirchlichen Fortbildungsprogramms findet. Die Pastoralkollegs *können* Fortbildungsaspekte enthalten, *müssen* es aber nicht. Ursprung und Wurzel sind die Pfarrerrüstzeiten des Leitenden Geistlichen Amtes (LGA), dessen Auftrag von Anfang an vierfach bestimmt war. Die Pröpste der EKHN sind zum einen verantwortliche Visitatoren und Ordinatoren, zum anderen Seelsorger der Pfarrerinnen und Pfarrer, dann aber auch diejenigen, die die Strategieprozesse der Landeskirche prägen und in einem größeren „think tank“ steuern.

Im Hinblick auf das erste LGA beschreibt das der verstorbene ehemalige Propst Friedrich Weber in einem Vortrag so: Die Pröpste *„verarbeiteten und vermittelten theologische, kirchliche und gesellschaftliche Informationen von regionaler und gesamtkirchlicher Bedeutung und gaben Stellungnahmen zu besonderen Situationen des kirchlichen Lebens ab“*[10] Damit konnte das Leitende Geistliche Amt den Zusammenhalt von Kirche und Gemeinde stärken. Dem sollten auch die Pfarrerrüstzeiten und Pastoralkollegs dienen. Pröpstinnen und Pröpste müssen sie ein- bis zweimal im Jahr anbieten. Pfarrerinnen und Pfarrer sie alle zehn Jahre belegen. Die Teilnahme ist Dienstpflicht.[11]

---

[10] Weber (2012).

[11] Das aktuelle Kirchengesetz sagt es so: „Pfarrerinnen und Pfarrer der EKHN im gemeindlichen und übergemeindlichen Dienst werden in der Regel alle zehn Jahre von der zuständigen Pröpstin / dem zuständigen Propst zum Pastoralkolleg eingeladen. Pfarrerinnen und Pfarrer aus allen Generationen, Regionen, Arbeitsfeldern und theologischen Schulen arbeiten gemeinsam unter vorgegebenen theologischen Fragestellungen. Pfarrerinnen und Pfarrer, die aus einer anderen Kirche zur EKHN wechseln, werden baldmöglichst nach Dienstantritt eingeladen. (…) Pröpstinnen und Pröpste und Pfarrerinnen und Pfarrer in anderen Ämtern arbeiten gemeinsam an der Gestalt der Kirche und ihrem Berufsbild. Das Pastoralkolleg dient dazu, dass sich Pfarrerinnen und Pfarrer ihres Auftrags und ihrer theologischen Existenz vergewissern. Pfarrerinnen und Pfarrer gestalten das geistliche Leben in ihrer Gemeinschaft und erhalten Anregungen für ihr eigenes geistliches Leben.“ (Verwaltungsverordnung über die Durchführung von Pastoralkollegs, 57).

Pfarrer-Freizeit 1945
Das erste Pastoralkolleg der EKHN

Wann die erste Pfarrerrüstzeit in der EKHN stattgefunden hat, ließ sich mit Hilfe von historischen Akten in der Kirchenverwaltung erschließen.[12] Danach beginnt die Geschichte der Rüstzeiten und Kollegs in der hessen-nassauischen Kirche mit einer Einladung der vorläufigen Kirchenregierung mit Datum vom 14. September 1945. Damals wurden Pfarrer, die gerade aus dem Zweiten Weltkrieg heimgekehrt waren, zu einer „Pfarrer-Freizeit" eingeladen. Sie fand vom 27. September bis zum 5. Oktober 1945 auf der Orbishöhe bei Zwingenberg statt, einem Erholungsheim, das heute zur Nieder-Ramstädter Diakonie gehört.

Die kirchlich-diakonische Arbeit auf der Orbishöhe hatte 1926 begonnen, als der Verband der evangelischen weiblichen Jugend in Hessen ein Haus und das Gelände einer Gärtnerrinnen-Lehranstalt erwarb. Der Verband baute die Villa zum Erholungsheim um und nutzte sie gleichzeitig als Verbandszentrale für den hessischen Bereich.[13] Hierhin lud man im Herbst 1945 zu einer Rüstzeit ein, die man als das erste Pastoralkolleg der EKHN bezeichnen kann. Die Einladung dazu sah folgendermaßen aus:

Evangel. Landeskirche in Hessen
Die vorl. Kirchenregierung.

Darmstadt, den 14. September 1945.
Liebfrauenstraße 6.
Nr. 4704.
Betr.: Pfarrer-Freizeit.

Die vorl. Kirchenregierung in Hessen hat beschlossen, einige Freizeiten für Geistliche zu veranstalten, zu denen vor allem die eingeladen werden, die vom Wehrdienst heimgekehrt sind. Wir glauben, gerade diesen Amtsbrüdern einen Dienst zu tun, wenn wir Ihnen in brüderlichem Austausch zur theologischen Besinnung und zur Besprechung von Fragen des Amtes, der Predigt und des Unterrichts u.a. Gelegenheit bieten.

---

12 Für die Recherche danke ich Herrn Hartmuth Scheible, Referat Personalförderung und Hochschulwesen der EKHN.

13 Siehe Homepage der Nieder-Ramstädter Diakonie (http://www.die-orbishoehe.de/ueber-uns/geschichte/).

Wir laden Sie daher zu einer ersten Freizeit auf der „Orbishöhe" bei Zwingenberg a.d.B. ein.

Sie soll am 28. September beginnen und 10 Tage dauern. (Anreisetag ist der 27. September abends). Die Kosten übernimmt die Landeskirche. Es sind mitzubringen: Bettzeug, Handtuch, Lebensmittelkarten, Kartoffeln. Sehr erwünscht wäre es, wenn in Naturalien auch etwas Fett oder Butter und Marmelade mitgebracht werden könnte.

Wir hoffen, dass sie Ihre Dienst Vertretung so regeln können, dass die Teilnahme an dieser Freizeit ermöglicht wird. Ihr zuständiger Dekan ist von Ihrer Abwesenheit zu verständigen. Ihre Anmeldung ist umgehend zu richten an die Evangel. Landeskirche in Hessen, Landeskirchenrat, Darmstadt, Liebfrauenstr. 6. der genaue Tagesplan wird an Ort und Stelle bekannt gegeben, ebenso die Namen derer, die bei diesem Kursus dienen werden.

Die Tagesordnung der Freizeit, die uns ebenfalls erhalten ist, spiegelt einen Parforceritt durch viele Felder des pfarramtlichen Dienstes:

Donnerstag:	*Nachmittag Anreise, 8 Uhr Begrüßung, Aussprache: die geistliche Lage der Gegenwart,*
Freitag:	*8.15 Uhr Professor Stroh: Fragen der Homiletik 10 Uhr OKR. Dr. Müller Der Weg der Hess. Kirche Vergangenheit und Gegenwart 15 Uhr Pfr. Heinzerling: Vortrag aus dem Gebiet der Systemat. Theologie.*
Samstag:	*8.15 Uhr Professor Stroh, wie oben, 10 Uhr Pfr. Heinzerling, wie oben, 15 Uhr Pfr. Lic. zur Nieden: Ev. Männerarbeit.*
Sonntag:	*Vormittags Teilnahme am Gottesdienst der Gemeinde, nachmittags Teilnahme am Gemeindetag in Darmstadt*
Montag:	*10 Uhr Pfr. Lic. zur Nieden: Seelsorge 15 Uhr Pfr. Dr. Berger: Neue Wege des Evang. Bundes*
Dienstag:	*10 Uhr Vortrag Pfr. Lic. Wißmann: Kat. Fragen im Rel.Unterricht 15 Uhr Vortrag Pfr. Lic. Wißmann: Kat. Fragen im Katechismusunterricht*

Mittwoch:	*10 Uhr Pfr. D. Brunner: Thema wird noch genannt* *15 Uhr Pfr. Goethe: Verständigungsarbeit zwischen den Kirchen.*
Donnerstag:	*10 Uhr Pfr. Engel: die Gegenwart Christi in seiner Kirche,* *15 Uhr Pfr. Weinberger: Verkündigung heute.*
Freitag:	*10 Uhr Pfr. Lic. Ruhland: Fragen des Kindergottesdienstes* *15 Uhr Pfr. Röhricht: Innere Mission heute.* *17 Uhr OKR Dr. Müller: Schlusswort.*

Morgens 8 Uhr Andacht, kurze Abendandacht wird von den Kursteilnehmern gehalten. Der Kursteilnehmer hat eine in der letzten Zeit gehaltene Predigt mitzubringen, die nach dem Abendessen homiletisch besprochen werden.[14]

Was wir hier als Programm vor uns haben, ist eine Kurzeinweisung in die wesentlichen Felder des Pfarrdienstes nach dem Krieg. Nach der Kapitulation im Mai 1945 mangelte es an allem. Die Hälfte der Wohnflächen im Land war zerbombt, Verkehrswege waren kaum benutzbar und die Kriegsvorräte aufgebraucht. Hinzu kamen Millionen von Flüchtlingen und Kriegsheimkehrern. Auch die evangelische Kirche musste sich neu organisieren und die Pfarrer in ihr. Diesem Zweck diente diese „Pfarrer-Freizeit" und die, die ihr folgen sollten. Sie waren ein wichtiger berufsbezogener Teil der Neustrukturierung in der EKHN. Mit der synodalen Verabschiedung der Kirchenordnung am 17. März 1949 und der Einrichtung des Leitenden Geistlichen Amtes ging die Aufgabe der „Zurüstung der Pfarrer", wie man damals sagte, an das Propstkollegium über und war von nun an Kernaufgabe einer gemeinsam ausgeübten Episkope. Damit sollten die Pröpste der EKHN zur Stärkung einer hessen-nassauischen Identität der Pfarrerschaft beitragen, wie sie von der Bekennenden Kirche geprägt war.[15]

Die Reaktion auf die „Pfarrer-Freizeit" im Herbst 1945 war überragend. So erhielt die vorläufige Kirchenregierung direkt nach der Veranstaltung von den Teilnehmern folgenden Brief:

„Am Ende der Freizeit danken wir, die unterzeichneten Teilnehmer, für die Möglichkeit, die uns hier geboten war, uns aus dem Soldatenleben in die Fragen und

---

14 Material der Kirchenverwaltung, Referat Personalförderung und Hochschulwesen der EKHN.

15 Dienst (2009), 46.

Aufgaben unseres heiligen Amtes wieder hinein zu finden. Unser Dank gilt besonders den Brüdern, die uns durch ihre Vorträge derart gedient haben, dass Christus, der Mittelpunkt unserer Verkündigung, allen anwesenden Brüdern auch für diese Freizeit die Ausrichtung gegeben hat. Mit großer Freude haben wir erlebt, wie uns die gemeinsame Arbeit aus verschiedenen Lagern zusammengeführt hat zur inneren Bruderschaft. Wir sehen in solchen Freizeiten einen Weg, auf dem auch andere Amtsbrüder zur inneren Einheit der Kirche geführt werden können, daher regen wir an, die Freizeiten zur festen Einrichtung nicht nur für Heimkehrer, sondern auch für den gesamten Pfarrerstand zu machen.“[16]

Dieser Wunsch ist erfüllt worden und hat die Pastoralkollegs der EKHN als Institution hervorgebracht. In den Jahren nach 1945 wurden die „Freizeiten“ länger. Sie fanden bis zu vier Wochen statt und erhielten eine neue Heimat im Predigerseminar in der Kaiserstraße in Friedberg. Wie karg die Bedingungen damals waren, kann man einem Schreiben des Friedberger Seminars vom 24. November 1947 entnehmen:

„Unterkunft und Verpflegung sind kostenlos. Mitzubringen sind die Lebensmittelkarten, Kartoffeln in Natura, Bettwäsche und Handtuch, sowie Brotaufstrich. Die Schlafräume können nicht geheizt werden; darum empfiehlt sich wohl das mitbringen einer Bettdecke (3–4 Decken stehen jedem zur Verfügung). An Büchern sind das griechische N. T. und die Symbolischen Bücher erwünscht.“[17]

Auch die Friedberger Kurse hatten wieder große Resonanz. Begeisterte Teilnehmer schrieben – nun an Kirchenpräsident Niemöller persönlich –, um für Weiterführung zu bitten. Sie verbanden es mit dem Wunsch, künftig auch Emeriti dazu einzuladen. Ab 1950/51 kam es dann auf EKD-Ebene zu ersten Konferenzen und Arbeitstagungen, in denen man landeskirchenübergreifend über die Pfarrerrüstzeiten sprach. In diesem Zusammenhang taucht dann auch nach und nach häufiger der Begriff „Pastoralkolleg“ auf.

---

16 Material der Kirchenverwaltung, Referat Personalförderung und Hochschulwesen der EKHN.

17 Material der Kirchenverwaltung, Referat Personalförderung und Hochschulwesen der EKHN.

Volkskirche auf dem Weg in die Zukunft
Vergewisserung, Erfahrungslernen, kollegiale Gemeinschaft

In der Folge sind drei Punkte für die Pastoralkollegs in der EKHN wesentlich geblieben: Sie werden von den Pröpstinnen und Pröpsten geleitet; sie mischen Pfarrerinnen und Pfarrer aus verschiedenen Propsteibereichen, man lädt in regelmäßigem Turnus dazu ein.

Ab 1955 fanden die Kollegs dann in der Regel im Rüstzeitenheim in Arnoldshain im Taunus statt, das neben anderen Aufgaben ausdrücklich dafür vorgesehen war. Der Ort wurde prägend auch aufgrund seiner bewegten Geschichte. In Kombination mit der Evangelischen Akademie war das Haus rasch zu einem Kristallisationspunkt progressiven Denkens in Kirche, Gesellschaft und Theologie in der jungen Bundesrepublik geworden. Nach und nach wurde Arnoldshain zum Synonym für die „denkende Durchdringung aller Wissens- und Tätigkeitsgebiete des Menschen vom christlichen Glauben her", wie dies Edmund Schlink in seiner Festrede bei der Eröffnung des Hauses am 30. Oktober 1954 formuliert hatte. In Arnoldshain wurden die Grundzüge der Ostdenkschrift der EKD erarbeitet, die Aussöhnungsarbeit mit Polen vorbereitet, Gespräche zwischen Vertretern der Evangelischen Kirche in Deutschland und der Russischen Orthodoxie geführt und Konsultationen zum christlich-jüdischen Dialog veranstaltet. Vor allem aber steht der Taunusort für die Arnoldshainer Abendmahlsthesen von 1957[18], mit denen die Unterschiede im Abendmahlsverständnis der evangelischen Konfessionen in Deutschland überwunden wurden und die sakramentale Gemeinschaft in der EKD möglich geworden ist. Man kann sich gut vorstellen, wie inspirierend dieses Umfeld auch für die Pfarrerrüstzeiten der EKHN gewesen ist. Aus den Rüstzeiten der fünfziger und sechziger Jahre sind schließlich die Pastoralkollegs im heutigen Sinn hervorgegangen. Dies war nicht nur ein Namenswechsel, sondern auch mit einer Revision des Programms verbunden. Während die früheren Rüstzeiten – von theologischer Diskussion, Bibelarbeit und Predigtbesprechung abgesehen – in der Regel frontal gestaltet waren, hielten in den siebziger Jahren neue Methoden Einzug. Man verabschiedete sich vom Vortragsstil und öffnete sich für die Ansätze einer interaktionsbezogenen Pädagogik. Pröpste

---

18 Vgl. Gespräch über das Abendmahl (1958).

wie Heinrich-Nikolaus Caspary (Propst für Süd-Starkenburg von 1983 bis 1998) brachten dazu solide Kenntnisse mit und woben sie in die Gestaltung ihrer Pastoralkollegs ein. Auch die zunehmende Teilnahme von Pfarrerinnen veränderte die Kollegs.

Bei der Durchsicht von Akten der neunziger Jahre fiel uns ein Vermerk von Oberkirchenrat Hans-Helmut Köke, dem damaligen stellvertretenden Kirchenpräsidenten, in die Hände, der einen Wunsch des LGA in Erinnerung bringt: man möge die Pastoralkollegs doch bitte künftig so konzipieren, dass auch alleinerziehende Pfarrerinnen und Pfarrer daran teilnehmen können, indem man für Kinderbetreuung sorgt.[19] In der Folge wurden die Pastoralkollegs ständig weiterentwickelt und den Bedürfnissen eines sich verändernden Dienstes und einer sich wandelnden Pfarrerinnen- und Pfarrerschaft angepasst.

In diesem Zusammenhang muss man auch die Familienpastoralkollegs erwähnen, die Ende der siebziger Jahre eingerichtet worden sind. Familienpastoralkolleg heißt: die ganze Pfarrfamilie ist eingeladen, trifft andere Pfarrfamilien und tauscht sich mit ihnen aus. Die Idee geht auf Propst Helmut Grün zurück, der von 1975 bis 1991 Propst für Oberhessen war. Propst Grün wollte mit den Familienpastoralkollegs auf die Zunahme der Scheidungen in Pfarrhäusern reagieren. „Da muss man doch etwas machen!" – so ein von ihm überlieferter Satz. Tatsächlich stieg die Scheidungsrate von Pfarrerinnen und Pfarrern seit Mitte der siebziger Jahre sichtbar an und nahm in einem Maße zu, dass die EKD 1981 in einem siebenseitigen Papier die Eheprobleme in Pfarrhäusern offen thematisierte.[20] Die Ehe einer Pfarrerin oder eines Pfarrers galt damals nicht als Privatsache, sondern als Teil von Amt und Dienst. In der Folge sah man in der „schuldhaften Eheverfehlung" einer Pfarrerin oder eines Pfarrers, wie man damals sagte, eine Amtspflichtverletzung und damit ein Dienstvergehen. Die Familienpasto-

---

19 Auch diesen Hinweis verdanke ich Herrn Hartmuth Scheible, Referat Personalförderung und Hochschulwesen der EKHN. Der Vermerk lautet: *„Im LGA wurde am 18.07.96 daran erinnert, dass inzwischen einige (allein)erziehende PfarrerInnen (vielleicht auch Pfarrer) bekannt sind, welche wegen der notwendigen Betreuung kleiner Kinder an keiner PfarrerInnen-Rüstzeit teilnehmen. Das LGA bat schon vor einem Jahr letztmals, eine Rüstzeit mit Kinderbetreuung vorzubereiten und auszuschreiben."*

20 Vgl. EKD (1981).

ralkollegs der EKHN fanden in der Evangelischen Landjugendakademie in Altenkirchen im Westerwald statt und enthielten auch Programmpunkte, die die Landjugendakademie selbst beitrug. Sie sollten zur Rollensicherheit in Pfarrfamilien beitragen, Erwartungen und Veränderungen thematisieren und das Spannungsfeld zwischen öffentlicher Wahrnehmung und Privatleben ausloten. Zum einen wurden Themen wie „Unser Pfarrhaus – unsere Wohnung – unser Lebensort" besprochen, zum anderen ging es um das geistliche Leben. Manche Dinge wurden mit den Kindern, andere ohne sie unternommen. Für die Kinder gab es ein attraktives Rahmenprogramm, für die Ehepaare gemeinsame Angebote am Abend (z. B. meditatives Tanzen). Daneben waren die Tage durch Gottesdienste, Kindergottesdienste und Andachten strukturiert. Ich selbst habe das Familienpastoralkolleg im Jahr 2005 übernommen, neu entworfen, den aktuellen Bedingungen und Bedarfen angepasst und inzwischen fünfmal durchgeführt. Im Grunde haben sich die Pastoralkollegs der EKHN parallel zur den großen Themen in Kirche und Gesellschaft entwickelt. Aktuelle Dinge wurden aufgegriffen und vertieft; mitunter wurden aber auch neue, vorwärtsweisende Inhalte und Fragen in den Blick genommen.

Schwerpunktmäßig kann man im Hinblick auf die Entwicklung der Pastoralkollegs in der EKHN vier Phasen unterscheiden:

a) Sammlung, Konsolidierung und Aufbruch nach dem Krieg (1945 ff.)
b) Differenzierung und Positionierung
in einer Gesellschaft zwischen Wohlstand und Protest (1965 ff.)
c) Volkskirche im Kontext der Individualisierung
von Lebensstilen und Glaubensformen (1985 ff.)
d) Spiritualität und geistliches Leben
in Zeiten der Globalisierung und religiösen Vielfalt (2000 ff.).

Die Ausrichtung der Kollegs wurde dabei von den Pröpstinnen und Pröpsten immer mit wenig Aufwand und kurzen Absprachen entwickelt. Eine Ausnahme bilden die Angebote des Jahres 1993, als man beschloss, die Ergebnisse der Arbeit der „Perspektivkommission" der EKHN in den Pastoralkollegs gezielt zum Thema zu machen.[21] Um deren Ergebnisse unter die Pfarrerinnen- und Pfarrerschaft zu bringen, schuf man ein Angebot von

[21] Siehe: Evangelische Kirche in Hessen und Nassau (1992).

Themen, das sorgfältig abgestimmt und koordiniert wurde. Man dachte, dass sich gerade die Pastoralkollegs für eine intensive Diskussion der Ergebnisse in der Pfarrerschaft eignen, da dort ausreichend Zeit zur Verfügung steht und eine große Zahl von Pfarrerinnen und Pfarrern erreicht werden kann. Am Ende sollten die Pastoralkollegs des Jahres 1993 dann ausgewertet werden. Es gab im Hinblick auf diese Vorgehensweise aber auch skeptische Stimmen, die zu Bedenken gaben, dass die Thematik für Teilnehmende nicht sehr attraktiv sei. Schließlich entschied man sich doch für diesen Weg. Man flankierte hier also eine kirchenpolitische Debatte und hoffte, dadurch einen repräsentativen Durchschnitt (etwa 10 %) der Pfarrerschaft mit dem Thema „Volkskirche im Wandel" zu befassen. Die Ausschreibung sah folgendermaßen aus:

„Wir laden Sie ein, 1993 an einem der Pastoralkollegs der EKHN teilzunehmen. Mit Ausnahme des ‚Israelkollegs' werden sich alle Pastoralkollegs in diesem Jahr mit den Ergebnissen der ‚Perspektivkommission' der EKHN beschäftigen, wie sie in dem Bericht ‚Person und Institution – Volkskirche auf dem Weg in die Zukunft', der Ihnen demnächst zugehen wird, vorgelegt wurden."

Es wurden zwei große Themenbereiche ausgewählt, die eine Zugangsmöglichkeit zu der Thematik versprechen:

Parochie auf dem Weg in die Zukunft
Hier wird es darum gehen, Chancen zukünftiger Kirche unter den Bedingungen der jeweiligen Lebenswelt (Großstadt – Land – Ballungsraum) zu entwickeln. Eingeladen sind immer selbstverständlich auch die Pfarrerinnen und Pfarrer, die nicht in dem jeweiligen Bereich leben und arbeiten – gerade der Dialog macht die Diskussion spannend.

Kooperation in der Kirche der Zukunft
Hier wird es darum gehen, anhand jeweils ausgewählter Praxisfelder, Kooperation (Gemeinde/funktionale Dienste, Ordinierte/nicht ordiniert, Hauptamtliche /Ehrenamtliche) zu prüfen und zu entwickeln. Kirche der Zukunft wird keine Pfarrkirche und keine Hauptamtlichenkirche sein."[22]

Am Ende wurde dann zu folgenden Pastoralkollegs eingeladen, wie sie unmittelbar in Verbindung zu „Person und Institution" standen:

---

[22] Das Leitende Geistliche Amt Darmstadt der EKHN Einladung zu den Pastoralkollegs des Jahres 1993, September 1992.

„Dienstgemeinschaft in der Kirche – mehr als ein schöner Traum?! – Überlegungen zu einer verbesserten Zusammenarbeit von Haupt -und Ehrenamtlichen in der Kirche", Propst Caspary, Juli 1993, Elsenburg.

„Parochie auf dem Weg in die Zukunft – ihre Grenzen und Chancen im städtischen Bereich. Stadtpfarrer/innen im Gespräch mit Landpfarrer/innen", Pröpstin Trösken, April 1993, Arnoldshain.

„Teilhabe und Distanz – verschiedene Formen von Zugehörigkeit und Mitgliedschaft in der Kirche" Pröpstin Neveling-Wagner, November 1993, Arnoldshain.

„Die Kooperation von ordinierten und nichtordinierten Mitarbeitern und Mitarbeiterinnen in der Kirche der Zukunft", Propst Petersen, September 1993, Arnoldshain.

„Sprechversuche – Gehversuche – Neues Leben. Wie können/sollen/müssen wir in der Kirche miteinander umgehen? – Parochie, funktionale Dienste und die Nichtverwirklichte Dienstgemeinschaft", Propst Weber, Juli 1993, Arnoldshain.[23]

Inwieweit diese Pastoralkollegs dann tatsächlich ausgewertet worden sind und die Ergebnisse in weitere strategische Planungen eingingen, wird man in den entsprechenden Protokollen des Leitenden Geistlichen Amtes nachlesen können.

Pastoralkollegs im 21. Jahrhundert: Auslandserfahrungen, Theologie, Retraitenarbeit

Die Pastoralkollegs der letzten Jahre bieten eine Mischung unterschiedlicher Themen und Angebote, die der theologischen Arbeit und der Vergewisserung des pastoralen Auftrags dienen, der Auseinandersetzung mit gesellschaftlichen Trends, aber auch Themen der weltweiten Ökumene. Gottesdiente und Andachten sind unverzichtbarer Teil, in denen geistliche Gemeinschaft erlebt werden kann und in der communio der Ordinierten das „Einzelkämpferdasein" wenigstens für einige Tage unterbrochen ist. Zu den Pastoralkollegs der EKHN gehört es auch, dass die Pröpstin oder der Propst genügend Zeit zur Verfügung hat, um Einzelgespräche zu führen, in denen persönliche und/oder berufsbezogene Fragen besprochen werden können.

[23] Das Leitende Geistliche Amt Darmstadt der EKHN, Einladung zu den Pastoralkollegs des Jahres 1993, September 1992.

Lange Zeit war das „Israelkolleg" das einzige Auslandspastoralkolleg, das regelmäßig angeboten wurde. Als Studienreise für Pfarrerinnen und Pfarrer war es mal stärker mit politischen Fragen des Nahen Ostens befasst, mal mehr an Fragen des christlich-jüdischen Dialogs orientiert oder mit intensiven Landschaftserfahrungen in Galiläa und im Negev verbunden.[24]

In den letzten Jahren haben die Pastoralkollegs der EKHN dann noch einmal neue Länder in den Blick genommen – Indien, Schottland, Siebenbürgen, Österreich, Indonesien, Südafrika, Ägypten, Libanon, Jordanien, Türkei und Tansania. Zum einen finden sich hier Pilgerreisen (wie sie immer schnell ausgebucht sind), zum anderen, was man „Erkundungen vor Ort" nennen kann oder auch Pastoralkollegs, die in direkter Verbindung mit Partnerkirchen der EKHN stehen.

Erste Pastoralkollegs, die mit Erfahrungen des Pilgerns verbunden waren, hat Propst Michael Karg (Propst für Nord-Nassau von 2000 bis 2011) unter dem Stichwort „Beten mit den Füßen" angeboten. Karg beging den Schwabenweg, also denjenigen Teil des Jakobswegs, der seit dem Mittelalter von Konstanz am Bodensee bis nach Flüeli/Ranft in der Schweiz führt. Die evangelische Sonntagszeitung zitiert Karg damals mit den Worten:

„Auf Pilgerwegen gibt es persönliche Grenzerfahrungen. Der eigene, in der Regel wenig trainierte Körper kommt an Grenzen, wenn die Anstiege steil und schier endlos sind, die Wege lang werden und der Regen oder der Wind unerbittlich sind. (...) Aufbrechen verlangt Loslassen und Herausgehen aus gewohnten Lebenszusammenhängen und Lebensstilen. Wer das zulässt, öffnet sich für den Glauben neu. Das ist faszinierend."[25]

Andere Pröpste haben Kargs Impuls später aufgegriffen und mit anderen Routen, Zielen und Inhalten kombiniert.[26]

---

24 Oft sind die Ausschreibungen der Israelkollegs sehr differenziert gewesen. So etwa im Jahr 1993: *„Talmudisches Judentum und die frühe Kirche, Miteinander, nebeneinander, gegeneinander- archäologische und literarische Zeugnisse aus den ersten Jahrhunderten unserer Zeitrechnung"*, Pastoralkolleg, Propst Ermel, Mai 1993, Israel.

25 „Beten mit den Füßen", Artikel der evangelischen Sonntagszeitung vom 5. August 2007

26 „Kirche in der Diaspora. Mit dem Fahrrad die evangelische Kirche in Österreich kennen lernen", Pastoralkolleg, Propst Dr. Rink, August 2010. „Du stellst meine Füße auf weiten Raum. Religiöse und politische Spurensuche im Baskenland", Pastoralkolleg, Propst Dr. Rink, Mai 2011, „Pilgern auf der Via Baltica – Unterwegs auf dem Jakobsweg an der deutschen Ostseeküste", Pastoralkolleg, Propst Schmidt, September 2014.

Manche Pastoralkollegs in der letzten Zeit, nutzen auch besondere Orte, um theologische, kirchen- und gesellschaftspolitische Themen zu vertiefen. So widmete sich ein Pastoralkolleg des Jahres 2010 der Situation der Evangelischen Kirche Augsburgischen Bekenntnisses in Siebenbürgen[27], während eines meiner Kollegs sich mit dem Wandel einer ehemals großen (reformierten) Volkskirche am Beispiel der evangelischen Kirche in Basel[28] auseinandersetzte, ein anderes mit den Veränderungen der europäischen Bestattungskultur mittels einer Exkursion nach Wien.[29]

Die EKHN ist weltweit mit zwölf Kirchen durch Direktpartnerschaften verbunden.[30] Damit wurde die „Delegationsökumene" der früheren Jahre durch ein „Face-to-face-Miteinander" ersetzt. Menschen aus verschiedenen, Kontinenten und Ländern begegnen einander auf Augenhöhe, um sich darüber auszutauschen, was Christsein an ihrem Ort und in der Weite der Welt bedeutet. „Direktpartnerschaft" heißt, interkulturell voneinander zu lernen und Lebens- und Glaubenserfahrungen zu teilen. Damit nimmt die EKHN auf zeitgemäße Art den zweiten Artikel ihrer Kirchenordnung ernst, in dem es heißt:

„Die Evangelische Kirche in Hessen und Nassau ist eine Gliedkirche der Evangelischen Kirche in Deutschland. Sie fördert die Gemeinschaft der evangelischen Christenheit in Deutschland und wirkt an der Einheit der Christenheit in aller Welt mit."[31]

---

[27] „Kirchliches Leben in Siebenbürgen", Pastoralkolleg, Propst Karg, August 2010.

[28] „Reformiert und lebendig. Volkskirche im Wandel am Beispiel der evangelischen Kirche in Basel-Stadt", Pastoralkolleg, Propst Dr. Schütz, April 2011.

[29] „Zum Abschied … a schöne Leich'! Europäische Bestattungskultur im Wandel", Pastoralkolleg, Propst Dr. Schütz, Wien, Mai 2015.

[30] Afrika: Ghana, Presbyterian Church of Ghana (PCG). Südafrika, Moravian Church in South-Afrika (MCSA).Tansania, Evangelical Lutheran Church in Tanzania (ELCT). Asien: Indien, Church of South India (CSI, Diözesen Krishna Godavari und East Kerala), Church of North India (CNI, Diözese Amritsar). Indonesien, Christlich-Evangelische Kirche in der Minahasa (GMIM), Protestantisch-Christliche Kirche Simalungun (GKPS). Südkorea, Presbyterian Church in the Republic of Korea (PROK). Europa: Tschechien, Evangelische Kirche der Böhmischen Brüder (EKBB). Polen, Evangelisch-Augsburgische Kirche in Polen (EAKwP). Italien, Waldenser-Kirche (Chiese Evangelica Valdese). USA: United Church of Christ (UCC)

[31] Ordnung der evangelischen Kirche in Hessen und Nassau, Fassung vom 26. November 2015, Amtsblatt der EKH 2015, Darmstadt 2015, Seite 386 ff.

Es ergibt sich von selbst, dass auch Pastoralkollegs von den Kontakten zu den Partnerkirchen profitieren. Am Anfang stand der interreligiöse Dialog in Indien[32] und das Kennenlernen des geistlichen Lebens auf diesem Subkontinent in christlichen Ashrams und Kommunitäten.[33]

Später ging es auch darum, den Kirchen- und Gemeindealltag in einem fremden Kontext zu teilen. So habe ich selbst interessante, auch herausfordernde Erfahrungen bei einem Pastoralkolleg in Nord-Sulawesi gemacht. Die Teilnehmerinnen und Teilnehmer konnten die Arbeit der Partnerkirche durch Mit-Leben kennenlernen. Wir wohnten in Dörfern der Minahasa, begleiteten die Pfarrerinnen und Pfarrer bei ihrer Arbeit und feierten mit den Gemeinden Gottesdienst. Wir predigten und tauschten uns in einem zweitägigen Seminar an der Theologischen Hochschule im Hochland von Tomohon über das theologische Verständnis von Heil und Heilung und Fragen des interreligiösen Diskurses aus.[34]

Die Pastoralkollegs in den Partnerkirchen wurden schließlich durch Kollegs in Afrika und Nordamerika komplettiert. Klaus Eibach, Propst für Oberhessen von 1991 bis 2010, hat die Arbeit in den Partnerkirchen begonnen, als er 2006 erstmals mit einer Gruppe von Pfarrerinnen und Pfarrern nach Hyderabad zum interreligiösen Dialog an das Henry-Martin-Institut reiste, um anschließend am Golf von Bengalen die evangelische Partnerdiözese Krishna Godavari zu besuchen. Heute sind die Pastoralkollegs in den Partnerkirchen nicht mehr aus den Angeboten wegzudenken, die die EKHN ihren Pfarrerinnen und Pfarrern macht.

Aber auch mit den theologischen und berufsbezogenen Pastoralkollegs in Arnoldshain ist es weitergegangen, das nach einer Grundsanierung der Gebäude im Jahr 2012 noch einmal bessere Bedingungen bot. Die theologischen Kollegs der letzten Jahre haben sich neben der Kreuzes-, der Versöh-

32 Siehe zum Beispiel: „Indien – Christen im Dialog mit den Religionen. Pastoralkolleg im Henry-Martin-Institut in Hyderabat," Pastoralkolleg, Propst Karg, Februar 2010. Zurzeit werden die Indien-Kollegs von Propst Schmidt (Oberhessen) fortgeführt.

33 Siehe zum Beispiel: „Begegnung mit der indischen christlichen Spiritualität", Pastoralkolleg, Propst Schmidt, August/September 2013.

34 Siehe zum Beispiel: „Evangelisch am anderen Ende der Welt – Kirchliches Leben in Nord-Sulawesi, Indonesien", Pastoralkolleg, Propst Dr. Schütz, September/Oktober 2013.

nungstheologie[35] und der Gewaltfrage[36] im Christentum mit neueren Entwicklungen in der Praktischen Theologie[37] beschäftigt oder mit Fragen des Abendmahlsverständnisses befasst.[38] Andere Kollegs widmeten sich berufsbiografischen Fragen[39] oder allgemeinen Fragen aus dem Lebens- und Arbeitsumfeld der Pfarrerinnen und Pfarrer.[40]

Im Hinblick auf die Exerzitienarbeit der EKHN hatten die Pastoralkollegs eine Vorreiterrolle. Es war im Juli 1998 als Propst Heinrich-Nikolaus Caspary ein erstes Exerzitienkolleg im Haus der Stille im Waldhof Elgershausen anbot. Er folgte dabei der Idee der klassischen ignatianischen Schweigeexerzitien, variierte sie aber auf dem Hintergrund protestantischer Theologie. Schon früher wurden in den Pastoralkollegs Angebote gemacht, die vorrangig der Besinnung dienten. Hier sind vor allem die Pastoralkollegs von Helga Trösken zu nennen, die von 1988 bis 2006 Pröpstin im Propsteibereich Rhein-Main gewesen ist. Pröpstin Trösken hat regelmäßig Kollegs zum Thema „Zeit“ angeboten, in denen es unter dem Titel „Alles hat seine Zeit und ich habe keine Zeit“ um die Reflexion dieses Themas auf persönlicher Ebene, aber auch um die Zeitgestaltung im Pfarramt ging. Propst Caspary ging noch einmal einen Schritt weiter, indem er in seinem 1998er Pastoralkolleg die Art und Weise aufnahm, mit der Ignatius von Loyola den Übenden das Leben Jesu anschauen lässt, um es mit dem eigenen zu verbinden. Ignatianische Exerzitien, könnte man sagen, sind eine Pilgerfahrt durch die Landschaft der Seele und des Evangeliums zugleich. Für evangelische Pfarrerinnen und Pfarrer war das damals noch ungewohnt und auch im Leitenden Geistlichen Amt regte sich Widerspruch, weil man die

---

35 „Was fange ich mit dem Kreuzestod Jesu an?!“ Die Versöhnungslehre in der Gemeindearbeit, Pastoralkolleg, Pröpstin Scherle, Oktober/November 2013.

36 „Die Gewalt entmachten? Der „Mythos der erlösenden Gewalt“ und die Suche nach einer Theologie des Friedens“, Pastoralkolleg, Pröpstin Scherle, März 2010.

37 Update: Praktische Theologie, Pastoralkolleg, Propst Dr. Schütz gemeinsam mit Prof. Dr. Kristian Fechner und Prof. Dr. Manfred Josuttis, September 2010.

38 „Das Brot des Lebens, der Kelch des Heils“. Pastoralkolleg zum Abendmahl, Pröpstin Puttkammer, Oktober 2014.

39 „Übergang in den Ruhestand. Chancen und Last der letzten Jahre im aktiven Dienst“, Pastoralkolleg, Pröpstin Held, Juli 2014.

40 „Homo legens oder: „Wir alle sind, was wir gelesen“„ (Joseph von Eichendorff), Pastoralkolleg, Pröpstin Held, Februar 2010.

ignatianische Methode für ausgesprochen katholisch hielt und alles Jesuitische mit der Epoche der Gegenreformation verband. Heute wissen wir, wie viele theologische und geistliche Anliegen Martin Luther und Ignatius von Loyola teilen – in der Hinwendung des Glaubenden zu Christus und zur Heiligen Schrift, aber auch in der Reform und Revision des eigenen Lebens und im Vertrauen auf Gottes Gnade darin.[41] Mit diesem ersten Exerzitienangebot als Pastoralkolleg folgte man Gedanken, wie sie im Leitenden Geistlichen Amt in den Jahren 1994 und 1995 formuliert worden sind, dass nämlich zur geistlichen Existenz der Pfarrerin und des Pfarrers neben der Arbeit das Gebet, das Sich-Einstellen auf Gott gehört.

„Pfarrerinnen und Pfarrer verbinden das, was sie von Gott wissen und erfahren haben, mit dem, was sie bewegt. Durch den täglichen Umgang mit der Bibel erfahren sie, was der Gottes- und Menschenkenntnis Grund, Ziel und Maß setzt. Die so gewonnenen Einsichten sollen sich im theologischen Gespräch und in geistlicher Auseinandersetzung bewähren, bzw. vertiefen, damit sie weitergegeben werden können.“[42]

An solchen Einsichten setzten die ersten Exerzitienkollegs an. Man verbrachte die Mehrzahl der Tage im Schweigen, biblische Texte dienten als Grundlage der Betrachtung. Für die Methodik des Umgangs mit dem biblischen Wort wurde Hilfestellung und Begleitung angeboten, meditative Körperübungen sollten helfen, damit sich die Teilnehmerinnen und Teilnehmer sammeln, um mit Leib und Seele für die Einkehrarbeit bereit zu sein.

Ich habe diesen Ansatz später aufgegriffen, aber auch variiert, zuletzt im Jahre 2015 als „Filmexerzitien“, die ich mit Pater Christof Wolf SJ, einem bekannten Dramaturgen, Filmemacher und Exerzitienleiter aus München und erfahrenen geistlichen Begleiterinnen und Begleitern aus der Landeskirche in Kloster Jakobsberg in Rheinhessen angeboten habe.[43] Abgesehen vom klassischen Format der Exerzitien nach Ignatius wurde in den vergangenen Jahren eine Vielfalt von Einkehr-Pastoralkollegs organisiert, die

[41] Vgl. Henkel (1994). Auch: Schilling (1994) und Ignatius und Luther (2014).

[42] Die Pfarrerin, der Pfarrer in der Gemeinde. Votum des Leitenden Geistlichen Amtes, Darmstadt 1995.

[43] „Sehnsucht nach Leben. Der andere Blick auf sich selbst“, Pastoralkolleg, Propst Dr. Schütz, September 2015.

sich eine Reihe von Ansätzen, Methoden und Zugängen zu Nutze machten und die Inspiration verschiedener Orte nutzten.[44]

Systematischer Blick

Wenn man etwas zurücktritt und die Geschichte der Pastoralkollegs der EKHN in ihrer Gesamtheit überschaut, ergibt sich folgendes Bild: Pastoralkollegs sind *Orte der Vergewisserung*, an denen Pfarrerinnen und Pfarrer ihren Auftrag persönlich, theologisch und berufsbezogen überprüfen können. Sie sollen neue Sicherheit gewinnen, wenn es darum geht, im Beruf wieder einige Jahre weiter zu gehen. Die Zeit in einem Pastoralkolleg, soll eine Zeit der Stärkung sein. Wichtig ist die Unterscheidung dessen, was zu den eigentlichen Aufgaben des Dienstes gehört und was zweitrangig ist, also die Unterscheidung von Peripherie und Kern.

Pastoralkollegs sind *Orte des kollegialen Gesprächs*, gerade dadurch dass Pfarrerinnen und Pfarrer aus allen Generationen, Regionen, Tätigkeitsfeldern, theologischen Herkünften und kirchenpolitischen Positionen zusammen sind. In einer Zeit, in der die Vereinzelung der Kolleginnen und Kollegen zunimmt, sind Gelegenheiten der gegenseitigen Wahrnehmung, der lebendigen Diskussion, des Austauschs und der Kollegialität von großer Bedeutung.

Pastoralkollegs sind *Orte einer Theologie des geistlichen Amtes*, an denen dessen Würde und Bürde sichtbar wird. Ausgangspunkt ist die Ordination, die weniger Sein als Werden ist, ein Impuls im persönlichen Berufsleben, der sich über die Jahre entfalten darf und soll.

Pastoralkollegs sind *Orte geistlichen Lebens* und Ausdruck einer Existenz, die sich am Kraftfeld Christi orientiert. Bei aller Diskussion um Leitbilder, bei aller Debatte um die Entwicklung von Struktur und Amt, bei allem Nachdenken über Zufriedenheit und Unzufriedenheit, geht es darum, durch alles hindurch neu zu spüren, dass jede Pfarrerin und jeder Pfarrer eine berufene Christin, ein berufenener Christ ist, der sich im Glauben ent-

[44] Zum Beispiel: „Klang und Stille. Aufatmen, Zeit haben, Ruhe finden“, Pastoralkolleg, Propst Dr. Schütz, Mai 2010. „Die auf Gott schauen, gewinnen neue Kraft. Retraite im Geistlichen Zentrum Schwanberg“, Pröpstin Puttkammer, Juni 2013.

wickelt und wächst, der Ganzheit anstrebt, aber gleichzeitig weiß, dass alles Tun immer fragmentarisch bleibt.

Pastoralkollegs sind *Orte der Professionalisierung*, mehr im grundsätzlichen, weniger im funktionalen Sinn.

Im Pastoralkolleg arbeiten *Pfarrerinnen und Pfarrer in Konzentration auf das Wesentliche daran, dass sich ihr Profil des Pfarrberufs neu belebt. Die Professionalisierungsdebatte der vergangenen Jahre hatte auch die Schwäche, dass man mitunter zu sehr auf Einzelkompetenzen gesetzt hat. Pastoralkollegs sind Gelegenheiten des generalistischen Blicks, in denen man darum weiß, dass die Kompetenz (früher hätte man Charisma gesagt) von Pfarrerinnen und Pfarrern nicht aufzuspalten ist.* Last but not least sind Pastoralkollegs *Orte der Begegnung zwischen Pfarrerinnen und Pfarrern und ihrer Leitung*, dadurch dass Pröpstinnen und Pröpste persönlich zum Gespräch zur Verfügung stehen, dadurch dass sie befragt werden können und zum Hören bereit sind. Miteinander arbeitet man an der Gestalt von Beruf, Kirche und Amt – und damit natürlich auch am Leitungsamt der Pröpstinnen und Pröpste.

Man kann nicht genug betonen, wie sehr Pröpstinnen und Pröpste in Pastoralkollegs selbst Lernende sind. Man lernt die Arbeitssituation der Kolleginnen und Kollegen kennen, sieht, woran sie Freude haben, an welchen Stellen Kämpfe zu bestehen sind oder Probleme bearbeitet werden müssen. Damit wird auch manche Debatte zum Pfarrberuf in Sitzungen der Kirchenleitung am Ende des Tages anders geführt. Wenn uns an einer Kirche gelegen ist, die sich als „lernende Organisation“ versteht, ist auch die Leitung nicht von Lernprozessen ausgenommen. Auch dafür ist das Pastoralkolleg ein Ort.

Herausforderung pastorale Identität

Wenn man sich mit den Pastoralkollegs der EKHN beschäftigt, sieht man immer wieder, wie sehr sie ein Unikat sind. Die Pastoralkollegs anderer Landeskirchen orientieren sich stärker an den Formen klassischer Pfarrerinnen- und Pfarrerfortbildung. Die Pastoralkollegs der EKHN sind eine Chance zum Empowerment auf gleich mehreren Ebenen. Weil sich Dinge aber weiter entwickeln, wird es in Zukunft wiederum neue Inhalte,

Themen, Orte, Methoden und Strukturen geben, damit es mit den Kollegs im Sinn von lebendigem Lernen weitergehen kann. So bringt die „Generation Y“, die zurzeit ihren Dienst beginnt, neue Erwartungen und veränderte Haltungen in den Beruf mit und wird auch in der Begleitung andere Angebote brauchen.[45]

Für den Pfarrberuf sind, vielleicht mehr als für andere Berufe, geregelte Auszeiten nötig, eben weil viel an der Persönlichkeit der Pfarrerin und des Pfarrers hängt. In der EKHN ist man dem in den vergangenen Jahren gut nachgekommen, indem man neben den Pastoralkollegs zu Sabbattagen eingeladen hat und man Pfarrerinnen und Pfarrern nach dem Personalförderungsgesetz alle zehn Jahre eine Studienzeit von drei Monaten im Sinne eines Sabbaticals gewährt.[46]

Wenn man von pastoraler Identität spricht, hört sich das wie etwas Abgeschlossenes an. Schlüsselt man den Begriff aber auf, wird man gewahr, wie viel er umfasst: Selbstgefühl, Verortung und Synthese. Identität heißt – ich weiß, wer ich bin. Ich kann es subjektiv empfinden und sehe es gespiegelt in meinem sozialen Raum. Identität heißt, dass ich meinen Platz kenne, dass ich ihn gestalten und mit anderen teilen kann. Identität heißt, ich fühle mich geerdet und gehe aufrecht durch die Welt. Identität heißt aber auch, dass ich eine Syntheseleistung zu erbringen habe, in der ich reflexive Achtsamkeit für die Erarbeitung stets neuer Fassungsmöglichkeiten entwickeln muss und damit die Fähigkeit, mein Leben sinnhaft zu gestalten.[47]

„Identität“ ist für mich ein guter Begriff für die Arbeit im Pastoralkolleg, weil er ein Gesamt bezeichnet und den Beruf der Pfarrerin und des Pfarrers nicht in Schlüsselkompetenzen zerfasert. Am besten finde ich die Qualitäten bei Michael Klessmann auf den Punkt gebracht, der sagt, dass es im Wesentlichen um drei Aspekte geht, wenn man pastorale Identität bestimmen will:

„Es geht um die Fähigkeit, Beziehungen um ihrer selbst willen zu gestalten und andere Menschen um ihrer selbst willen anzunehmen.

---

[45] Vgl. Böhm (2015), 91–93.

[46] Vgl. Rechtsverordnung über die Durchführung von Personalförderungsmaßnahmen für Mitarbeiterinnen und Mitarbeiter der Evangelischen Kirche in Hessen und Nassau, 197.

[47] Vgl. Keupp / Ahbe / Gmür (2006).

Es geht um die Fähigkeit, zuhören zu können und sich von der emotionalen Dimension der Kommunikation und des Gegenübers berühren zu lassen.

Es geht um die Fähigkeit, sich in einer beruflichen Beziehung als authentische Person zu erleben und sich als eine Person zu erkennen zu geben, bei der sich ein Gegenüber wahr- und angenommen fühlen kann".[48]

Pastoralkollegs, könnte man sagen, kümmern sich im Hinblick auf die Arbeit von Pfarrerinnen und Pfarrern mehr um die Haltung als um die Methode. Darum sind sie auch frei vom aktuellen Druck, der die lebenslang lernende Pfarrperson im funktionalen Sinn zum Dreh-, Angelpunkt und Motor des Changemanagements einer Institution machen will, die aus der Krise soll. Pastoralkollegs können helfen, die Freiheitsdimension im Pfarrberuf neu zu entdecken, zu bewahren oder auf den Weg zu bringen. Pastorale Identität entwickelt sich immer durch Widersprüche hindurch und zeigt am Ende für Pfarrerinnen und Pfarrer die Andeutung einer Möglichkeit, in Beruf, Kirche und Gesellschaft authentische Zeugen des Evangeliums zu sein. Das ist, könnte man sagen, die Sabbat-Funktion der Kollegs: dass sie Teilnehmerinnen und Teilnehmer aus dem unbarmherzig beschleunigten Lebensbetrieb, auch aus dem unbarmherzig beschleunigten kirchlichen Lebensbetrieb, herausnimmt, aufatmen lässt und ein Zu-sich-selbst-Kommen gestattet, das Sichtweisen ändern kann.

Literatur

Bedford-Strohm, Heinrich / Jung, Volker (2015) (Hg.),Vernetzte Vielfalt: Kirche angesichts von Individualisierung und Säkularisierung. Die fünfte EKD-Erhebung über Kirchenmitgliedschaft, Gütersloh 2015.

Berger, Noemi (2014), Religiöse Begriffe aus der Welt des Judentums, in: Jüdische Allgemeine, 7. Mai 2014.

Böhm, Jens (2015), Generation Y und der Pfarrberuf. Was kommt da auf die Kirche zu ?, in: Hessisches Pfarrerblatt, August 2015, 91–93.

Leitendes Geistliches Amt (1995) (Hg.): Die Pfarrerin, der Pfarrer in der Gemeinde, Darmstadt 1995.

---

[48] Vgl. Klessmann (2004), 543

Dienst, Karl (2009), Zwischen Wissenschaft und Kirchenpolitik. Zur Bedeutung universitärer Theologie für die Identität einer Landeskirche in Geschichte und Gegenwart, Wiesbaden 2006.

EKD (1981), Die Ehe des Pfarrers und der Pfarrerin. Überlegungen der Kirchenkonferenz der evangelischen Kirche in Deutschland. In: EKD, Ehe und nichteheliche Lebensgemeinschaften. Positionen und Überlegungen aus der evangelischen Kirche in Deutschland. EKD-Texte Nr. 12.

Evangelische Kirche in Hessen und Nassau (1992) (Hg.), Person und Institution. Volkskirche auf dem Weg in die Zukunft. Arbeitsergebnisse und Empfehlungen der Perspektivkommission der evangelischen Kirche in Hessen und Nassau, Frankfurt 1992.

Evangelische Kirche in Hessen und Nassau (Personalförderungsverordnung – PFördVo) in der Fassung vom 31. Januar 2008, in: Amtsblatt der EKHN 2008, 119; geändert am 24. April 2015, siehe: Amtsblatt der EKHN 2015, 196.

Gespräch über das Abendmahl (1958) Die Arnoldshainer Thesen in der theologischen Auseinandersetzung, Berlin 1958.

Henkel, Annegret (1994), Geistliche Erfahrung und Geistliche Übungen bei Ignatius von Loyola und Martin Luther: Die ignatianischen Exerzitien in ökumenischer Relevanz, Frankfurt/Main, Berlin, Bern, New York, Paris, Wien, 1995.

Ignatius und Luther (2014). Jesuiten. Informationen der Deutschen Provinz der Jesuiten 66 (2014) Heft 2/2014.

Klessmann, Michael (2004), Pastoralpsychologie. Ein Lehrbuch, Neukirchen, 3. Aufl. 2006, 543.

Keupp, Heiner / Ahbe, Thomas / Gmür, Wolfgang u. a.(2006), Identitätskonstruktionen: Das Patchwork der Identitäten in der Spätmoderne, Reinbek 2006.

Ordnung der evangelischen Kirche in Hessen und Nassau vom 17. März 1949 in der Fassung vom 20. Februar 2010, in: Amtsblatt der EKHN 2015, Darmstadt 2015, 118–130.

Rechtsverordnung über die Durchführung von Personalförderungsmaßnahmen für Mitarbeiterinnen und Mitarbeiter der Evangelischen Kirche in Hessen und Nassau vom 31. Januar 2008 in der Fassung vom 24. April 2015, Amtsblatt der EKHN 2015, 196–197.

Rosa, Hartmut (2004), Beschleunigung. Die Veränderung der Zeitstrukturen in der Moderne, Frankfurt am Main 2005.

Rosa, Hartmut (2009), Muße braucht Zeit. Ein Gespräch mit dem Soziologen und Beschleunigungsforscher Hartmut Rosa über das andauernde Gefühl, noch etwas erledigen zu müssen, DIE ZEIT, Hamburg, 30.12.2009.

Schilling, Heinz (1994), Am Anfang waren Luther, Loyola und Calvin – ein religionssoziologisch-entwicklungsgeschichtlicher Vergleich, in: Archiv für Reformationsgeschichte 85 (1994), 5–31.

Sacks, Oliver (2015), Dankbarkeit, Reinbek 2015

Verwaltungsverordnung über die Durchführung von Pastoralkollegs (PKVO) vom 27. Oktober 2011, in: Amtsblatt der EKHN 2012, 57.

Wagner-Rau, Ulrike (2009), Auf der Schwelle. Das Pfarramt im Prozess kirchlichen Wandels, Stuttgart 2009 (2. Aufl. 2011).

Weber, Friedrich (2012), Das erste LGA in der EKHN: Leistungen, Herausforderungen Perspektiven, Vortrag am 23. Februar 2012 in der Bergkirche zu Wiesbaden, Wiesbaden 2012.

WissensWerte. Fort-und Weiterbildungsprogramm der EKHN für hauptamtliche und ehrenamtliche Mitarbeitende, Darmstadt, jährlich.

Geübt werden durch Gott

Geistliche Übungen als Grenzziehung

Dorothea Hillingshäuser

Von der Ruhe Gottes und der Ruhebedürftigkeit der Menschen

Schon von Gott selbst wird berichtet, daß er im Sinne einer „schöpferischen" Pause am siebten Tag ruhte (Gen 2,3). Die Heiligung des Sabbats und der Schutz des Freiraums im Alltag ziehen sich als Motiv durch viele biblische Texte. Auch Jesus grenzt sich ab und zieht sich zum Beten allein auf einen Berg zurück (Mt 14, 23). Denen, die mit ihm unterwegs sind, empfiehlt er: „Geht ihr allein an eine einsame Stätte und ruht ein wenig." (Mk 6, 31) Der Geist Gottes wird beschrieben als einer, der auf Menschen „ruhen" kann (Num 11, 25; Jes 61,1; Lk 4,18).

Ruhe, Rückzug, Innehalten danach suchen heute viele Menschen. Der Hintergrund ihrer Suche besteht darin, dass vieles in ihrem Arbeitsleben und Alltag zweckbestimmt, herausfordernd und auf Effizienz ausgerichtet ist. Sogar die Freizeit steht unter dem Vorzeichen, dass Besonderes erlebt werden soll und nichts verpasst werden will. Menschen erkranken sowohl an äußerer als auch innerer Unruhe, können nicht mehr abschalten, haben das Gefühl in einem Hamsterrad zu laufen. Menschen suchen die Abgeschiedenheit einer „Wüste", in der es wenige Eindrücke von außen gibt, damit ihre Seele zu atmen beginnen kann. Die Suche führt sie auch an christliche Orte und zu christlichen Angeboten. Sie sehnen sich nach einer Abgrenzung von der Unruhe des Alltags, die ihnen ermöglicht, sich auf Wesentliches zu besinnen. Geistliche Übungen dienen einer solcher Abgrenzung nach außen wie nach innen. Sie eröffnen Erfahrungsraume, nehmen Schätze aus der christlichen Tradition auf und schaffen Abstand zum Alltag.

Abkehr schafft Einkehr

Die einfachste Grenzziehung geschieht äußerlich und kann durch einen Ortswechsel herbeigeführt werden. Klöster, Kommunitäten oder geistliche Gemeinschaften bieten einen Rahmen, der für Ruhe, Entschleunigung und Wiederholung sorgt. Kirchliche Orte der Einkehr und des Rückzugs sind in der Regel geprägt von einem Tagesrhythmus, der durch Gebets- und geregelte Essenszeiten strukturiert ist und Zeit genug fürs Schlafen und für Bewegung in der Natur lässt. In der Eingrenzung auf Elementares finden Menschen zu sich und zu Gott. Essen, Schlafen, Bewegung und spirituelle Impulse sorgen für Erholung und ermöglichen eine Einkehr in das, was man „innere Berufung" nennen kann: „Was ist jetzt dran, wofür will ich mich einsetzen? Was will ich lassen?" Solche Zeiten bringen Menschen der Quelle des Glaubens näher. Menschen erfahren, dass sie erfrischt und gestärkt in ihren Alltag zurückkehren und noch lange von den gemachten Erfahrungen zehren. Schon der Aufenthalt an einem solchen Ort kann einer geistlichen Übung gleich kommen. Begleitgespräche oder Impulse in einem Kursangebot können diese Wirkung noch verstärken.

Neben diesen großen Pausen gibt es die kleine Unterbrechung im Alltag. Auch hier greifen Ruhe, Entschleunigung und Wiederholung. Die einen lesen morgens die Losung, andere meditieren einen biblischen Text, versenken sich ins Herzensgebet, feiern ein Mittagsgebet mit anderen oder blicken abends auf das zurück, was sie erlebt haben. Wichtig ist auch hierbei, dass es einen „Ort" gibt, der für den Rückzug zur Verfügung steht, zeitlich wie räumlich. Das können eine gestaltete Ecke in einem Zimmer sein und feste Tageszeiten, die dem regelmäßigen Innehalten vorbehalten sind.

Geistliches Üben als Chance der Begegnung mit Gott

Geistliche Übungen regen dazu an, einen Freiraum zu suchen, der der Begegnung mit Gott gewidmet ist. Mit der Zeit, die ich Gott zur Verfügung stelle, ziehe ich eine deutliche Grenze: in dieser Zeit will ich nichts anderes tun als mich Gottes unverfügbarer Gegenwart auszusetzen, mich für Gottes Mitteilungen zu öffnen und der Beziehung, wie Gott sie in diesem Moment aufnimmt, Raum zu geben. Es geht also nicht nur darum, dass ich mir Zeit nehme. Vielmehr gebe ich der Wirkkraft Gottes Raum und überlasse mich dem, was von ihr her auf mich zukommt.

Das klingt einfach. Doch für viele Menschen ist es nicht einfach, sich in einer solchen Weise zu überlassen und sich der Frage zu stellen, welcher Weg für sie persönlich der geeignetste sei. Im Laufe der Geschichte des Christentums haben sich sehr unterschiedliche geistliche Wege entwickelt.

Die einen können alltagsnah gelebt werden, so beispielsweise mit einem Morgen- und Abendgebet. Andere erfordern eine radikale Veränderung der Lebensform, wie etwa der Eintritt in eine Ordensgemeinschaft. Die Unterschiedlichkeit der Wege ist ein Schatz, den unsere Tradition bereit hält und der ermöglicht, eine eigene Form zu entwickeln, die der Begegnung mit Gott dienen kann.

Üben als Bereiten des Bodens

Geistliche Übungen bestehen – wie der Name schon sagt – aus Üben. Übungen sind gekennzeichnet durch wiederholende, regelmäßige Praxis, die der Vertiefung dient. Ähnlich wie beim Erlernen eines Musikinstruments braucht es neben Freude und Disziplin eine innere Entscheidung für das Vorhaben. Anders als beim Musizieren oder sportlichen Übungen zielen geistliche Übungen nicht auf Wettbewerb, Erfolg und Leistung. Geistliche Übungen nehmen die etymologische Herkunft des Wortes auf. Sie verweist auf ein Bild, das diese Art des Übens mit der Landwirtschaft in Verbindung bringt. Das althochdeutsche „uoban" meint „bebauen", „beackern", „pflügen", „bereiten"[1]. Aus diesem Bildwort erschließt sich ähnlich wie in dem Gleichnis von der vierfachen Saat (Mk 4,1–9 par), dass es beim Üben nicht um eine effektive Leistungssteigerung geht, sondern um das Bereiten des Bodens[2] für das Wort Gottes, das darauf fällt und seine Wirkung entfaltet. Mal stärker, mal schwächer. Eine solche Übung gibt Raum, öffnet die Übenden für Gottes Wirken und Gottes Willen und hilft ihnen anzuerkennen, dass das Ergebnis nicht machbar ist. Hier greifen Aktivität und

---

1 Harms (2011), 16.

2 Man darf bezüglich dieses Wortfeldes auch an die spätmittelalterliche Lehre vom Seelengrund in den Predigten und Traktaten Meister Eckharts denken, auf den das Wort Gottes fällt und innerlich Frucht bringt. Dazu: Reiter, Peter, Der Seele Grund. Meister Eckhart und die Tradition der Seelenlehre. Würzburg 1993.

Passivität ineinander. Den Boden, auf den Gottes Wort fällt, können wir mit unserer Aufmerksamkeit und Hinwendung vorbereiten. Das ist der aktive Teil an geistlichen Übungen, der erlernt, eingeübt und wiederholt werden kann. Gottes Wort in seiner Wirkung aber können wir nicht beeinflussen. Wir empfangen es in einer passiven Haltung. Wir nehmen wahr, was (uns) im Moment des Innehaltens geschieht.

Diese Art von Üben kann große Veränderungen ermöglichen. Eine teilnehmende Pfarrerin der Weiterbildung „geistlich begleiten“[3] schildert ihre Erfahrungen folgendermaßen: „Ich habe einen klareren Blick für das Wesentliche entwickelt. Das hilft mir bei meinen täglichen Entscheidungen ungemein. Ich arbeite freudiger und entspannter, wahrscheinlich gar nicht weniger, aber mit einer anderen Haltung. Das Zusammenspiel mit Haupt- und Ehrenamtlichen gelingt jetzt oft leichter.“ Das klingt auf den ersten Blick wie ein wunderbares Rezept, das bei richtiger Anwendung ein unbeschwerteres Arbeitsleben beschert. Doch genau das ist es nicht. Aus ihren weiteren Ausführungen wird deutlich, dass es eine Schlüsselerfahrung gibt, die diese Veränderung hervorgerufen hat. Eine Textmeditation zu einer vertrauten Bibelstelle war der Auslöser. In der Gebetszeit versetzte sie sich in die Geschichte von Zachäus (Lk 19,1–10), den Jesus vom Baum holt. Sie selbst sitzt an die Rückseite des Baumes gelehnt, wird von der Sonne beschienen, erlebt das für Zachäus heilsame Geschehen aus einer beobachtenden Perspektive, eher hörend als sehend. Ohne dass es wirklich erklärt werden kann, erschloss sich ihr im Verlauf des inneren Erlebens die Bedeutung des Evangeliums für ihr Leben. An einem aktuellen Konflikt erlebte sie, dass Jesus sich um den anderen am Konflikt beteiligten Menschen kümmert, sie musste nicht alles selber tun. Sie darf gewissermaßen an der „Rückseite des Baumes“ verharren, während Jesus sich um „Zachäus“ kümmert. Diese Botschaft traf sie ins Herz und entfaltete eine lösende und erlösende Wirkung weit über den Moment hinaus. Sie beschreibt, dass sie seitdem von einem zu großen Perfektionismus befreit leben und arbeiten

---

[3] Eine Weiterbildung, die seit 1999 in der Evangelischen Kirche in Hessen und Nassau angeboten wird. In 6 Kursabschnitten werden Gebetsformen eingeübt und Wege aufgezeigt, wie Menschen in ihren geistlichen Übungen begleitet werden können. Nähere Informationen finden sich unter www.zentrum-verkuendigung.de

kann. Die existentielle Erfahrung im Rahmen einer Gebetszeit veränderte ihr Lebensgefühl und stärkt ihren Glauben – bis heute.

Solche Momente können nicht hergestellt werden. Sie schenken sich. Oft genug tritt auch nichts derart Verwandelndes ein. Das Erlebnis der Teilnehmerin hat „Offenbarungscharakter". Die biblische Erzählung offenbart ihre Relevanz für ihr persönliches Arbeiten, für ihr Tun und Lassen. Sie empfindet, dass die bloße Erinnerung an diesen Moment ihr Kraft und Zuversicht gibt. Sie hat ins Gespür bekommen, wie sich das Evangelium in ihrem Leben konkret auswirkt und erschließt. Dieser geschenkte Moment ist nicht durch Üben zu erreichen. Er ist Ausdruck der Gnade Gottes und entspricht der Erfahrung, die Luther in seinem *sola gratia* zum Ausdruck brachte.

Geistlliches Üben bei Luther

Martin Luther war als Augustinermönch in geistlichen Übungen zu Hause.[4] Er kannte die mittelalterliche, weit verbreitete Stufenlogik von „lectio – meditatio – oratio – contemplatio". In ihr werden biblische Texte nach folgendem Grundschema erschlossen: Den Text mit wachem Geist lesen (*lectio*), mit Hilfe des Verstandes eine verborgene Wahrheit im Text entdecken (*meditatio*), sich andächtig vor Gott einfinden und sich mit der Bitte an Gott wenden, von Übeln befreit zu werden und Gutes zu erlangen (*oratio*), um dann auf der höchsten Stufe zu erleben, dass Gott die Seele erhebt und einen Vorgeschmack auf die ewigen Freuden erfahren lässt (*contemplatio*)[5]. Luther veränderte diese Begriffe in eine Trias von „oratio" – „meditatio" – „tentatio". Damit ist eine grundlegende Umwertung der geistlichen Übung verbunden. Sie zielt nun nicht mehr auf die Stufe der *contemplatio* als nicht zu übertreffendes mystisches Gotteserlebnis, sondern bezieht die Anfechtung *(tentatio)* als Möglichkeit der Gotteserfahrung und -begegnung zentral mit ein.

---

4 Ausführlicher nachzulesen bei Nicol (1991); Luther (2011); Harms (2011). Auch: Leppin (2016).

5 Harms (2011), 133.

Es geht um Vertiefung, nicht um Erhebung. Ziel jeder geistlichen Übung bei Luther ist das „Geübtwerden durch Gott“[6]. Die Formulierung verdeutlicht, dass es an diesem Punkt um ein Überlassen geht. Der Mensch ist passiv und erfährt die Aktivität Gottes. Während das Gebet („*oratio*“) im Sinn einer Bitte und die Meditation als geistgewirkter Umgang mit einem biblischen Wort („*meditatio*“) aktive Anteile besitzen, führt der Mensch die Anfechtung („*tentatio*“) nicht herbei. Sie ereignet sich. Der Mensch gerät in sie. Das Erleben von Anfechtungen führt dazu, dass der Mensch Gott sucht. Aus dem Versuchtwerden folgt das Suchen. So wird gerade die Anfechtung als „unverfügbares Widerfahrnis“[7] zum Dreh- und Angelpunkt der Glaubenserfahrungen. In der Glaubensnot scheint zugleich etwas vom Trost Gottes auf. Unter Anfechtungen versteht Luther nicht den Zweifel an Gott, sondern eine Distanz in der Gottesbeziehung.

Die Anfechtung gehört zu den Glaubensprozessen und hat ihren Ort in der Beziehung zu Gott. Gotteserfahrungen finden für Luther gerade in der Zwiespältigkeit des Lebens und des Glaubens statt und nicht in besonderen Gipfelerlebnissen oder mystischer Erhebung. Vom Bild der Stufen („*lectio*“ – „*meditatio*“ – „*oratio*“ – „*contemplatio*“) geht Luther in ein zirkuläres Bild, in dem sich Gebet, Meditation und Anfechtung gegenseitig durchdringen und bereichern. Sein Übungskonzept zielt auf Vertiefung, nicht auf Aufstieg und wendet sich damit gegen eine Hierarchisierung von Erfahrungen.[8]

Luthers Kraftquelle: Existentielle Berührung mit dem Wort Gottes

In allem ist für Luther der existentielle Umgang mit dem Wort Gottes die Kraftquelle seines Lebens. Darin erlebt er – unverfügbar und geschenkt –, dass der Heilige Geist in ihm zur Sprache kommen kann. In Luthers Tagesablauf hat das Beten eine große Rolle gespielt. Der Morgen- und der Abendsegen waren ihm ein so tragender Rhythmus, dass er „in dem Fall, dass er aus irgendeinem Grund die Zeit des Gebets versäumte, von einem

---

6 Harms (2011), 133.

7 Harms (2011), 136.

8 Vgl. Harms (2011) 135–136.

nachhaltigen Gefühl des Unwohlseins befallen wurde.“[9] Er bezieht den Körper mit ein, wechselt zwischen Knien und Stehen, er bekreuzigt sich und legt Wert auf den Klang der Stimme. Von den traditionellen Texten ist ihm das Vaterunser das wichtigste Gebet. Den Katechismus hat er vor allem als Gebets- und Meditationsbuch geschrieben und so mit ihm gelebt. Er regt dazu an, die Zehn Gebote, das Glaubensbekenntnis laut zu sprechen und selbst nach der Bedeutung zu fragen. Er ist ihm wichtig, dass Menschen aus ihren geistlichen Erfahrungen in eigene Formulierungen finden. Die von ihm notierten Antworten versteht er als Anregung und Beispiel.

Methodische Hilfestellungen

Luthers Überzeugung ist: Beten kann gelehrt und gelernt werden. Er empfiehlt zunächst, auswendig gelernte Gebete und Texte der christlichen Tradition zu sprechen und darüber ins freie Beten zu finden. Er eröffnet die individuelle Begegnung mit dem Wort Gottes und der möglichen Erfahrung, dass der Heilige Geist im Herzen der Betenden zu sprechen beginnt. Er geht dabei didaktisch vor und entwirft beispielsweise das „vierfach gedrehte Kränzlein“[10] als eine methodische Hilfestellung beim Beten. Hier schlägt Luther vor, einen bestehenden Text wie die Zehn Gebote mit vier Aspekten zu verbinden. Die vier Aspekte sind: Lehre (was lerne ich?), Danksagung (wofür danke ich?), Beichte (wo bin ich schuldig geworden?) und Bitte (wofür oder für wen bitte ich?). Jedes der Gebote kann nun einzeln unter den verschieden Aspekten näher betrachtet werden. Wichtig ist, dass es Luther dabei nicht um Vollständigkeit geht – bei dem genannten Beispiel geht es nicht um das Abschreiten aller zehn Gebote – es geht ihm beim Beten in erster Linie darum, dass das Herz berührt wird. Die Übenden entscheiden in aller Freiheit, wie viel Zeit sie mit Beten verbringen, wo sie verweilen und ob sie sich auf einzelne Aspekte beschränken wollen: „Aber sieh zu, dass du dir nicht alles oder zu viel vornimmst, damit der Geist nicht müde werde (...) Es genügt, wenn du ein Stück oder ein halbes kriegen kannst, mit dem du in deinem Herzen ein Feuerlein entzünden kannst.“[11]

9 Nicol (1991), 70.

10 zitiert nach: Nicol (1991), 163. Original: WA 38,364, 30.

11 Luther (2011) 61.

Für Übende, die noch am Anfang sind, empfiehlt Luther einen möglichst klaren Gebetsablauf. Als notwendige Schritte nennt er die Bereitung zum Gebet („Herzenserwärmung"), dann folgen traditionelle Texte wie das Vaterunser, das Credo, der Dekalog, die ins freie Beten führen können. Das freie Beten wiederum empfiehlt er mit dem Vaterunser oder einer einzelnen Bitte des Vaterunsers abzuschließen.

Auch wenn die meisten bisher genannten Anregungen sich eher für das „stille Kämmerlein" eignen, war für Luther der Gottesdienst und die Gemeinschaft mit anderen ein ebenso wichtiger Ort für Gebet und Textmeditation. Neben der Individualität spielt die Einbindung in die Gemeinschaft für ihn eine wichtige Rolle. Er verfasste eine Reihe von Katechismusliedern und -predigten. Die Lieder haben dabei noch stärker den Charakter von geistlichen Übungen, weil sie auf wiederholtes Singen angelegt waren, um in Verbindung mit Melodien, die Inhalte tiefer ins Herz dringen zu lassen.

Luther für uns

Luthers Kraftquelle waren biblische Texte und tägliche Übungen. Seine besondere Betonung der *„tentatio"*, der Anfechtung, als Teil der geistlichen Übung ist eng verbunden mit dem Kern seiner zentralen Glaubensüberzeugung- und erfahrung: Geistliche Übungen zielen nicht auf ein Werk religiöser Selbstverwirklichung, sondern auf das Bewusstwerden der Annahme durch Gott. Diese ganz grundsätzliche Annahme („Rechtfertigung") ermöglicht die Selbstannahme auch angesichts von Anfechtungen und Verunsicherungen im Glauben wie im Leben. Gerade im Scheitern, in der Unvollkommenheit menschlichen Lebens öffnet sich der Mensch auf die Gnade hin. Luther verankert geistliche Übungen im Alltag. Sein Eintreten für eigene, individuelle Formen und die Stärkung ganzheitlicher und existentieller Zugänge zu biblischen Texten sind aktuell und finden sich in Formen wie „Bibliolog", „Bibliodrama" und „Bibeltheater" zeitgemäß aufgenommen. Sein Katechismus will die Herzen der Menschen erreichen und Glauben schmackhaft und nahrhaft machen. Die von Martin Lönnebo entwickelten „Perlen des Glaubens"[12] sind eine überzeugende moderne

[12] Martin Lönnebo, pensionierter Bischof der Evangelisch-lutherischen Kirche von

Ausdrucksform dieses katechetischen Ansatzes. Luther erkannte die vertiefende Wirkung von Texten in Verbindung mit bekannten und eingängigen Melodien. Gesangbuchlieder stellen seitdem eine Quelle für geistliche Übungen im evangelischen Bereich dar.

Gemeinsames Leben – Geistliche Übungen bei Bonhoeffer

Dietrich Bonhoeffer hat an Luthers Tradition angeknüpft. Ungefähr im Jahr 1932 wandte er sich verstärkt der Bibel zu. Er beschreibt einen Prozess, in dem er sich in geistlichen Übungen einen elementaren und persönlichen Zugang zu biblischen Texten erschloss, die ihn zugleich in eine neue Weise des Betens brachte.[13] Neben dem wissenschaftlichen Umgang mit biblischen Texten, der Predigtvorbereitung und öffentlicher Verkündigung lernte er den persönlichen und zweckfreien Umgang mit biblischen Texten schätzen. Er formulierte folgende Frage als entscheidend: Lese ich die Heilige Schrift auch als einen für mich ganz persönlich adressierten Liebesbrief?[14] Selbst von solchen Übungen inspiriert und neu ausgerichtet, empfiehlt er auch anderen geistliche Übungen und versucht dann im Predigerseminar Finkenwalde mit Studierenden eine Lebensform zu entwickeln, die dem entspricht. Seine Schrift „Gemeinsames Leben"[15] gibt einen Einblick in diesen Ansatz, der bis heute, gerade in evangelischen Kommunitäten viel beachtet wird. In einer dogmatischen Übung zum Thema „Theologische Psychologie"[16] unterscheidet Bonhoeffer drei verschiedene Stufen des Glaubens: Glaube braucht Einübung in die Frömmigkeit, Glaube führt zu

---

Schweden, hatte die Idee, den christlichen Glauben anhand eines Perlenbandes begreifbar zu machen. Er nennt es in seiner schwedischen Muttersprache „Färlarkransen" (Rettungsring/Erlöserkranz) und bezeichnet es als ein „Trainingsgerät für die Seele", das hilft, sich nach Innen und auf Gott zu richten. Die Perlen können sowohl „Stationen" des Lebensweges Jesu als auch des eigenen Lebens versinnbildlichen. Sie wollen dazu anregen, die christliche Tradition neu zu entdecken und zu verstehen. So sind sie ein Katechismus für die Hände, ein einfaches Hilfsmittel, um den eigenen spirituellen Weg zu finden und einzuüben. Literatur: Amt für Öffentlichkeitsdienst der Nordelbischen Evangelisch-Lutherische Kirche (2010); Faupel-Drews (2012).

13 Bonhoeffer, DBW 14, 113 (zitiert nach Greiner [2008], 97).

14 Greiner (2007), 83.

15 Bonhoeffer (2012).

16 Bonhoeffer, DBW 12, 178–199

einem neuen Sehen der Wirklichkeit und er bewirkt ein neues Hören auf die göttlichen Worte, was unser Tun und Handeln beeinflusst. Zur Einübung in den Glauben zählt er den Gottesdienstbesuch bzw. die Einbettung in die Kirche; das Meditieren von Gottes Wort, um dadurch ins Beten zu finden sowie das Sündenbekenntnis, das für ihn verknüpft ist mit dem „bewussten Hineinstellen in das tägliche Sterben des alten Menschen“[17] Abschließend nennt er wieder einen gemeinschaftlichen Aspekt: den Dienst an anderen, den er in einer ausgewogenen Mitte zwischen Gebundenheit und Freiheit ansiedelt.

In seiner Schrift „Gemeinsames Leben“ hat Bonhoeffer festgehalten, was er in Finkenwalde umgesetzt hat. In der Anregung zu schriftgebundener Meditation und daraus folgendem Gebet, in der wechselseitigen Beichte untereinander und einem an das Abendmahl gebundene Verständnis von Schuld und Vergebung versucht er junge Menschen in ein spirituelles Lebenskonzept einzuführen, das persönliche und gemeinschaftliche Erfahrungen verbindet. Sein Zugang zu geistlichen Übungen half ihm bei der Grenzziehung im Verhältnis zum Nationalsozialismus und gab ihm im begrenzten Raum der Gefängniszelle Zuversicht und Hoffnung. Aktives Eintreten für die Welt und geistliches Üben widersprechen sich bei Bonhoeffer nicht. Sie ergänzen und bedingen einander.

Geistliche Übungen in gegenwärtigen Entwicklungen

Im vergangenen Jahrhundert gelangten auch im evangelischen Kontext Spiritualität, spirituelle Praxisformen und die Frage der Vermittlung von Spiritualität stärker in den Blick[18]. An den Universitäten findet in der Praktischen Theologie die Aszetik[19] gegenwärtig allmählich stärkere Beachtung.

[17] Greiner (2007), 86.

[18] Dazu: Zimmerling (2013).

[19] Aszetik bezieht sich von der Wortwurzel auf die Erforschung der Askese, in einem weiteren Sinn erforscht sie Formen von Spiritualität und spirituellen Lebensweisen. Harms spricht von der „Lehre der geistlichen Übung“ und zeigt die Geschichte der evangelischen Aszetik auf. Sie benennt Rudolf Bohren, Henning Schröer, Manfred Seitz, Sabine Bobert-Stützel und Brigitte Enzner-Propst als diejenigen, die ab den 60er Jahren des 20. Jahrhunderts die Disziplin der Aszetik in der Praktischen Theologie wieder aufgriffen und mit unterschiedlichen Akzenten neu zur Diskussion stellten. Vgl. Harms (2011),

Die Bedeutung von geistlichen Übungen wurde in diesem Zusammenhang wieder entdeckt und sowohl durch ökumenische wie außerchristliche Einflüsse die Suche nach zeitgemäßen Formen evangelischer Spiritualität in den Landeskirchen voran gebracht.

In der Evangelischen Kirche in Hessen und Nassau (EKHN) wurde unter anderem das Angebot der „geistlichen Begleitung" aufgegriffen. In dem Konzept der Weiterbildung „geistlich begleiten"[20] spielen geistliche Übungen eine zentrale Rolle. Nur wer eine eigene *„praxis pietatis"* entwickelt und reflektiert hat, kann andere bei ihren Suchbewegungen im Glauben begleiten. So intensivieren die Teilnehmenden an der Weiterbildung zum einen ihr Gebetsleben und sorgen zum anderen für eine breite Wirkung von geistlichen Übungen in den Regionen der Landeskirche. Sie machen Formen stark, die es Menschen ermöglichen, der Beziehung zu Gott oder Gottes zu ihnen mehr Raum zu geben und unterstützen sie dabei, die dafür notwendigen Grenzen zu ziehen.

Das Angebot geistlicher Begleitung hilft, Widerstände beim Finden und Einhalten geistlicher Übungen genauer anzuschauen und Überforderungen und Leistungsmechanismen aufzudecken, die auch im Rahmen geistlicher Übungen greifen können. Geistliche Begleitung hilft dabei auszuloten, welche Grenzen es für die Einzelne oder den Einzelnen braucht, damit die Begleiteten ihre Beziehung zu Gott und die Gottes zu ihnen nicht aus dem Blick verlieren und sich durch Gottes Wort neu inspirieren lassen. So hat die EKHN die Vermittlung bzw. Vertiefung geistlicher Übungen explizit in den Fort- und Weiterbildungszusammenhang integriert.

Geistliche Übungen als Heilmittel?

Geistlichen Übungen liegen biblische Texte und Inhalte zugrunde. Andreas von Heyl hat in seinen Untersuchungen über Burnout-Krisen bei Pfar-

---

9–10.

[20] Das Konzept der Weiterbildung zielt auf Einübung von schriftgebundenen Gebetsweisen, die dann in „Exerzitien im Alltag" an Teilnehmende in Kirchengemeinden oder Dekanaten weitergegeben und begleitet werden.

rerinnen und Pfarrern[21] gezeigt, wie biblische Geschichten[22] eine heilende Wirkung entfalten und wichtige Unterstützung auf dem Hintergrund des Glaubens bieten können. Die alten Texte bieten so etwas wie Deutefolien für Trost und Zuversicht, sie nehmen Trauer, Verzweiflung, Schuld und Kraftlosigkeit ernst und gehen darüber hinaus. Sie zeigen Deutemuster auf, die durch Gottes Zuwendung und seine vergebende Liebe entstehen.

Im Sinne einer Burn-out-Prävention benennt von Heyl Faktoren, die er für geeignet hält, Menschen vor dem beruflichen Ausbrennen schützen. Zu diesen Faktoren gehören unter anderen geistliche Übungen. Er verweist auf Studien, die die therapeutische Wirkung von Meditation und Gebet belegen. Er zitiert in diesem Zusammenhang Texte aus der christlichen Tradition, die eine Ausgewogenheit von Beten und Arbeiten empfehlen.[23] Er ist sich dabei bewusst, dass entsprechende Empfehlungen Gefahr laufen, in vertraute Leistungsmuster integriert zu werden, so dass zum ohnehin schon vorhandenen Stress auch noch die Bemühungen um Gebet und Meditation hinzukämen.[24] Geistliche Übungen sind – auch wenn sie durchaus die Gesundheit und Zufriedenheit im Beruf stärken können – kein Fitness-Training für die Seele. In geistlichen Übungen geht es um die Wirkung der Kraft des Wortes Gottes. Es geht darum, den Willen Gottes zu erspüren, sich dazu rufen zu lassen, an seinem Reich mit zu bauen und bereit zu werden, sich in die Nachfolge Christi zu stellen. Und das – dem Beispiel Jesu folgend – mit allen Ruhepausen, die dieser Weg fordert und ermöglicht. Geistliche Übungen und christliche Meditation sind also nicht darauf ausgerichtet, Menschen systemimmanent arbeitsfähig zu machen oder zu erhalten. Sie geben Anregungen für die grundsätzliche Ausrichtung des Lebens. Sie können durchaus die Umtriebigkeit in Frage stellen, sie können antreibende Stimmen von außen in Schranken verweisen. Sie können Anforderungen unterbrechen und die verwandelnde Kraft Gottes zusagen. Sie haben oft auch positive Auswirkung auf die Gesundheit und das Lebensgefühl. Sie ermöglichen zu erkennen, dass wir als Menschen begrenzte Möglichkeiten haben, sie lassen erkennen, wo und wie Menschen sich einsetzen können für die

21 Heyl (2003) und Heyl (2011).

22 Er verweist neben anderen ausführlicher auf Elia und die Emmaus-Geschichte.

23 Heyl (2011), 117.

24 Heyl (2011), 108.

Sache Gottes. Sie schärfen den Blick darauf, was es zu tun und was es zu lassen gilt. Geistliche Übungen ziehen eine Grenze, indem sie sich immer wieder an der biblischen Botschaft aus- und aufrichten. Gottes Liebe und Barmherzigkeit sind ein „Heilmittel", das uns jenseits jeder Verfügbarkeit „sola gratia" geschenkt ist und kein Ergebnis menschlicher Bemühungen, deren Ziel es sein könnte, diese Liebe und Barmherzigkeit durch aszetische Anstrengungen zu „verdienen". Menschen sind als Unvollkommene angenommen, werden von Gott begleitet und zu Grenzüberschreitungen wie auch Grenzziehungen herausgefordert. Maßstab ist der unverfügbare Wille Gottes und nicht das, was Menschen voneinander fordern, indem sie übereinander verfügen.

Entlastung durch Regeln und Methoden

Fulbert Steffensky betont, dass Mystiker Gott und nicht die besondere Erfahrung suchen. Sie suchen und finden Gott auch in der alltäglichen Trockenheit des Gebets. Dies gelte es zu achten und das Gebet nicht fallen zu lassen, wenn man nicht begeistert, ergriffen, erfüllt und weggerissen ist. Er hat zwölf Regeln aufgeschrieben, die ihm fürs Beten und Meditieren hilfreich erscheinen. Denn: „Regeln und Methoden reinigen uns von der Zufälligkeit des Augenblicks und machen uns langfristig."[25] Er weist darauf hin, sich nicht zu überfordern. Er rät zu festen Zeiten und Orten. Er plädiert für eine Strenge mit sich selbst, damit Befindlichkeiten und Stimmungen nicht alles zu Fall bringen können. Er warnt vor zu schnellen Enttäuschungen. Die Einübung ins Gebet braucht Zeit und langen Atem. Dabei reicht schon die „geglückte Halbheit", an der man sich freuen kann, statt sich am Ideal der Ganzheit zu messen. Er ermutigt seine Leserinnen und Leser, sich von den biblischen Texten erfassen zu lassen. Es gelte die Passivität von Beten und Meditieren zuzulassen. Eine kleine Liturgie, die einen wiederholbaren Ablauf vorhält, unterstützt das. So muss nichts vorbereitet oder gesucht werden. Auswendig gesprochene Texte tragen zur Passivität bei, sie verstärken eine Haltung, die vom Empfangen geprägt ist. Sie leihen Worte, wo keine eigenen vorhanden sind. Wenn jemand zu Zeiten nicht beten kann,

---

[25] Steffensky (2006), 20.

soll er oder sie sich nicht zwingen – und zugleich den Zeitraum fürs Beten nicht aufgeben, sondern weiter offen halten. Im Umgang mit sich selbst soll kein Zwang oder Erfolgsdruck ausgeübt werden, das Misslingen möge als Schwester und nicht als Feind betrachtet werden. Er schließt mit einem Verweis auf Römer 8,26 „Der Geist hilft unserer Schwachheit auf“ und einem Zitat aus Dorothee Sölles letztem Vortrag: „Wir beginnen den Weg zum Glück nicht als Suchende, sondern als schon Gefundene“[26]

Ruhe und Halt in Gott

Geistliche Übungen sind begrenzt und wirken begrenzend. Ihre Wirkung darf nicht überschätzt werden – sie bringen Gott nicht näher, sie machen Menschen nicht heiliger – und zugleich entlasten sie in einer Welt, die von Leistungsgedanken geprägt ist. Sie helfen heilsame Grenzen zu finden und schöpferische Pausen einzulegen. Geistliche Übungen ziehen eine Grenze zur Unruhe des Alltags und zum Zwang zur inneren Selbst-Optimierung. Sie schaffen einen Ort, der der Begegnung mit Gott vorbehalten ist. Ihr Kern ist ein beständiger Umgang mit dem Wort Gottes, das jeweils neu in den Lebenskontext eines Menschen hinein wirkt. In der rituellen Wiederholung klarer Abläufe, kann der Heilige Geist zu sprechen beginnen. Dieses Geschehen ist unverfügbar und entlastet. Es hängt nichts von menschlichem Beten ab. Ruhe und Halt, Trost und Gewissheit kann in der Form der Wiederholung gefunden werden. Die Inspiration, die Wirkung der biblischen Texte bleibt unvorhersehbar und geschenkt. Wie Gott am siebten Tag ruhte, ruht der Mensch in den geistlichen Übungen vom Tagesgeschäft.

Manche sprechen von einer spirituellen Krise der Kirche, einem spirituellen Burnout. Geistliche Übungen wirken dem entgegen. Durch sie kann Kirche sich von Gott her neu entwickeln lassen. Indem Menschen aus Gottes Handeln und Wirken Kraft schöpfen und Orientierung gewinnen für das, was in ihrer Macht steht, verändert sich das Angesicht der Erde. Gottes unerschöpflicher Segen begleitet die menschlichen Bemühungen und deren Grenzen. Gott entlastet da, wo Menschen scheitern, und ermutigt in seinem Sinn zu handeln. So findet der ruhelose Mensch Ruhe und Halt in Gott.

---

[26] Steffensky (2006), 22.

Geistliches Üben erwirbt uns nicht das Heil, aber es hält unseren Glauben lebendig.

Literatur

Amt für Öffentlichkeitsdienst der Nordelbischen Evangelisch-Lutherische Kirche in Zusammenarbeit mit der Pastoralen Dienststelle im Erzbistum Paderborn (Hg.): Mit den Perlen des Glaubens leben. Kiel 2010.

Bonhoeffer, Dietrich (1993), Gemeinsames Leben, in: Dietrich Bonhoeffer Werkausgabe. Band 5. Hg. von: Gerhard Ludwig Müller und Albrecht Schönherr, Gütersloh 1993, 13–104.

Bonhoeffer, Dietrich (1997), Theologische Psychologie, in: Dietrich Bonhoeffer Werkausgabe. Band 12. Hg. von Carsten Nicolaisen und Ernst-Albert Scharffenorth. Gütersloh 1997, 178–199.

Dahlgrün, Corinna, (2009), Christliche Spiritualität. Formen und Traditionen der Suche nach Gott, Berlin 2009.

Greiner, Dorothea / u.a. (2011) (Hgg.), Wenn die Seele zu atmen beginnt. Geistliche Begleitung in evangelischer Perspektive, Leipzig 2007.

Harms, Silke (2011), Glauben üben. Grundlinien einer evangelischen Theologie der geistlichen Übung und ihre praktische Entfaltung am Beispiel der "Exerzitien im Alltag", Göttingen 2011.

Faupel-Drevs, Kirstin (2012), Ewig nahe. Exerzitien mit den Perlen des Glaubens. Kiel 2012.

Leppin, Volker (2016), Die fremde Reformation. Luthers mystische Wurzeln, München 2016.

Luther, Martin (2011), Wie man beten soll. Für Meister Peter den Barbier. Hgg. von Köpf, Ulrich / Zimmerling, Peter, Göttingen 2011. Kritische Edition unter dem Titel „Eine einfältige Weise zu beten für einen guten Freund" (1535) WA 38, 358–375.

Nicol, Martin (1991), Meditation bei Luther, Göttingen 2. Aufl. 1991.

Steffensky, Fulbert (2006), Die große Sehnsucht, in: ders., Schwarzbrot-Spiritualität, Stuttgart 2006, 9–23.

Heyl, Andreas von (2011), Das Anti-Burnout-Buch für Pfarrerinnen und Pfarrer, Freiburg, 2011.

Zimmerling, Peter (2013), Evangelische Spiritualität. Wurzeln und Zugänge. Göttingen 2013.

Theologische Kompetenz

Grenzen der Frage nach der persönlichen Eignung

Holger Ludwig

Welche persönlichen Eignungsvoraussetzungen für den Pfarrberuf sind neben der universitären, wissenschaftlich-theologischen Ausbildung wichtig und nötig und wie können diese gefördert, aber letztlich auch überprüft werden? Diese Frage ist keineswegs neu, sondern durchzieht die Geschichte der Ausbildung für den Pfarrberuf. Dabei wurden jeweils unterschiedliche, durch die jeweiligen geschichtlichen Verhältnisse bedingte Antworten gegeben. Im Folgenden soll versucht werden, die Frage nach der persönlichen Eignung für den Pfarrberuf historisch einzuordnen und auf den Aufbau einer Kirchlichen Studienbegleitung, wie sie das 2015 von der Synode der Evangelischen Kirche in Hessen und Nassau (EKHN) verabschiedete und seit 1. Januar 2016 geltende „Gesetz zur Neuordnung des Einstellungsverfahrens in den Pfarrdienst" vorsieht, zu beziehen. Ein besonderes Augenmerk wird dabei auf die Funktion, die Leistungsfähigkeit, aber auch die Grenzen der Frage nach der persönlichen Eignung geworfen werden.

Ein kurzer Rückblick: Persönliche Eignung als Frage nach Lebenswandel und Frömmigkeit

In der Reformationszeit war es für Philipp Melanchthon von großer Wichtigkeit, dass der „evg. Pfarrer in seiner Ausbildung an der allgemeinen Bildung seiner Zeit in vollem Umfang teilzunehmen hat" und daher „nicht nur der Schrift in der Ursprache kundig sein, sondern auch das volle Maß dessen besitzen [muss], was zu wissenschaftlicher und literarischer Bildung vom ‚gebildeten Mann' gefordert werden muss."[1] Umfassende Bildung, die

[1] zitiert nach Eger (1930), 1135.

sich nicht auf Theologie beschränkte, sondern auf den damaligen Wissenskanon ausgeweitet war, gehörte daher zu den Eignungsvoraussetzungen, wie sie für die Reformatoren idealiter von entscheidender Bedeutung waren.

Ein Interesse am Lebenswandel der Pfarrer gab es darüber hinaus durchaus seit je her, vor allem wenn in scharfer und scharfzüngiger Weise ihr moralisches Fehlverhalten angeprangert werden konnte.[2] Im Zusammenhang mit ihrem Einsatz für die sachgerechte und ausreichende Bildung wie sie in den Visitationen[3] überprüft wurden, war es den Reformatoren wichtig, auch dafür Sorge zu tragen, dass die Lebensführung der Pfarrer nicht die Lehre des Evangeliums konterkarieren konnte. Beispielhaft dafür mag die Eingabe fünf hessischer Superintendenten an Landgraf Philipp stehen: Sie haben „viel Klagen hin und wider über Pfarrherren so da mit Vollsaufen und anderm lästerlichen Leben große Ärgerniß von sich geben und doch ungestraft und ungebessert bleiben [. . .]"[4]

In der Folgezeit ging es dann nicht mehr nur darum, dass die Lebensführung die Lehre nicht untergraben sollte, sondern nun hatte die Lebensführung vorbildhaft zu sein: „„Er [der Pfarrer H.L.] das sey, wozu er seine Hörer zu machen wünscht – exemplarisch gut – ein Muster der Frömmigkeit und Tugend – ein Vorbild seiner Gemeinden.‘"[5] Diese Verhaltenserwartungen dienten dann auch als Kriterium der Personalauswahl, vor allem deshalb, weil „„über die Gesinnungen der anzustellenden Prediger kein zuverläßiges Urtheil möglich ist, [. . .] so läßt sich doch aus dem bis dahin geführten Lebenswandel des Candidaten desto eher abnehmen, was von seiner künftigen Amtsführung zu erwarten sey.‘"[6] Die verstärkte Entprivatisicrung der Lebensführung[7] setzte sich durch und wurde zum Kriterium

[2] Vgl. dazu die Sammlung der Spottbilder gegen Mönche und „Pfaffen" bei *Drews* (1905), 14–15.

[3] Drews (1905), 15 überliefert dazu Folgendes: „Melanchthon erzählte in einem Kolleg, daß er im ersten Visitationsexamen einen Pfarrer, der früher Mönch gewesen war, gefragt habe, ob er auch den Dekalog lehre. Da habe er zur Antwort gegeben: ‚Ich hab das Buch noch nicht'".

[4] Drews (1905),19.

[5] Wenke (1817),99 (zitiert nach Weyel (2006), 37.

[6] Niemeyer (1801), 11 (zitiert nach Weyel (2006), 37.

[7] Vgl. Weyel (2006), 37.

der persönlichen Eignung, gliederte sich aber auch in das Selbstbild der Pfarrer, die eigenen Erwartungen an sich selbst, zunehmend ein. Ideale Lebensbilder sollten nicht nur zur Nachahmung anregen, sondern auch zur Identitätsstiftung beitragen.[8] Verhaltenserwartungen, die zunächst von außen an die Pfarrpersonen herangetragen wurden, wurden mehr und mehr zum Maßstab der eigenen Selbstbetrachtung und -bewertung.

Zunehmend wurde auch die Notwendigkeit gesehen, die Ausbildung für den Pfarrberuf durch Prüfungsordnungen und eine kontrolliertere Prüfungspraxis zu regeln. So ist für das 18. Jahrhundert für das Frankfurter Examen die Klage überliefert: „Es ist fast unerhört [...], daß irgendeiner auch bei noch so schlecht abgelaufener Prüfung gänzlich abgewiesen worden wäre."[9] In einem vorgedruckten Prüfungsformular, in das nur noch der Name einzusetzen war hieß es: „Obgleich der von uns geprüfte Kandidat N.N. noch merklich Mängel an theologischen Kenntnissen hat, so hat er doch versprochen, das Mangelnde durch fortgesetzten Fleiß zu ersetzen; und achten wir deswegen [...], dass er zum Predigtamte zugelassen werden könne."[10]

Im 18. Jahrhundert sind daher erstmals in Preußen durch die Verordnung Friedrich Wilhelms I. vom 20. September 1718[11] Bestrebungen deutlich sichtbar, die Ausbildung zum Pfarramt in „Schule, Studium und Kandidatenzeit [...] als ein[en] Gesamtkomplex theologischer Ausbildung"[12] zu verstehen: „Ziel der Verordnungen war es, nach Möglichkeit früh zu erkennen, wer zum kirchlichen Amt fähig sei und den ganz Untüchtigen aber beizeiten zu raten, von den Studiis abzulassen'"[13]. Hier sollte eine Art von Studienbegleitung aufgebaut werden, in der die Studientauglichkeit festgestellt wurde, Ratschläge zum Studium gegeben oder Mentoren für Erstsemester vermittelt wurden. Die begleitende Förderung zielte aber vor allem darauf,

---

8 Vgl. Weyel (2006), 38.

9 Drews (1905), 136.

10 Drews (1905), 136.

11 Verordnungen Friedrich-Wilhelms I. von Preußen. Abgedruckt bei Rahe (1969), 173–183.

12 Weyel (2006), 43. Siehe: Rahe (1969), 174, § 1 der Verordnung. Zum Folgenden a.a.O. §§ IV; IX sowie XIV, X und XVI.

13 § 1 der preußischen Verordnung von 1718. Vgl. Rahe (1969), 174. Siehe auch Weyel (2006), 43.

den Lebenswandel der Schüler, Studenten und Kandidaten zu begleiten, zu beeinflussen und vor allem: zu kontrollieren. Die Kriterien bezogen sich deshalb in erster Linie auf den Lebenswandel der Schüler, Studenten und Kandidaten, wenn die „im Saufen, Spielen, Tanzen, Müßiggang und dergleichen lebende Schüler“ oder durch „Völlerei, Zech-Compagnien, faules[s] Geschwätz und andere üppigen Wesen“[14] auffallende Studenten und Kandidaten ausgeschlossen werden sollten.

Die Überprüfung der Frömmigkeit der Kandidaten bildete ein weiteres Kriterium dieser maßgeblich pietistisch orientierten Verordnung. Die Prüfer sollten „den Candidatum nach seinem inwendigen Zustande suchen zu prüfen, ob er in der Buße und lebendigem Glauben stehe. Und was er hiervon vor Kennzeichen von sich geben könne? Wie er sein Leben von Jugend auf geführet? Wie er zu Gott bekehret worden?“[15] Ziel war es, dass sich „nicht mancher unwissender, unnützer und fleischlicher Mensch in ein geistliches Amt einschleiche“[16]. Wer entsprechend keine „guten Testimonia“ vorweisen konnte, der sollte „so lange ab- und zurückgewiesen werden, bis man untrügliche Kennzeichen der wahren Besserung und eine genugsame Tüchtigkeit zum Amte bei ihm befindet“[17]. Hinter den Anweisungen zum Lebenswandel und den Fragen zur Frömmigkeit traten Verordnungen zur wissenschaftlichen Prüfung in den Hintergrund, werfen aber ein bezeichnendes Licht auf die damalige Prüfungspraxis, wenn gefordert wird: „Es soll aber kein Examinator dem Candidato vorher sagen, was er tractiern will, ihm auch nicht einhelfen [...] Es soll sich auch kein Examinator mit dem anderen in Disput sich einlassen, vielweniger einer dem anderen contradictieren oder refutiren“.[18]

Für die Zeit pietistischer Reformvorschlage[19] stellt Henning Luther da-

[14] § 1 der preußischen Verordnung von 1718. Vgl. Rahe (1969), 174.

[15] § XIV. Vgl. Rahe (1969), 179.

[16] § X. Vgl. Rahe (1969), 177.

[17] § XVI, vgl. Rahe (1969), 179

[18] §§ XIX und XX. Nur in sechs der 24 Paragraphen dieser frühen Prüfungsordnung geht es um die Prüfung und ihren Inhalt an sich.

[19] Vgl. dazu auch das Inhaltsverzeichnis der Schrift „idea studiosi Theologiae“ von August Hermann Francke: „ I. Christenthum [...] Wie sein Seelen-Zustand sich zum wenigsten befinden müsse § 2 [...] Kein herrschendes Laster habe / und in seinen Fehlern gerne eine Erinnerung annehme § 9 [...] III. Aeußerliche Sitten [...] IV. Aeußerliche

her zu Recht fest: „Die bisherige [i.e. in der altprotestantischen Orthodoxie] Vorrangstellung der Ausbildung kognitiv-intellektueller Fähigkeiten wird durch diejenige der Einübung affektiver und habitueller Qualitäten abgelöst. [...] Das Studium verliert seinen auf Erkenntnis ausgerichteten Zweck zugunsten seiner umfassenden, religiös fundierten, aber nicht auf Religion beschränkten, sondern alle Lebensbereiche einbeziehenden Sozialisation, in der die Ausbildung von Erkenntnis nur eine untergeordnete Rolle spielen [...]. Ausbildung wird als Berufssozialisation konzipiert".[20]

Die Frage nach der „persönlichen Eignung" bezog sich zunächst und zuerst auf die Frage nach dem Lebenswandel und wurde vor allem in der Zeit des Pietismus mit der Frage nach dem persönlichen Glauben verbunden. Die Frage nach der wissenschaftlichen Bildung trat demgegenüber zurück.[21]

Mit und durch die Aufklärung und dann vor allem durch Schleiermacher kam es zu einer Unterscheidung zwischen wissenschaftlich-theologischem Studium und persönlicher Frömmigkeit. Einerseits bedarf der *persönliche Glaube* „der theologischen Schulung nicht", andererseits muss ein *Pfarrer* „mit der Geschichte wie mit den Grundsätzen dieser Glaubensweise, sowie mit dem was sie in Auseinandersetzung mit dem allgemeinen Geistesleben der Zeit zu ihrer Begründung und Rechtfertigung braucht, im höchsten wissenschaftlichen Sinne, der jeweils zugänglich ist, vertraut sein."[22] Die wissenschaftliche Bildung der Pfarrer zur Zeit der Aufklärung diente damit dem Ziel, auskunfts- und rechenschaftsfähig über die Gegenstände der Theologie vor dem Forum der Vernunft zu bleiben. Die konkreten Fragen nach der universitären Bildung traten so wieder mehr in den Vordergrund und führten zu der Verpflichtung, dass im Laufe des 19. Jahrhunderts in allen evangelischen Landeskirchen die künftigen Pfarrer mindestens drei Jahre an einer deutschen evangelischen-theologischen Fakultät zu studieren hatten. Sowohl die Gymnasialreife als auch das dreijährige theologische Studium wurden „in vielen Gebieten staatsgesetzlich

---

Führung/Lebensart/Amt u.d.gl.".

20 Luther, Henning (1976), 171, 175.

21 Eger (1930), 1136.

22 Eger (1930), RGG^2, 1138.

vorgeschrieben".[23] In Hessen gab es damals schon ein Predigerseminar, so dass sich die erste theologische Prüfung – anders als in anderen Gebieten – auf wissenschaftlich-theologische Frage konzentrieren und deshalb auch an der Fakultät abgenommen werden konnte. Sonst lagen zu dieser Zeit die Prüfungen meist in den Händen kirchenregimentlicher Prüfungskommissionen.

Die – neben der universitären Ausbildung – zusätzlichen persönlichen Eignungskriterien wurden im Laufe der Geschichte also durchaus unterschiedlich gefüllt. Dienten in der Vergangenheit vor allem Fragen des Lebenswandels oder Frömmigkeit als Kriterien der persönlichen Eignung, so sind es in der jüngeren Vergangenheit und der Gegenwart vor allem Fragen nach spezifischen, für die Ausübung des Pfarrdienstes als unerlässlich angesehene „persönliche Kompetenzen", die als Eignungskriterien herangezogen werden.

Eignungsprüfungen als Frage nach persönlichen Kompetenzen

Im Überblick über die vergangenen Jahrhunderte und im Rückblick auf die letzten 20 Jahre zeigt sich im ausgehenden 20. und beginnenden 21. Jahrhundert nach den Debatten um die Reform des Theologiestudiums an den Hochschulen[24], dass die Frage nach den persönlichen Eignungsvoraussetzungen wieder stärker in den Fokus des kirchlichen Interesses trat.

Dabei hängt das verstärke Interesse der Frage nach den persönlichen Eignungsvoraussetzungen eng mit der Verschiebung der Aufmerksamkeit vom „Amt zur Person" zusammen: Je mehr der Pfarrer zur „erlebbaren Konkretionsgestalt des ansonsten eher abstrakt bleibenden Sachverhalts Religion"[25] wurde, umso größer wurde die Bedeutung seiner Persönlichkeit und seines konkreten persönlichen Verhaltens. Andersherum führte der „Verlust an Bedeutung und Plausibilität von Religion und Kirche" dazu, dass diesem „ [...] durch eine Konzentration auf die Person des Repräsentanten von Religion und Kirche in der Öffentlichkeit begegnet"[26] wurde.

[23] Eger (1930), RGG², 1138f. Zum Folgenden ebd.
[24] Vgl. dazu die Aufarbeitungen von Henning Luther (1976) und Meireis (1997).
[25] Drehsen (1998), 272.
[26] Weyel (2006), 37.

Dies ist durchaus als „produktive Reaktion auf einen umfassenden Modernisierungsprozess“ zu verstehen, in dem der Zugang zur Religion grundsätzlich individualisiert und der Pfarrer zum gesellschaftsöffentlichen symbolischen Repräsentanten gelebter Religion wurde“[27]. Insofern ist es nicht verwunderlich, wenn das Augenmerk auf die persönliche Eignung der betreffenden Personen stieg.

Wie stark in der Gegenwart „[...] aller Erfolg, jegliche soziale Wirkung der kirchlichen Arbeit ganz und gar von der individuellen Anstrengung der Pfarrer/innen, ja von ihrer individuellen Selbstoptimierung zu erwarten ist“[28] hat Jan Hermelink in seiner Kritik am EKD-Impulspapier „Kirche der Freiheit“ (2006) exemplarisch gezeigt. Das Papier spricht nicht nur von der notwendigen theologischen oder seelsorgerlichen „Amtshandlungskompetenz“, sondern darüber hinaus von „Innovationskompetenz“, „Motivations- und Qualifikationskompetenz“ oder „Führungskompetenz“, die Pfarrerinnen und Pfarrer benötigen.[29] Die Frage nach spezifischen – neben der akademischen Bildung zu erwerbenden und von ihr zu unterscheidenden – „Kompetenzen“ löste die Frage nach dem Lebenswandel oder der Frömmigkeit als Kriterium der persönlichen Eignung ab.

So wurden bereits 1997[30] in der EKHN – neben der Qualität des Abschlusses des Ersten und Zweiten Theologischen Examens – Kriterien der persönlichen Eignung definiert. Dabei wurden unter dem Begriff *Eignung* „alle Eigenschaften zusammen[gefasst], die das Pfarramt von seinen Inhaberinnen und Inhabern erfordert, wie beispielweise geistige Anlagen, Charakter- und Persönlichkeitswerte“.[31] Zu überprüfen war demnach dann, „in welchem Maße sie [die Bewerberinnen und Bewerber] nach ihren persönlichen Eigenschaften und Verhaltensweisen den Anforderungen genügen, die für den Pfarrdienst sowie für die Achtung und das Vertrauen in die Person der Pfarrerin oder des Pfarrers und die Amtsführung von Bedeutung sind.“

---

27 Weyel (2006), 37.

28 Hermelink (2013), 245.

29 Hermelink (2013), 245f. Siehe auch Kirche der Freiheit (2006), 73. Vgl. dazu auch Klostermeier (2011).

30 Synode der EKHN (1997), Drucksache 12/97.

31 Synode der EKHN (1997), Drucksache 12/97, 13. Dort auch zum Folgenden.

In den 1990er Jahren galt es in der EKHN nach dem praktischen Vorbereitungsdienst (Vikariat) und dem Zweitem Theologischem Examen eine entsprechende Personalauswahl vor dem Hintergrund der Tatsache zu treffen, dass die Zahl der geeigneten Bewerbenden deutlich höher war als die Zahl der zur Verfügung stehenden Stellen. Gleichzeitig war die Situation von der Erfahrung geprägt, dass durch das vorherige Einstellungsverfahren auch Bewerberinnen und Bewerber, die „aufgrund ihrer Persönlichkeit erwarten [ließen], den späteren Anforderungen des Berufs [...] nur in geringem Maße gewachsen zu sein“, die Anstellungsfähigkeit zuerkannt und eine Einstellung vorgenommen werden musste.[32] Die Liste der mangelnden Fähigkeiten bei Kandidatinnen und Kandidaten, wie sie von den Übernahmekommissionen wahrgenommen wurden, ist lang.[33] Wenn man bedenkt, dass die Kandidatinnen und Kandidaten ein Theologiestudium und Vikariat absolviert hatten, muss diese Aufstellung irritieren. Insbesondere angesichts fehlender Initiativen im Kontext der Einführung des Einstellungsverfahrens 1997, die dazu geeignet gewesen wären, die bemängelten Fähigkeiten im Studium und praktischem Vorbereitungsdienst strukturell gezielt zu fördern. Man beschränkte sich in Zielsetzung und Durchführung des neuen Auswahlverfahrens auf die Auswahl der am besten geeigneten Kandidatinnen und Kandidaten. Im Hintergrund stand – neben den erwähnten personalpragmatischen Erfordernissen – die Frage, „welche Fähigkeiten und Kompetenzen müssen Pfarrerinnen und Pfarrer über die in Studium und Ausbildung erworbenen hinaus besitzen, damit sie im Berufsfeld ‚Gemeinde‘ erfolgreich arbeiten können?“[34] Grundsätzlich dabei war die Überlegung, „dass die Qualifikation für einen sozialen Beruf, wie es der Pfarrbe-

---

[32] Synode der EKHN (1997), Drucksache 12/97, 12.

[33] Genannt werden: „mangelnde Wahrnehmungsfähigkeit, mangelnde psychische Belastbarkeit, mangelnde Argumentationsfähigkeit, Defizite in der mündlichen Sprach- und Ausdrucksfähigkeit, Defizite der Reflexionsfähigkeit, mangelnde Fähigkeit zur Selbstkritik, mangelnde Fähigkeit im konstruktiven Umgang mit Konflikten, mangelnde Fähigkeit, Menschen zu motivieren, mangelnde Fähigkeit in unstrukturierten Situationen angemessen zu reagieren, mangelnde Fähigkeit, eine volkskirchliche Gemeinde zu leiten und zu führen, eine nicht erkennbare oder unklare Motivation für den Berufswunsch Pfarrer/Pfarrerin, eine unzulänglich reflektierte Berufsrolle“ (Synode der EKHN (1997), Drucksache 12/97, 12.)

[34] Kammer für Ausbildung (2001), 125.

ruf ist, nur im Rahmen einer Gesamtwürdigung der Persönlichkeit der Bewerberinnen und Bewerber beurteilt werden kann. Bei dieser Beurteilung handelt es sich um einen Akt wertender Erkenntnis, der sich jeder Schematisierung durch starre Punktesysteme verschließt."[35] Von dieser Überlegung ausgehend wurden sechs Kriterien zur Feststellung der persönlichen Eignung definiert:

1. Die Fähigkeit zur verantwortlichen Leitungstätigkeit in der Gemeinde
2. Teamfähigkeit
3. Fähigkeit zur glaubwürdigen Vertretung des eigenen Zeugnisses des christlichen Glaubens
4. Sprach-, Argumentations- und Dialogfähigkeit
5. Belastbarkeit und Konfliktfähigkeit
6. Fähigkeit zur Reflexion der eigenen Person und der Berufsrollen

Anhand dieser Kriterien wurde ein Auswahlverfahren (Assessmentcenter) eingeführt, das zum Ziel hatte, „die Bewerberinnen und Bewerber auszuwählen, die für den Pfarrdienst am besten geeignet erscheinen." Bewusst sollte nicht die „fachliche Befähigung", die durch die beiden theologischen Examina gezeigt worden war, erneut überprüft werden, sondern es sollte geprüft werden „ob und wenn ja in welchem Umfang, Bewerberinnen und Bewerber die [...] genannten Kriterien erfüllen". Die „Beurteilung der persönlichen Eignung" wurde dann „auf der Grundlage gezeigten Verhaltens in Rollenspielen, Diskussionsrunden und bei der Bewältigung von praktischen Aufgaben"[36] vorgenommen. Dabei wurden die Kompetenzen als Kriterien der Personalauswahl – wie geschildert – schlicht vorausgesetzt, ohne Überlegungen anzustellen, wo und wie sie erworben, erlernt oder gefördert werden könnten. In der Synodendrucksache heißt es schlicht: „Maßstab für die „Beurteilung der persönlichen Eignung sollten die rechtlichen und tatsächlichen Bedingungen"[37] des pfarramtlichen Berufsfeldes sein. Mit der Ein-

---

[35] Synode der EKHN (1997), Drucksache 12/97, 12. Die Bemerkung „starre Punktesysteme" bezieht sich dabei auf das vorherige Verfahren (Übernahmeverfahren), in dem aufgrund der Ergebnisse des Ersten und Zweiten Examen sowie der Beurteilung aus dem Gespräch mit einer Übernahmekommission eine Listenrangfolge erstellt wurde, nach der die Einstellungsplätze vergeben wurden.

[36] Synode der EKHN (1997), Drucksache 12/97, 15. Dort auch zum Vorherigen.

[37] Synode der EKHN (1997), Drucksache 12/97, 13.

führung des Einstellungsverfahrens war keine grundsätzliche Veränderung der Ausbildung oder eine besondere Begleitung und Förderung Studierender verbunden. Die Verbindung der Feststellung der persönlichen Eignung mit einer entsprechenden Quote (Zahl an Einstellungsplätzen) führte darüber hinaus zu einem Zielkonflikt: Ging es bei den Auswahlverfahren um die „Gesamtwürdigung der Persönlichkeit" oder darum, zu prüfen, ob bestimmte für die Ausübung des Pfarrberufes benennbare „Kompetenzen" ausreichend ausprägt bis sehr gut erkennbar (als Rangfolge) vorhanden sind?

2003 wurde durch die Synode der EKHN das Auswahlverfahren für den Pfarrdienst geändert und die sogenannte „Potentialanalyse" eingeführt. Einer der Gründe für die Veränderung war die problematische „„kulturelle Akzeptanz"", die die Evaluation des Auswahlverfahrens 2001 attestiert hatte.[38] Der Ort des Auswahlverfahrens wurde ans Ende des Studiums vor das Vikariat verlegt, um ggf. ungeeigneten Kandidatinnen und Kandidaten leichter eine alternative Berufslaufbahn zu ermöglichen. An den schon für das Auswahlverfahren von 1997 genannten Kriterien der persönlichen Eignung für den Pfarrdienst wurde ausdrücklich festgehalten. Die Potentialanalyse sollte durch entsprechende standardisierte Übungen zur Auswahl geeigneter Kandidatinnen und Kandidaten für Pfarrdienst dienen, in dem ihre Stärken und Schwächen diagnostiziert wurden. Deshalb wurde nun eine „detaillierte Rückmeldung zu ihren Stärken und Schwächen sowie Empfehlungen für ihren weiteren Entwicklungs- und Ausbildungsprozess" eingeführt. Allerdings blieb es den Kandidatinnen und Kandidaten überlassen, „wie sie in der Zweiten Ausbildungsphase ihre Schwächen bearbeiten und ausgleichen".[39] Ebenfalls waren auch hier keine Überlegungen erkennbar, ob und wie die für die persönliche Eignung vorausgesetzten Fähigkeiten („Kriterien") ggf. in Studium oder Ausbildung strukturell gefördert werden müssten. Weiterhin fehlen in der Drucksache zur Begründung des Verfahrens auch Hinweise – z.B. durch die Frage nach Zielen, Inhalten und Struktur des Theologiestudiums – wie, wo und oder wodurch die Kandidatinnen und Kandidaten diese Fähigkeiten erworben haben könnten. Es blieb

[38] Synode der EKHN (2003), Drucksache 125/2002, 1.

[39] Synode der EKHN (2003), Drucksache 125/2002, 2.

bei der Überprüfung, Feststellung und Bewertung des Vorhandenseins dieser Fähigkeiten im Rahmen einer „Gesamtwürdigung der Persönlichkeit" durch eine gutachterliche Beschreibung der durch die am Verfahren beteiligten Beobachterinnen und Beobachter wahrgenommenen Performanz der Kandidatinnen und Kandidaten.

Der Versuch eine „Gesamtwürdigung der Persönlichkeit" vorzunehmen steht – ähnlich wie die Fragen nach dem Lebenswandel oder die Frage nach einer bestimmten Form der Frömmigkeit – in der Gefahr, einer Entprivatisierung der Lebensführung Vorschub zu leisten. Ebenfalls ist die Frage nach weiteren spezifischen Kompetenzen als Kriterium der persönlichen Eignung nicht unkritisch anzuwenden, vor allem weil sich – so ist in der Rückschau festzustellen – in der Praxis der Begriff der Kompetenz von seinem Bezug zur Theologie gelöst hatte. Michael Wöller stellt zu Recht fest: „Ging es zunächst lediglich darum, mit Hilfe des Kompetenzbegriffs den Bezug der Profession auf die Sachthematik zum Ausdruck zu bringen, so fand er in den 1990er Jahren zunehmend mehr als Bezeichnung für persönliche Eignung im Zusammenhang mit kirchlichen Auswahlverfahren Verwendung. Als Kompetenzen werden nunmehr persönliche Charakterzüge bezeichnet, die [...] beobachtet, bewertet und bei der Einstellungsentscheidung zugrunde gelegt werden."[40] Die Transformation von „persönliche[n] Eigenschaften [...] zu überprüfbaren professionellen Persönlichkeitskompetenzen" im Rahmen des Auswahlverfahrens führt unweigerlich zu einer „Funktionalisierung der Person"[41]. Aus der Überprüfung bestimmter Kompetenzen kann so leicht eine „Perfektionszumutung" werden, die unter den „Imperativ unabschließbarer Selbstoptimierung"[42] gerät. Das Problem verschärft sich noch durch die Frage nach dem Verhältnis von Kompetenz und Performanz. Plagentz hat darum zu Recht festgestellt: „Im AC [Assessmentcenter, Auswahlverfahren in der EKHN bis 2003, H.L.] verschärft sich deshalb ein Problem, das in der Pädagogik als Anpassungsleistung bekannt ist. Prüft ein solches Verfahren wirklich eine substantielle Kompetenz, oder nicht eher, inwiefern die Probanden in der Lage sind, sich an solche Ver-

[40] Wöller (2013), 356.
[41] Wöller (2013), 356.
[42] Hermelink (2013), 247.

fahren anzupassen?".[43] Karle spricht deshalb von den „Grenzen der Lern- und Prüfbarkeit der dafür [für die pastorale Kompetenz, H.L.] nötigen Eignungskriterien"[44]

Persönliche Eignung als Teil der Theologischen Kompetenz

Zielführender als der Versuch einer „Gesamtwürdigung der Persönlichkeit" in der Spannung zwischen angeeigneter Kompetenz und situativer Performanz ist daher der Rückgriff auf den Begriff der „Theologischen Kompetenz", wie er von Eilert Herms 1982/88[45] in die Debatte eingebracht wurde. Dieser Begriff bietet die Möglichkeit, die Frage nach der „persönlichen Eignung" sachgerecht einzuordnen und theologisch anzuschließen.[46] Herms versteht unter theologischer Kompetenz den „Inbegriff der Fähigkeiten [...] die für die auftragsgemäß professionelle Führung des Pfarramtes erforderlich sind und zusammen die Fähigkeit begründen, im Lichte der angeeigneten kirchlichen Lehre die gegebene Praxissituation des Amtes zu begreifen, ihre aktuellen Aufgaben (Praxisprobleme) zu identifizieren sowie Lösungen für sie zu entwerfen und durchzuführen".[47]

In den „Grundsätzen für die Ausbildung und Fortbildung der Pfarrerinnen und Pfarrer der Gliedkirchen der EKD" wurde 1988 an diese Begrifflichkeit angeknüpft. Für eine „auftragsgemäße und professionelle Führung des Pfarramtes" – heißt es dort –, ist *„die Fähigkeit* [erforderlich]*, im Lichte der angeeigneten kirchlichen Lehre die gegebene Situation des Amtes zu begreifen, ihre gegenwärtigen Aufgaben (Probleme) zu erkennen, sowie Lösungen zu entwerfen und durchzuführen.* Dafür sind bestimmte Kenntnis-

[43] Plagentz, (2004), 185.

[44] Karle (2000), 522.

[45] Herms (1982) und (1988). Die Beiträge sind aufgenommen und leicht zugänglich in: Herms (1990), 157–189 und 190–208.

[46] Zur Kritik vgl. ausführlich Meireis (1997). Vgl. auch Heimbrock / von Kriegstein (2002), 9f: „Der Kompetenzbegriff beinhaltet die Gefahren, dass theologische Bildung zu eng gefasst wird oder aber, dass seine Inhaltsbestimmung bis zur Unkenntlichkeit erweitert werden müsste, wenn man personal zentrale und spirituelle Dimensionen gedanklich erfassen und in die Ausbildungsprozesse einbeziehen will."

[47] Herms (1990), 159.

se, Einsichten und Fertigkeiten grundlegend."[48] Dazu gehören die *Kenntnis* und das rechte *Verständnis* der „tradierte[n], den Anspruch auf Auftragsgemäßheit (Evangeliumsgemäßheit) erhebende, rechtsgültige Lehre und Ordnung" der jeweiligen Kirche.

Ebenfalls muss auch eine entsprechende *Einsicht* in die „*Stichhaltigkeit* dieses Anspruches der geltenden kirchlichen Lehre und Ordnung auf Evangeliumsgemäßheit und *in die Wahrheit*, d.h. Vertrauenswürdigkeit und Zuverlässigkeit des Evangeliums" gewonnen werden, die eine „persönliche Identifikation mit der Sache des Evangeliums, mit dem Auftrag der Kirche und mit den Aufgaben ihres Amtes ermöglicht".

Nicht zuletzt gehört zur Theologischen Kompetenz auch die „Fertigkeit" [sic!], die „eigenen Einsichten, *persönlich zu vertreten*. Das heißt: Er [der Kandidat/die Kandidatin H.L.] muss die dafür erforderlichen Kommunikations-, Verstehens- und Artikulationsleistungen zuverlässig erbringen können"[49]

Der Ort für die Aneignung theologischer Kompetenz ist zunächst die erste Ausbildungsphase des theologisch-wissenschaftlichen Studiums an der Universität. Hier werden die entsprechenden Kenntnisse, Einsichten und Fähigkeiten als Basis für die Ausübung des Pfarrberufs erworben.[50] Das Theologiestudium leitet die Studierenden dazu an, sowohl „historisch-hermeneutisch nach dem *Sinn* der christlichen Überlieferung zu fragen und zugleich diese Überlieferung systematisch-argumentativ daraufhin zu überprüfen, ob sie auch von ihnen als *wahr* und für sie selbst gültig vertreten werden kann."[51]

Dies geschieht allerdings nicht nur anhand der Lerninhalte der Studienordnungen, sondern vielmehr auch durch die „impliziten Ordnungen, das ‚hidden curriculum' dieses Studiengangs".[52] Hermelink spricht in diesem Zusammenhang von „fünf Strukturmerkmalen des Theologiestudiums", die sich den Studierenden durch die Struktur des Studiums, seiner „implizi-

---

48 Grundsätze für die Ausbildung (1988), 13. Vgl. dazu Herms (1990), 176. Hervorhebungen ebd.

49 Grundsätze für die Ausbildung (1988), 13.

50 Vgl. dazu: Grundsätze für die Ausbildung (1988), 25–36.

51 Grundsätze für die Ausbildung (1988), 24.

52 Hermelink (2012), 228.

ten Ordnung", vermitteln, die aber dann auch die konkrete Berufsausübung „auf einer elementaren, habituellen Ebene prägen."[53] Dazu gehört als erstes die Fähigkeit zum Umgang mit Pluralität, mit „höchst vielfältigen, pluralen und komplexen Verhältnissen. [. . .] Wer Theologie studiert (hat), ist geübt darin, inhaltliche wie institutionelle, weltanschauliche wie kulturelle Pluralität wahrzunehmen, sie historisch und systematisch einzuordnen, reflexiv mit ihr umzugehen".[54] Denn das Theologiestudium verlangt anhand einer Pluralität der Themen (historische wie gegenwärtige) das Erlernen einer Pluralität der Methoden (philologisch, philosophisch, empirisch) in einer Pluralität der Perspektiven (deskriptiv wie normativ). Dabei zielt das Studium der Theologie darauf, „‚den evangelischen Glauben in Auseinandersetzung mit den Fragen der Gegenwart eigenständig reflektieren vertreten und verkündigen zu können'."[55] Zweitens hat die Notwendigkeit für das Studium der Theologie drei Sprachen zu erlernen zur Folge, dass durch die damit verbundene Beschäftigung mit anderen Kulturen „mindestens implizit" auch erlernt wird, „dass die Überzeugungen, die Ordnungen und Relevanzen der Gegenwart keine absolute Geltung beanspruchen können."[56] Dadurch wird nicht nur der „Absolutsheitsanspruch aktueller Normen, Autoritäten und Verhältnisse"[57] der Gegenwart relativiert, sondern auch der Umgang mit fremden, zunächst abständig erscheinenden Kulturen eingeübt. Drittens vermittelt das Studium durch die Arbeit mit und an Texten eine historisch-hermeneutische Deutungskompetenz. Vor diesem Hintergrund kann auch die Fähigkeit erworben werden, die Realität der Gegenwart wie einen Text zu lesen und wahrzunehmen: „verstehend, abwägend, deutend". So wird eine „analytisch-reflexive Haltung" eingeübt.[58] Darüber hinaus erhebt das Studium der Theologie viertens den „Anspruch, dass die Studierenden sich die ‚Sache' des christlichen Glaubens, wie sie in überlieferten Texten ebenso wie in gegenwärtigen Ausdrucksformen präsentiert

---

53 Hermelink (2012), 228f.

54 Hermelink (2012), 229.

55 Akkreditierungsantrag Magister Theologiae. Universität Göttingen, zitiert bei: Hermelink (2012), 229.

56 Hermelink (2012), 230.

57 Hermelink (2012), 230.

58 Hermelink (2012), 230. Vgl. zum Folgenden a.a.O., 232.

wird, *persönlich zu eigen* machen"[59]. Dies ist nicht nur eine Art „Nebeneffekt", sondern die Förderung der persönlichen Überzeugung „wird anlässlich der Arbeit an Texten wie an der religiösen Praxis ausdrücklich eingefordert".

Diese Aufgabe, die „eigenen christlichen Überzeugungen auch kommunikativ-praktisch zu vertreten" stellt vor die Herausforderung, mit „der Vielfalt möglicher Adressaten einer solchen religiösen Kommunikation" in Kontakt zu treten im Bewusstsein, dass diese „in der Gegenwart auf ein komplexes System zwischen Interesse, Ablehnung und Gleichgültigkeit treffen wird". Die Fähigkeit, „sich religiöse Überzeugungen persönlich anzueignen und kommunikativ zu vertreten" – und zwar in einem Kontext pluraler Erwartungen und Überzeugungen – gehört daher zu den wesentlichen Fähigkeiten, die durch das Studium der Theologie gefördert werden. Fünftens ist das Studium der Theologie durch die vielfältigen Bezüge zur Kirche als sozialer Organisation geprägt. Gemeindepraktikum, (Vor-) Erfahrungen in (kirchlicher) Jugend- und Gemeindearbeit, Auslandssemester, Studienreisen, ökumenische Kontakte ermöglichen den Studierenden nicht nur akademische, sondern auch kirchliche neue Einsichten. Die „Kompetenz, mit der differenzierten Vielfalt religiös, aber auch kulturell und sozial begründeter Vergemeinschaftung umzugehen, die für die moderne, multireligiöse und –kulturelle Gesellschaft kennzeichnend ist"[60], kann so eingeübt werden.

Die Entwicklung der Fertigkeit, die gewonnenen Kenntnisse und Einsichten persönlich zu vertreten und die Möglichkeit, die dafür notwendigen Kommunikations-, Verstehens- und Artikulationsleistungen erbringen zu können, ist somit keine Fertigkeit, die neben der zu entwickelnden Theologischen Kompetenz als zusätzliche Fähigkeit oder gar persönliche Charaktereigenschaft anzusehen ist, sondern gehört notwendigerweise inhärent zur Theologischen Kompetenz selbst.

---

[59] Hermelink (2012), 232. Vgl. den Akkreditierungsantrag Magister Theologiae. Universität Göttingen, zitiert bei Hermelink (2012), 229. „Die Studierenden werden über das gewöhnliche Maß akademischer Sozialisation hinaus in die Entwicklung einer eigenständigen, engagierten und couragierten theologischen und politischen Persönlichkeit gefördert."

[60] Hermelink (2014), 233.

Diese notwendigen Kommunikations-, Verstehens- und Artikulationsleistungen können mit denen in das 2015 von der EKHN-Synode erlassenen Gesetz zur Neuordnung des Einstellungsverfahrens in den Pfarrdienst aufgenommenen Kriterien der Sprach-, Argumentations- und Dialogfähigkeit, der Teamfähigkeit und der Fähigkeit zur Reflexion der eigenen Person sachgerecht beschrieben werden. Diese Kriterien wurden wie oben geschildert bereits 1997 als Kriterien der persönlichen Eignung mit dem Ziel eine „Gesamtwürdigung der Persönlichkeit“ vorzunehmen entwickelt. Allerdings sind diese o.g. „Fähigkeiten“ streng genommen „Fertigkeiten“, die angeeignet, eingeübt, erprobt und stets weiterentwickelt werden können und müssen. Somit müssen sie in der Entwicklung und im Prozess befindlich betrachtet, und nicht einfach als vorhanden oder nicht vorhanden gesehen werden. Denn: „Theologische Kompetenz ist das Resultat eines *einheitlichen*, mit der Grundlegung nicht abgeschlossenen, sondern von sich aus auf ständiges Wachstum hin angelegten Bildungsprozesses.“[61] Der Begriff der „persönlichen Eignung“ darf daher nicht von seinem Ziel, der Ausübung des Pfarrberufes getrennt werden. Darum formuliert das Papier der Gemeinschaft Evangelischer Kirchen in Europa (GEKE) zu Recht: „Die Fähigkeit, das Evangelium ansprechend und authentisch ins Gespräch zu bringen, wird heute in der Regel mit dem Begriff der *‚persönlichen Eignung‘* zum Ausdruck gebracht.“[62] Sprach-, Argumentations- und Dialogfähigkeit, Teamfähigkeit und sowie Fähigkeit zur Reflexion der eigenen Person sind vor diesem Hintergrund als Teil der „Theologischen Kompetenz“ zu verstehen. Der Begriff „Theologische Kompetenz“ ist daher auch nicht auf rein intellektuelle Fähigkeiten und Fertigkeiten zu reduzieren.

Wird der oben beschriebene weite Begriff von Theologischer Kompetenz zu Grunde gelegt. haben v.a. die theologischen Examina „die Funktion von Kompetenzprüfungen“[63]: „Wenn im Studium nicht aufgrund von theologischen Kenntnissen und Einsichten die Grundfertigkeit der qualifizierten persönlichen Vertretung der eigenen theologischen Einsicht erworben ist, *kann* im Vorbereitungsdienst die Fertigkeit zu einer den Anforderungen des Amtes entsprechenden Vertretung der Sache des Glaubens nicht

61 Grundsätze für die Ausbildung (1988), 19.
62 Amt, Ordination (2013), 194.
63 Grundsätze für die Ausbildung (1988), 22.

gewonnen werden."[64] Die Feststellung darüber aber geschieht sachgemäß im Ersten Theologischen Examen.

Nur in diesem Sinne und eingeordnet in die Frage nach Theologischer Kompetenz können Sprach-, Argumentations- und Dialogfähigkeit, Teamfähigkeit und sowie Fähigkeit zur Reflexion der eigenen Person Kriterien zur Beurteilung der persönlichen Eignung sein. „Kriterien" können genaugenommen aber nicht gefördert werden, es können höchstens die Ausbildung von Fähigkeiten und die Einübung von Fertigkeiten im Bildungsprozess gefördert werden. Das heißt dann aber auch: In beobachteten Übungen in Eignungstest kann nur überprüft werden, inwieweit die Ausprägung der entsprechenden Fähigkeiten oder Fertigkeiten erkennbar ist.

Bei der Frage nach der „persönlichen Eignung" kann es deshalb nicht darum gehen, weitere – von der Frage nach der theologischen Kompetenz unabhängige – Kriterien hinzuzufügen. Vielmehr muss überlegt werden, wie und wo die einzelnen Bestandteile theologischer Kompetenz angeeignet, eingeübt, erprobt und weiterentwickelt werden können. Dafür bildet einerseits das Theologiestudium an sich durch die von Hermelink genannten Strukturmerkmale den entsprechenden Rahmen. Darüber hinaus erscheint es aber andererseits sinnvoll, – strukturiert und begleitet durch die Kirche – einen weiteren „Frei-Raum" zu schaffen, in dem es den Studierenden ermöglicht wird, über ihre persönlichen Fragen zu ihrer religiösen Identität ins Gespräch zu kommen und in diesem Zusammenhang zu erörtern, wie die „je persönliche *Berufung* zu einem kirchlichen Amt durch das wissenschaftliche Studium gestärkt, aber zugleich auch verunsichert wird."[65] Gleichzeitig müssen aber auch weitere Gelegenheiten geschaffen werden, in denen Studierende erproben können, ihre eigenen Einsichten persönlich zu vertreten, aber auch zur Disposition zu stellen.

Kirchliche Studienbegleitung statt Eignungsprüfung

Der Aufbau und die Etablierung einer Kirchlichen Studienbegleitung in der Evangelischen Kirche in Hessen und Nassau dienen in diesem Sinne als ausgeführtes Personalförderungskonzept dem oben beschrieben Ziel und

---

[64] Grundsätze für die Ausbildung (1988), 22.

[65] Hermelink (2012), 220.

bilden daher das Zentrum des „Gesetzes zur Neuordnung des Einstellungsverfahrens in den Pfarrdienst“. Die Kirchliche Studienbegleitung richtet sich an alle Studierenden der Evangelischen Theologie, die die Absicht haben, in den Dienst der EKHN zu treten. Sie soll deshalb „den Studierenden dazu verhelfen, sich schon während der Ausbildung pastoraler Anforderungen bewusst zu werden und sie für sich zu reflektieren. Dies kann nur durch individuelle Förderung geschehen.“[66] Dabei soll zum anderen gleichzeitig sichergestellt werden, dass im Rahmen des Studiums der wissenschaftlichen Theologie durch die Universitäten nicht nur die fachliche Qualifikation, sondern auch und gerade die „persönliche Eignung“ im beschriebenen Sinne in einem langestreckten und vertraulichen Prozess gefördert wird.[67] Die Ziele der Kirchlichen Studienbegleitung sind somit:

„a) die Bewusstmachung und Förderung von persönlichen Kriterien für den Pfarrberuf in Ergänzung zur wissenschaftlichen Theologie an den Universitäten,

b) ein Selbstklärungsprozess, ob und wie die pastorale Rolle und die Anforderungen des Pfarrberufes angenommen werden können,

c) die frühzeitige Bindung der Studierenden an die Kirche als potenzielle Dienstgeberin.“[68]

Dabei soll die Kirchliche Studienbegleitung nicht die wissenschaftlich-theologische Ausbildung an den Universitäten ersetzen, sondern dient der Personalentwicklung und -förderung im Hinblick auf den Pfarrberuf. Bewusst setzt sie erst nach der Zwischenprüfung an, „um nicht den Eindruck zu erwecken, das Theologiestudium sei allein auf den Pfarrberuf ausgerichtet oder die theologische Wissenschaft eine Art „Hilfswissenschaft“ für die praktischen Anforderungen des Pfarramtes“.[69]

Mit dem Aufbau einer Kirchlichen Studienbegleitung wird die Erfahrung aufgenommen, dass es sinnvoll ist, Studierende der Evangelischen Theologie mit dem Berufsziel Pfarramt schon frühzeitig zu begleiten, ihre Weiterentwicklung zu fördern, aber auch gegebenenfalls deutliche Bedenken zu signalisieren, wenn es fraglich erscheint, ob aufgrund der per-

---

66 Synode der EKHN (2015), Drucksache 9/2015, 2.

67 Vgl. dazu Müller (2016), 25–27.

68 Synode der EKHN (2015), Drucksache 9/2015, 2.

69 Synode der EKHN (2015), Drucksache 9/2015, 2.

sönlichen Eignung das Pfarramt der passende Beruf für den oder die Studierende(n) sein kann. Eine frühe berufliche Umorientierung ist so leichter möglich. Genau darum steht auch der Vertrauensschutz mit Mittelpunkt der Studienbegleitung: „Die Kirchliche Studienbegleitung hat keine Möglichkeit, den Studierenden den Weg in das Vikariat zu verwehren. Dies würde eine offene und vertrauensvolle Zusammenarbeit in den Gesprächen und Seminaren verhindern.“[70]

Die Auseinandersetzung mit der möglichen künftigen Berufsrolle als begleiteter selbstreflexiver Akt braucht notwendiger Weise Freiräume. In Aufnahme von Schleiermacher hat Henning Luther daher zu Recht formuliert: „Selbstreflexion als Rückbeziehung der theoretischen Prinzipien der zu erlernenden Wissenschaften auf das eigene Leben bedarf der Freiheit von äußerer Autorität.“[71]

Gleichzeitig wird aber auch mit der Einsicht ernst gemacht, dass es sich bei der Theologischen Ausbildung *insgesamt* um einen „einheitlichen, mit der Grundlegung nicht abgeschlossenen, sondern von sich aus auf ständiges Wachstum hin angelegten Bildungsprozesses“[72] handelt. „Bildung – persönliche ebenso wie berufliche – kann grundsätzlich nicht ‚produziert‘ und ‚erworben‘, sondern nur unter geeigneten Bedingungen ‚gewonnen‘ werden. Diese Einsicht des christlichen Glaubens gilt auch für die Bildung theologischer Kompetenz“.[73] An der Richtigkeit der bereits 1988 formulierten Grundsätze für die Ausbildung der Pfarrerinnen und Pfarrer in den Gliedkirchen der EKD hat daher sich nichts geändert, wenn es dort heißt:

„Die erste Phase legt im Kontext universitärer Bildung der Schwerpunkt darauf, durch den Gewinn unabdingbarer theologischer Kenntnisse und Einsichten zu der Grundfertigkeit vorzustoßen, diese Einsichten auch persönlich zu vertreten. [...] Die zweite Phase legt im Kontext des kirchlichen Vorbereitungsdienstes den Schwerpunkt auf den Gewinn der Fertigkeit, theologische Einsichten im Amt und gemäß seinen Anforderungen zur

70 Synode der EKHN (2015), Drucksache 9/2015, Anlage 3, 2.
71 Henning Luther (1976), 217.
72 Grundsätze für die Ausbildung (1988), 19.
73 Grundsätze für die Ausbildung (1988), 18.

Geltung zu bringen, und stößt auf diesem Wege zur Erweiterung und Konkretisierung der theologischen Kenntnisse und Einsichten vor".[74]

Der Kirchlichen Studienbegleitung kommt vor diesem Hintergrund die Aufgabe zu, bei der Erlangung, Einübung, Erprobung und Festigung der Grundfertigkeit, „theologische Einsichten und Kenntnisse persönlich zu vertreten", die Studierenden unterstützend und herausfordernd kritisch und mit qualifizierten Rückmeldungen zu begleiten. Deshalb müssen entsprechende Maßnahmen vorgehalten werden, mit denen sich die für die persönliche Eignung vorausgesetzten Fertigkeiten bewusst machen, erproben, einüben und weiter entwickeln lassen. Die Kirchliche Studienbegleitung hält deshalb verpflichtende und freiwillige Module vor.

Zu den *verpflichtenden Modulen* gehört zunächst das „Reflexionsgespräch" nach dem Gemeindepraktikum. Im so genannten „Entwicklungsseminar" wird den Studierenden in einem geschützten Raum Gelegenheit zur Einübung, Erprobung, Weiterentwicklung und Festigung ihrer Sprach-, Argumentations- und Dialogfähigkeit, Teamfähigkeit und sowie Fähigkeit zur Reflexion der eigenen Person gegeben. Dies wird durch qualifizierte Rückmeldung begleitet. Das „Perspektivgespräch" zu Beginn der Vorbereitung auf das Erste Theologische Examen dient dann dem „Rückblick auf das bisherige Studium und die besuchten Module der Studienbegleitung. Universitäre und außeruniversitäre Schwerpunkte aus dem Hauptstudium und das gewonnene theologische Profil werden in den Blick genommen, die persönliche Entwicklung wird reflektiert. Auch die Frage nach dem Umgang mit eigenen Glaubensquellen kommt zur Sprache. Das Gespräch soll schließlich einen Ausblick auf die Zweite Ausbildungsphase ermöglichen: persönliche Voraussetzungen und Ziele für den Vorbereitungsdienst können formuliert und miteinander bedacht werden."[75]

Ebenfalls sind *freiwillige Module* Bestandteil der Kirchlichen Studienbegleitung. Dazu gehören Angebote zur speziellen Förderung von Teamfähigkeit, Kommunikationsfähigkeit und Selbstreflexion durch entsprechende Seminare oder Fortbildungen, aber auch individuelle Beratungs- und Begleitungsangebote in seelsorgerlicher, supervisorischer oder beratender

[74] Grundsätze für die Ausbildung (1988), 22.

[75] Synode der EKHN (2015), Drucksache 9/2015, Anlage 3, 4.

Hinsicht. So erfüllt die Kirchliche Studienbegleitung die Funktion einer „Eignungsberatung“, indem sie die „Selbstwahrnehmung der Studierenden über deren Qualifikation zum Pfarrdienst fördert“,[76] gleichzeitig aber konkrete Angebote zur Erlangung Erprobung und Einübung der notwendigen Fertigkeiten vorhält.

Darüber hinaus kommt der Kirchlichen Studienbegleitung auch eine *geistliche Dimension* zu, indem sie die Auseinandersetzung der Studierenden mit ihrem persönlichen Glauben im Zusammenhang mit den gewonnenen theologischen Kenntnisse und Einsichten fordert und fördert. Dies geschieht mit der Grundintention, Hilfestellungen zur selbstständigen Einübung einer „geistlichen Haltung“ anzubieten, um „bewusst zu machen, dass es für den Pfarrberuf wichtig ist, das Evangelium auch für sich selbst gelten zu lassen.“[77] Dies ist allerdings nicht mit einer „normativen Frömmigkeit“ oder gar ihrer Überprüfung zu verwechseln. Vielmehr geht es um die Begleitung bei der Frage nach der Selbstklärung der „vocatio interna“. Die Vollversammlung der GEKE hat deshalb zu Recht festgestellt: „Die Ordination ist eine auf Dauer angelegte Beauftragung, in der sich die Person vom Evangelium halten und in Anspruch nehmen lässt. Diesem Anspruch muss insbesondere die kirchliche Begleitung Studierender in der Ausbildung Rechnung tragen“[78]

Durch den Aufbau der Studienbegleitung wird so die bereits 2002 durch die Kammer für Ausbildung der EKHN gestellte Forderung eingelöst: „Eine die Motivation reflektierende und die Entwicklung begleitende individuelle Beratung im Studium und im Vikariat ist notwendig“[79]

Im Sinne einer Eignungsberatung im oben beschriebenen Sinne bereitet die Kirchliche Studienbegleitung somit in mehrfacher Hinsicht auf den Praktischen Probedienst vor: Sie verhilft zur Selbstklärung und Bewusstmachung der für die spätere Ausübung des Pfarramts notwendigen Fertigkeiten und bietet dafür Formate der Einübung und Erprobung. Darüber hinaus begleitet sie gleichzeitig die Klärung der „vocatio interna“.

---

[76] Synode der EKHN (2015), Drucksache 9/2015, Anlage 3, 1.

[77] Synode der EKHN (2015), Drucksache 9/2015, Anlage 3, 1.

[78] Bünker / Martin (2013), 194.

[79] Kammer für Ausbildung (2002), 130.

Wichtiger Bestandteil der Kirchlichen Studienbegleitung sind qualifizierte Rückmeldungen an die Studierenden, die neben einer entsprechenden Ermutigung, gegebenenfalls deutliche Zweifel an der Eignung für den Pfarrberuf beinhalten. Durch alle diese Komponenten verhilft die Kirchliche Studienbegleitung zur Förderung der „persönlichen Eignung".

Insofern ist es folgerichtig, wenn nach der Teilnahme an der Kirchlichen Studienbegleitung neben dem Ersten Examen keine gesonderte, punktuelle Überprüfung der „persönlichen Eignung" im Sinne der notwendigen Fertigkeiten stattfindet und in der EKHN auch im Vikariat neben dem Zweiten Examen nur gegebenenfalls aufgrund der Erfahrungen in der *gesamten Ausbildungsphase* die Feststellung erfolgt, dass die notwendigen Fertigkeiten für die Ausübung des Pfarrberufes nicht oder nicht ausreichend ausgeprägt oder vertieft werden konnten.

Eignungsberatung – wie sie in der Studienbegleitung geschieht – und Feststellung der Nichteignung sind darum sachgemäß zu unterscheiden.[80] Darum sieht das neue Einstellungsgesetz zu Recht vor, eine Überprüfung der Eignung nach dem Vikariat in einem rechtlich geregelten Verfahren nur anzustrengen, wenn durch die an der Ausbildung im Vikariat beteiligten Akteure Zweifel angemeldet worden sind.

Dadurch bleibt den Studierenden, die ein Theologiestudium mit Ersten Examen absolviert und die Kirchliche Studienbegleitung als Eignungsberatung durchlaufen haben, die Offenheit ihres Bildungsprozesses gewahrt. Es besteht nicht die Gefahr, durch Eignungsprüfungen einen „Vorgriff auf erst im Verlauf der ganzen Ausbildung zu erwerbenden Kompetenzen"[81] vorzunehmen.

Im Blick auf die gesamte Ausbildungsphase aus Studium und Vikariat sollen darum – so sieht es das Gesetz vor – die Fertigkeiten der „Fähigkeit zur Leitungstätigkeit" und „Konfliktfähigkeit" zu Recht erst in der zweiten Ausbildungsphase gezielt gefördert werden. Beide Fertigkeiten sind eng an die auszuübende Rolle als Pfarrerin oder Pfarrer gebunden und sind deshalb nicht ohne weiteres in die studentische Lebenswelt zu übertragen, sondern stehen – wenn sie in Eignungstest überprüft werden – in Gefahr mit

---

80 Zur Problematik von Eignungsprüfungen (2014), 173.

81 Zur Problematik von Eignungsprüfungen (2014), 173.

dem Bereich des Privaten vermischt zu werden, was dann oft – so zeigen es Erfahrungen – in entsprechenden Übungen als „übergriffig“ und „konstruiert“ erlebt wird.[82] Zu Recht wird in der Drucksache weiterhin festgestellt: „Das Kriterium ‚Fähigkeit zur glaubwürdigen Vertretung des eigenen christlichen Glaubens‘ bzw. ‚eigene geistliche Haltung‘ soll in beiden Ausbildungsphasen und im Rahmen der Fortbildung in den ersten Amtsjahren (FEA) gefördert werden. ‚Fähigkeit zur glaubwürdigen Vertretung des eigenen christlichen Glaubens‘ fällt mit den Anforderungen im Zweiten Theologischen Examen zusammen. Eine Schulstunde im Fach evangelische Religion, eine Predigt oder eine Seelsorgebegegnung bezeugen auf vielfältige Weise die ‚Fähigkeit zur glaubwürdigen Vertretung des eigenen christlichen Glaubens‘“[83] Erfüllt die Kirchliche Studienbegleitung die Funktion der Eignungsberatung mit dem beschriebenen Ziel, kann deshalb bei ihren Absolventen eine punktuelle Überprüfung der persönlichen Eignung entfallen.[84]

---

[82] Theologische Ausbildung (2014), 174. Das Kriterium „Belastbarkeit und Konfliktfähigkeit“ (e) setzt aber eine pastorale Praxis voraus, in der sich diese Fähigkeiten zeigen. Deshalb kann es erst im Vikariat erkennbar sein. Das Kriterium „Fähigkeit zur Leitungstätigkeit“ (a) lässt sich im Vikariat fördern – konkrete Erfahrungen in diesem Bereich werden in der Regel nicht im Vikariat, sondern erst im Pfarrdienst auf Probe gemacht. Die Kammer für Ausbildung hatte 2001 geraten: „Die Kriterien der persönlichen Eignung sollen im Rahmen der Neukonzeption der Einstellungsverfahren konzentriert und der Lebenssituation der Studierenden angepasst werden.“

[83] Synode der EKHN (2015), 4.

[84] Allerdings muss gegenwärtig bis zum vollständigen Aufbau der Kirchlichen Studienbegleitung überlegt werden, wie eine Überprüfung der persönlichen Eignung für Kandidatinnen und Kandidaten vorgenommen werden kann, die an keiner langfristen Eignungsberatung teilgenommen haben, wie sie die Kirchliche Studienbegleitung leisten wird.

Das Gesetz zur Neuordnung des Einstellungsverfahrens in den Pfarrdienst sieht für diesen Fall ein sogenanntes *„Aufnahmeseminar“* vor, dass aus „standardisierten Übungen“ zur Sprach-, Argumentations- und Dialogfähigkeit, Teamfähigkeit und zur Fähigkeit zur Reflexion der eigenen Person sowie einem Gespräch mit einer kirchenleitend besetzten Aufnahmekommission besteht. Dabei sind die Übungen so konzipiert, dass die Kandidatinnen und Kandidaten Situationen antreffen, die ihnen als Studierende der Evangelischen Theologie (aus dem Studium) vertraut sein sollten. So soll es den Kandidatinnen und Kandidaten ermöglicht werden, aus dem Studium gewonnene theologische Erkenntnisse und Einsichten persönlich zu vertreten. Beurteilt wird allerdings nicht der Inhalt der Präsentationen oder Gespräche, sondern die Beobachtung erfolgt anhand der

Die Unterscheidung zwischen der begleitenden Eignungsberatung und Förderung durch die Kirchliche Studienbegleitung einerseits und der nur ggf. im Ausnahmefall vorzunehmenden Feststellung der Nichteignung nach zweiten Ausbildungsphase des praktischen Vorbereitungsdienstes (Vikariat) andererseits, unterstützt die Ausbildung einer theologischen Kompetenz. Dadurch wird ausdrücklich kirchliche Personalverantwortung wahr-

---

drei Kriterien Sprach-, Argumentations- und Dialogfähigkeit, Teamfähigkeit und sowie Fähigkeit zur Reflexion der eigenen Person.

Versteht man wie oben beschrieben die persönliche Eignung als Teil der Theologischen Kompetenz und auf die entsprechenden theologische Sachthematik bezogen, kann eine Überprüfung der Eignung im Aufnahmeseminar nur in der Feststellung der Nichteignung bestehen. Das heißt, es kann nur um die Feststellung gehen, dass bei bestimmten Kandidatinnen und Kandidaten zum Zeitpunkt der Überprüfung das Mindestmaß der notwendigen Fertigkeiten anhand der Kriterien Sprach-, Argumentations- und Dialogfähigkeit, Teamfähigkeit und sowie Fähigkeit zur Reflexion der eigenen Person zur Ermöglichung eines Ausbildungszusammenhangs (noch) nicht ausreichend erkennbar sind. Vgl. auch *Kammer für Ausbildung (2001), 134f:* „Angemessener – gerade für eine Kirche – erscheint es, sie [die Kriterien] im Sinne eines Minimalanspruches zu verstehen und mit ihrer Hilfe lediglich die Nicht-Eignung für das Pfarramt festzustellen bzw. Entwicklungspotentiale zu entdecken und zu fördern." Für die Gestaltung eines Aufnahmeseminars heißt das: Es kann nicht um ein „Ranking" anhand von idealen Maximalanforderungen gehen, sondern um Ausschlusskriterien – vergleichbar, wie sie die Ausbildungsreferentenkonferenz der EKD 2009 empfohlen hat: „Ausschlusskriterien wären etwa gravierende Kommunikationsstörungen, manifeste Schwächen in der Selbstorganisation oder eklatante Diskrepanzen zwischen der Selbst- und Fremdwahrnehmung". Eine Konzentration auf die Überprüfung der Entwicklung der „Fertigkeit, die eigenen Einsichten, persönlich zu vertreten" schützt vor einer „Funktionalisierung der Person" und belässt letztlich diese Fertigkeiten, obwohl auf die Person bezogen, im Bereich der „beruflichen Eignung". Eine solche Zielsetzung und Konzentrierung schützt darüber hinaus davor, dass die oben genannten Fertigkeiten nicht als Teil der Theologischen Kompetenz, sondern als persönliche Charakterzüge wahrgenommen und bewertet werden.

Dabei darf auch nicht übersehen werden, dass die Ausprägung aller genannten „Fertigkeiten" und damit auch die Wahrnehmung durch die Beobachtenden bei standardisierten Übungen stets kontextbezogen sind. Sprach-, Argumentations- und Dialogfähigkeit sowie Teamfähigkeit oder die Fähigkeit zur Reflexion der eigenen Person sind in einer durch das Studium geprägten Lebensphase durchaus anders ausgeprägt und gefordert als im späteren Beruf. Übungen in einem standardisierten Verfahren haben sich danach auszurichten und sich auf die Überprüfung derjenigen Fertigkeiten zu beschränken, die zur Ausübung des pfarramtlichen Dienstes unerlässlich sind. Dabei sind sowohl Tendenzen einer Entprivatisierung als auch Perfektionszumutungen zu vermeiden.

genommen, gleichzeitig aber werden auch die Grenzen der Überprüfung einer persönlichen Eignung beachtet. Weil so Entwicklungsmöglichkeiten möglichst lange offen gehalten werden, kann auch einem christlichen Bildungsverständnis und Menschenbild eher entsprochen werden – oder mit Martin Luther gesprochen:

„Ich hab mein theologiam nit auff ein mal gelernt, sonder hab immer tieffer und tieffer grübeln mussen, da haben mich meine tentationes hin bracht."[85]

Literatur

Bünker, Michael, Friedrich, Martin (2013), zu Amt, Ordination, Episkopé und theologische Ausbildung (Leuenberger Texte 13), Leipzig 2013.

Drehsen, Volker (1998), Vom Amt zur Person: Wandlungen in der Amtsstruktur der protestantischen Volkskirche. Eine Standortbestimmung des Pfarrberufs aus praktisch-theologischer Sicht, in: IJPT 2 (1998), 263–280.

Drews, Paul (1905), Der evangelische Geistliche in der deutschen Vergangenheit (MDKG), Jena 1905.

Eger, Karl (1930), Art. Pfarrervorbildung und -bildung, B.1-B.7., in: RGG^2 IV, Tübingen 1930, 1135–1142.

Francke, August Hermann (1712) Idea studiosi theologiae, et monita pastoralia theologica, utraque primum separatim edita lingua germanica, iam autem in latinam versa et iunctim excusa, Halle 1712.

Grundsätze für die Ausbildung und Fortbildung der Pfarrer und Pfarrerinnen in den Gliedkirchen der EKD (1988), in: Ahme, Michael / Beintker, Michael / Beyer, Michael (Hgg.), Theologische Ausbildung in der EKD. Dokumente und Texte aus der Arbeit der Gemischten Kommission/Fachkommission I zur Reform des Theologiestudiums (Pfarramt und Diplom) 1993–2004, Leipzig 2005, 11–68.

Heimbrock, Hans-Günter / Von Kriegstein, Matthias (2002), Ausgangspunkte – Leitbegriffe – Dimensionen. Einleitung, in: dies. (Hgg.), Theologische Bildungsprozesse gestalten. Schritte zur Ausbildungsreform, Frankfurt 2002, 7–12.

Hermelink, Jan (2012), Berufung zur Freiheit und berufliche Kompetenz. Überlegungen zum Studium der Theologie (2012), in: ders., Kirche leiten in Person. Beiträge zu einer evangelischen Pastoraltheologie (APrTH 54), Leipzig 2014, 220–238.

[85] WA.TR 1,146, 12–14.

Hermelink, Jan (2013), Gegenwärtige Anforderungen an den Pfarrberuf. Empirische, soziologische und theologische Überlegungen, in: ders., Kirche leiten in Person. Beiträge zu einer evangelischen Pastoraltheologie (APrTH 54), Leipzig 2014, 239–263.

Herms, Eilert (1982), Die Lage der Theologiestudenten und die Aufgabe der Theologie, in: Pastoraltheologie 71 (1982) 414–430.

Herms, Eilert (1988), Die „Theologische Schule". Ihre Bedeutung für die Selbstgestaltung des evangelischen Christentums und seine sozialethische Praxis, in: Härle, Wilfried / Preul, Rainer (Hgg.), Marburger Jahrbuch Theologie II. Marburg 1988, 84–110.

Herms, Eilert (1990), Erfahrbare Kirche. Beiträge zur Ekklesiologie. Tübingen 1990.

Kammer für Ausbildung der Evangelischen Kirche in Hessen und Nassau (2001), Stellungnahme im Zusammenhang der Überprüfung des Assessment-Verfahrens (Juni 2001), in: Heimbrock, Hans-Günther / Von Kriegstein, Matthias (Hgg)., Theologische Bildungsprozesse gestalten. Schritte zur Ausbildungsreform, Frankfurt 2002, 123–135.

Karle, Isolde (2000), Der Pfarrberuf als Profession. Eine Berufstheorie im Kontext der modernen Gesellschaft (PThK 3), Gütersloh ²2001.

Klostermeier, Birgit (2011), Das unternehmerische Selbst in der Kirche. Eine Diskursanalyse (PThW 10), Berlin 2011.

Luther, Henning (1976), Wissenschaft als kommunikativer Bildungsprozess. Die Reform des Theologiestudiums im Rahmen einer diskursiven Hochschuldidaktik. Inaugural-Dissertation zur Erlangung der Doktorwürde des Fachbereichs Evangelische Theologie der Johannes Gutenberg-Universität Mainz, Mainz 1976.

Meireis, Torsten (1997), Theologiestudium im Kontext (APrTH), Berlin / New York 1997.

Niemeyer, August Hermann (1801), Zuschrift an Theologiestudierende über die sicherste Vorbereitung zum Examen und die zweckmäßigste Benutzung der Candidatenjahre. Nebst einem Abdruck der neuesten Instruction der Consistorien über die theologischen Prüfungen in sämtlichen Preußischen Landen, Halle 1801.

Müller, Rebecca (2016), Gemeinsam auf dem Weg. Das neue Einstellungsgesetz der EKHN, HPB 1/2016, 25–27.

Plagentz, Achim (2004), Vom Sparzwang zur Besserung der Ausbildung? Kirchentheoretische Überlegungen zum Zusammenhang von pastoraler Profession, Ausbildung und Selektion am Beispiel der EKHN, in: Peters, Thorsten /

Plagentz, Achim / Scherle, Peter, Gottes Profis? Re-Visionen des Pfarramt (Herborner Beiträge Band 2), Wuppertal 2004, 169–189.

Rahe, Wilhelm (1969), Verordnungen Friedrich-Wilhelms I. von Preußen zur Reform der theologischen Ausbildung, In: JVEKGW 62 (1969), 165–183.

Synode der EKHN (1997), Drucksache 12/1997.

Synode der EKHN (2005), Drucksache 125/2002.

Synode der EKHN (2015), Drucksache 09/2015.

Weyel, Birgit (2006), Praktische Bildung zum Pfarrberuf. Das Predigerseminar Wittenberg und die Entstehung einer zweiten Ausbildungsphase evangelischer Pfarrer in Preußen (BHTh 134), Tübingen 2006.

Wenke, J.G.W. (1817), Wie kann der geistliche Stand unter den Protestanten geachzteter und wirksamer werden? Ein Beytrag zur Verbesserung desselben im Preußischen Staate, Brandenburg 1817.

Wöller, Michael (2013), Die Zukunft der Ausbildung für den Pfarrdienst, in: Hirschler, Horst / Otte, Hans / Stäblein, Christian (Hgg.), Wort halten – gestern, heute, morgen. Festschrift zum 850-jährigen Jubiläum des Klosters Loccum, Göttingen, 2013, 349–361.

Zur Problematik von Eignungsprüfungen (2009), in: Beintker, Michael / Wöller, Michael, Theologische Ausbildung in der EKD. Dokumente und Texte aus der Arbeit der Gemischten Kommission/Fachkommission I zur Reform des Theologiestudiums (Pfarramt, Diplom und Magister Theologiae) 2005–2013, Leipzig 2014, 171–176.

Traumberuf Pfarrer/in?

Thesen zur Zukunft des Pfarrdienstes

Gabriele und Peter Scherle

Die heutige Debatte um den Pfarrberuf

1. „Traumberuf Pfarrer/in?“ – Manchmal gibt es daran nicht den geringsten Zweifel. Manchmal stellen sich jedoch Alpträume ein. Die Zweifel am „Traumberuf Pfarrer/in“ sind gewachsen. Deshalb wird seit einiger Zeit über die Zukunft des Pfarrberufs in den evangelischen Kirchen wieder intensiv diskutiert. Im Kontext der Anpassung der Kirchen an die gesellschaftlichen Entwicklungen – die eine geringere Zahl an Mitgliedern und finanzieller Leistungsfähigkeit erwarten lassen – wird auch erörtert, was die Pfarrerin, was den Pfarrer zukünftig ausmachen soll. Eine nicht unerhebliche Rolle spielen dabei die Ergebnisse der V. Kirchenmitgliedschaftsuntersuchung von 2012.
2. Neben Normierungsversuchen, wie etwa die Verabschiedung eines einheitlichen Pfarrdienstrecht durch die EKD-Synode (2010), und Veränderungen der Rahmenbedingungen, etwa durch Pfarrstellenbemessungen oder Pfarrdienstordnungen, entstehen in der praktischen Theologie eine Reihe von Leitbildern, die bezüglich des Pfarrberufs Orientierung verschaffen sollen.
3. Es scheint jedoch, dass sich diese Versuche ein Pfarrer-innenbild der Zukunft zu entwerfen, den tatsächlichen Bedingungen des Pfarrdienstes und dem objektiven Druck, unter dem der Pfarrberuf ausgeübt wird, noch nicht ausreichend stellen. Darum soll – zunächst jenseits normativer Pfarrbilder – ein Blick auf diese Bedingungen geworfen werden, auf die sich unsere Vorstellungen vom Pfarrberuf der Zukunft beziehen müs-

sen. Nur wenn sie an der Realität Maß nehmen, haben sie eine Chance auf Realisierung.

4. Zunächst soll kurz benannt werden, worin u.E. die objektiven Belastungen liegen, von denen aus wir versuchen, entsprechende Perspektiven zu entwickeln. Diese Belastungen lassen sich einerseits als Folgen von allfälligen Kirchenreformen und der gegenwärtigen Bedingungen des Pfarrdienstes beschreiben.

Die Erweiterung von Ansprüchen an den Pfarrdienst durch Kirchenreformprozesse

5. Wir fassen zunächst die Auswirkungen der Reformprozesse der letzten 150 Jahre knapp zusammen:
   (a) *Durch die Kirchenreformen des vergangenen Jahrhunderts haben sich zusätzliche Ansprüche auf das Pfarramt gelegt*: (seit der Mitte des 19. Jahrhunderts) ein geselliges Vereinsleben im Gemeindehaus zu gestalten, im Gemeindebüro die kirchengemeindliche Verwaltung zu managen und diakonisch aktiv zu werden; (seit den 1960er Jahren) in allen gesellschaftlichen Funktionsbereichen präsent sein; und zuletzt (seit den 1990er Jahren): Wachstum in einer schrumpfenden Kirche zu organisieren. All diese Ansprüche haben wir so verinnerlicht, dass es gar keines Drucks von außen mehr bedarf.
   (b) *In Zukunft muss eine geringere Zahl von Pfarrerinnen und Pfarrern die gestiegenen Erwartungen erfüllen.* Das Problem sind dabei nicht die fehlenden Mittel, sondern eine strukturelle Kluft zwischen den Einnahmen der Kirche und den Diensten, die die Kirche gesellschaftlich erbringen will. Durch den Abbau von (erst vor kurzem auf- und ausgebauten) ‚Sonderpfarrämtern' und die Kürzungen bei anderen kirchlichen Berufen (z.B. Gemeindepädagogik, Kirchenmusik, Küsterdienste) werden vor allem den Pfarrerinnen und Pfarrern in den Ortskirchengemeinden weitere Aufgaben übertragen. *Die in dem 2006 erschienenen Impulspapier der EKD „Kirche der Freiheit" vorgeschlagene Übernahme solcher Aufgaben durch Ehrenamtliche verkennt die Belastung der Ehrenamtlichen*

(c) *Insgesamt sind die Kirchen im Verhältnis zu ihren eigenen Ansprüchen chronisch unterfinanziert.* Diese strukturelle und gefühlte Unterfinanzierung ist unabhängig davon, wie sich die Mitgliederzahlen und die Kirchensteuereinnahmen entwickeln. Die Kirchen, auch die EKHN, haben ihre Aufgabenfelder ständig ausgeweitet und differenziert. So hat etwa die EKHN ihr Pfarrpersonal im Zeitraum zwischen 1956 und 1997 verdoppelt, obwohl seit 1968 die Mitgliederzahlen von damals 2,4 Millionen auf 1,9 Millionen im Jahre 1997 gesunken sind. Auch die Zahl der Gebäude hat sich vervielfacht. So übertrifft die Anzahl der von 1945 bis 2000 gebauter Kirchen die Zahl entsprechender Baumaßnahmen von der Reformation bis 1945. Diese Ausweitung von Aufgaben, Personal und Gebäuden bei abnehmender Mitgliederzahl war nur möglich, weil durch die Kirchensteuer Einnahmen generiert wurden, die an das Gesamtsteueraufkommen einer prosperierenden Gesellschaft gekoppelt waren. Ähnlich wie bei den Kommunen und Ländern übersteigen nun aber die in der Situation wachsender Steuereinnahmen übernommenen Aufgaben und die steigenden Belastungen aus Personal- und Gebäudeunterhaltungskosten die gegenwärtigen und zukünftigen Möglichkeiten der Finanzierung. Die Überdehnung der Kräfte hat eine historisch einmalige Ausnahmesituation geschaffen, die nicht mehr aufrechterhalten werden kann – und sollte.

(d) *Diese Überdehnung der Kräfte hat auch geistliche Folgen.* Überall begegnet ein inzwischen *besorgniserregender Grad an Erschöpfung*, nicht nur bei den Hauptamtlichen, sondern auch bei den Ehrenamtlichen. Dazu trägt u.E. vor allem bei, dass die eigene gute Arbeit ständig selbst entwertet wird. *Nie ist es genug, immer soll noch etwas Neues begonnen werden, ein Projekt oder eine Gruppe.* Dabei ist es doch so, dass überall zu viel gemacht wird, so viel, dass es selbst die Leitenden nicht mehr überblicken. Und mittendrin die Pfarrerinnen und Pfarrer, die zusätzlich damit zu kämpfen haben, dass es dem Pfarrberuf innerkirchlich zunehmend an Wertschätzung mangelt. Viel zu selten wird denen widersprochen, die die mutmaßlich reformatorische Auffassung vertreten, eigentlich seien ja alle Pfarrer und gerade die Nichtordinierten und Nichttheologen lebensnähere Verkündiger/innen als die berufenen Pfarrerinnen und Pfarrer. Hier rächt sich eine amtstheologische Ahnungslosigkeit, die der Ordination ihr Recht und ihre Würde nimmt und damit unmittelbar dem Pfarrdienst sein Gewicht und seinen Glanz bestreitet.

Beruf – Amt – Person
Die (gesellschaftlichen) Bedingungen des Pfarrdienstes

6. Nun zu den Bedingungen des Pfarrdienstes im engeren Sinn. Sie sollen unter den drei Aspekten „Beruf – Amt – Person" verhandelt werden. Zum einen ist der Pfarrdienst durch seine berufliche Verfasstheit eingebettet in die allgemeine Kultur beruflicher Erwerbsarbeit. Zum anderen lassen sich im Begriff „Amt" die gesellschaftlichen Erwartungen an den Pfarrdienst zusammenfassen, die sich in den letzten hundert Jahren drastisch verändert haben. Zum dritten sollen die Veränderungen im Blick auf die Personen beschrieben werden, die den Pfarrdienst aufnehmen bzw. aufnehmen wollen.

Beruf: Pfarrer/in
Die Form der Erwerbsarbeit als Bedingung des Pfarrdienstes

7. Zu den Bedingungen des Pfarrdienstes gehört seine Berufsförmigkeit. Der Pfarrberuf hat Anteil an dem in unserer Gesellschaft herrschenden Verständnis von Erwerbsarbeit, das zunächst kurz skizziert werden soll.
   (a) Zur Vorgeschichte gehört, dass die Reformation das kontemplative Leben theologisch ab- und die berufliche Arbeit aufgewertet hat. Die Aufklärung hat dann die Lohnarbeit utopisch aufgeladen, indem sie suggerierte, dass *berufliche, bezahlte Arbeit soziale Anerkennung, materielle Teilhabe, politische Partizipation und sinnhaftes Leben* vermittle. Dadurch erfuhr die nicht bezahlte Arbeit etwa in der Familie oder in anderen sozialen Zusammenhängen eine folgenreiche Diskriminierung.
   (b) Nachdem im 20. Jahrhundert auf Betreiben der Gewerkschaften eine Begrenzung der Arbeitslasten und -zeiten durchgesetzt wurde, hat

sich zu Beginn des 21. Jahrhunderts die Situation umgekehrt. *Der ursprünglich emanzipatorische Impuls, die strikte Trennung von Arbeit und Freizeit aufzuheben, so dass der oder die Arbeitende in ihrem Beruf sich verwirklichen könne und nicht selbstenfremdet zu „malochen" genötigt ist, hat sich in eine usurpierende Forderung verwandelt.* Nun wird Arbeit ihrerseits flexibilisiert und ausgedehnt. Sie greift nach dem Menschen in seiner Freizeit. So gilt die Forderung, ständig und überall erreichbar und arbeitsfähig zu sein, inzwischen nicht nur für Spitzenmanager. Sie befördert überdies das Gefühl zu den bedeutsamen Leistungs- und Verantwortungsträgern zu gehören. Gleichzeitig wird – über die vertraglich vereinbarte Arbeitskraft (einschließlich ihrer zeitlichen Begrenzung) hinaus – auf personale Fähigkeiten und Motivationen der Arbeitnehmer, also das gesamte „Arbeitsvermögen" zugegriffen.

(c) Arbeitgeber/innen (einschließlich der Kirchen und Gewerkschaften) nutzen dieses Phänomen, indem sie von einer disziplinierenden Führung (Fordismus), auf Führung durch Zielvereinbarungen, Budgetierung usw. (Postfordismus) umstellen, so dass die Arbeitnehmer/innen sich als ‚Ich-AG' verstehen. Die vertraglich begrenzte Arbeit wird dadurch personal, zeitlich und räumlich entgrenzt. Diese *Ideologie des Zugriffs auf die ganze Person*, die zur Selbstausbeutung des „Arbeitsvermögens" beiträgt, ist der wesentliche Grund für den so genannten ‚Burn-out'. Denn es ist nicht in erster Linie die Quantität der Arbeit, die Menschen ausbrennen lässt, sondern es ist die qualitative Leere, eine Entkernung durch Selbstausbeutung, die Erschöpfung und Depression hervorbringt. Es ist dieselbe qualitative Leere, die arbeitslose Menschen zu Tode langweilt und zum „bore-out" führt.

8. Der Pfarrdienst wurde von diesen kulturellen Mustern der beruflichen Arbeit mit geformt. Zwar ist nach wie vor das lebenslange Dienstverhältnis rechtlich bestimmend. Beamtete Pfarrerinnen und Pfarrer haben keine Arbeitsverträge. Sie erhalten kein Gehalt für erbrachte Arbeit, sondern werden alimentiert für einen Dienst, der ihre ganze Person (und ihre Familie) in Anspruch nimmt. Diese Rechtslage ist allerdings längst überformt von Ansprüchen, die sich aus dem jeweils gesellschaftlich herrschenden Bild der Erwerbsarbeit speisen. Ist die Kultur der Arbeit eine

andere, wie etwa in Schweden, wo Menschen, die mehr als 40 Stunden arbeiten als inkompetent gelten, weil sie ihre Arbeit nicht in der vorgesehenen Zeit schaffen, dann gilt das auch für Pfarrerinnen und Pfarrer. In Deutschland hat sich aber jenes andere Verständnis durchgesetzt, das die Arbeitszeit entgrenzt, das ganze Arbeitsvermögen fordert und der „Ich-AG“ alle Verantwortung für berufliches Scheitern zuschiebt. Wollen Pfarrer als leistungsfähig gelten, sollten sie immer volle Terminkalender haben, immer an die Grenzen ihrer Kraft gehen, dabei aber nie umfallen, denn das wäre ganz allein ihr Problem. Weil sie jedoch – anders als andere Berufe – aber doch dafür freigestellt sind, dass sie Zeit haben für andere, Zeit für die Lektüre von Bibel und Zeitung, Zeit für Gebet und Kontemplation, stehen sie in einer grundsätzlichen Spannung, die andere Berufe so nicht oder zumindest weniger spannungsgeladen kennen.

9. Gegenwärtig gibt es noch keine konsistente Antwort der Kirchen auf diese Herausforderung. In den evangelischen Kirchen wird gegenwärtig die Möglichkeit erkundet, inwiefern Pfarrdienstordnungen hier weiter helfen können. Sofern es sich dabei um eine Art Stellenbeschreibung handelt, ähnlich wie sie Arbeitnehmerinnen und Arbeitnehmer kennen, müssen dabei auch die Regeln des Arbeitsrechtes beachtet werden. Denn selbst wenn die Kirchen im Rahmen des Dienstrechtes frei sind, Arbeitszeiten im Pfarrdienst deutlich höher anzusetzen, so machten sie sich dadurch doch angreifbar. Demnach müsste von einer maximalen Wochenarbeitszeit von 48 Stunden ausgegangen werden, die nach dem Arbeitszeitgesetz auf keinen Fall überschritten werden darf. Da Pfarrerinnen und Pfarrer in der Regel länger arbeiten, müsste folglich in jeder Kirchengemeinde und für jede Stelle definiert werden, was in den 48 Stunden leistbar ist und was nicht. Eine solche Entwicklung enthielte zwar die Möglichkeit, das Verhältnis von Berufs- und Lebensförmigkeit wieder „stimmig“ zu machen. Doch je berufsförmiger der Pfarrdienst organisiert wird, desto weniger Lebensförmigkeit kann erwartet werden. Deshalb wäre es in der Folge unerlässlich, das halböffentliche Leben in Pfarrhäusern als eine Zumutung zu verstehen, die längst nicht für alle Pfarrerinnen und Pfarrer mehr gegeben ist und die deshalb honoriert

werden muss, z.B. mit der Anrechnung von 8 Stunden auf eine Arbeitszeit von 48 Stunden.

Gesellschaftliche Erwartungen an das Amt der Pfarrerin / des Pfarrers

10. Wenden wir uns nun den gesellschaftlichen Erwartungen an das „Amt" zu. Auch hier kann nur knapp skizziert werden. Die Erwartungen an das evangelische Pfarramt – mit seiner klassischen Verbindung von Hirte und Lehrer, von pastoraler Fürsorge und intellektueller Orientierung – haben sich seit dem 19. Jahrhundert massiv verändert.
    (a) In einem Staat mit starken Solidarsystemen und Wohlfahrtsverbänden gibt es fast keine diakonisch-fürsorglichen Erwartungen an das Pfarramt mehr. Zwar gibt es noch Reste dieser Kultur, wie z.B. die Erwartung von sozial Gestrandeten, im Pfarrhaus Geld zu bekommen oder ein offenes Ohr vorzufinden, aber auch nicht viel mehr. Möglicherweise wird diese Kompetenz in dem Maße angefragt, da staatliche und kommunale Fürsorgeeinrichtungen ausfallen, versagen, sich überlastet oder nicht zuständig zeigen. Nicht wenige Klientinnen und Klienten fallen durch die entsprechenden Raster. Grundsätzlich aber sind *Pfarrerinnen und Pfarrer hinsichtlich ihrer „pastoralen" Funktion hierzulande ersetzbar geworden*, ihre öffentliche „Hirten"-Rolle ist nur noch eingeschränkt gefragt und wertgeschätzt. Die Erfahrung pastoraler Bedeutungslosigkeit und Ohnmacht wird unterschiedlich verarbeitet. Einige suchen Gestaltungsmacht durch Übernahme von Managementaufgaben in diakonischen Einrichtungen (von Diakoniestationen bis zu diakonischen Unternehmen). Andere erfahren „Voll-Macht" in therapeutisch bestimmten Formen der Fürsorge und Beratung (von Einzelnen bis zu ganzen Organisationen). So verstärkt sich noch der Eindruck pastoraler Ersetzbarkeit im pfarramtlichen Alltag.
    (b) *Das Pfarramt hat praktisch alle obrigkeitlichen Funktionen verloren*, die ihm einst zukamen (standesamtliche und polizeiliche Funktion, geistliche Schulaufsicht, …). Pfarrerinnen und Pfarrer haben in diesem Prozess ihre obrigkeitliche Macht verloren, verteidigen bis heute aber den letzten Rest dieser sozialen Macht, den Pfarrzwang

in Gestalt der Dimissioriale. *Im Gegenzug haben sie an sozialer Nähe gewonnen.* Als Seelsorgerinnen und Seelsorger werden sie (z.B. beim Einkaufen) unmittelbarer in Anspruch genommen. Das führt – wie Befragungen im Stile etwa der KMU zeigen – zu einer wachsenden Anerkennung des Pfarramts (während die Institution Kirche an Anerkennung verloren hat) und einer verstärkten Belastung im Pfarrberuf: Die Pfarrerin und der Pfarrer sollen für alle Nöte offen und da sein, haben aber selbst keine entsprechenden Möglichkeiten machtvoller Intervention.

(c) Die öffentliche Lehre, die eng mit der obrigkeitlichen Funktion verbunden war, wird zwar weiter von Pfarrern und Pfarrerinnen erwartet („Das müssen sie als Pfarrerin ja sagen ... "), aber die darin liegenden Ansprüche an die Gestaltung des eigenen und des öffentlichen Lebens werden abgewehrt. Das ist ein besonders wunder Punkt: Wir sollen Zuspruch und Anspruch des Evangeliums laut werden lassen – aber fast keiner will darauf hören. Weil die Aufgabe der „öffentlichen" Gottesrede (in der Kirche und auf den Plätzen) deutlich erschwert ist, kommt es zu einem Rückzug auf „nichtöffentliche" Kommunikationssituationen (im Gemeindehaus) und zu einer Entwertung der theologischen Bildung selbst unter Pfarrerinnen und Pfarrern, wie eine Studie zur Berufszufriedenheit in der EKHN (2001) gezeigt hat. *Diese Krise der öffentlichen Gottesrede ist u.E. der Kern der Verunsicherung im Pfarrdienst.* Ihr entspricht die schleichende Marginalisierung der Theologie an der Universität. Weil der Theologie nicht mehr die Kraft zur Welterschließung zugetraut wird, ist das Selbstbewusstsein von Pfarrerinnen und Pfarrern erschüttert.

(d) Dazu ist es hilfreich, sich die gesellschaftlichen Umstände vor Augen zu halten. Heute ist der allgemeine Bildungsstand in der Gesellschaft wesentlich höher, so dass es viele Menschen gibt, die ihr Leben selbst (religiös) deuten können und wollen. Deshalb sind die intellektuellen Ansprüche an das Pfarramt in allen Lebenszusammenhängen heute höher. So treffen die Ordinierten in der Kirche auch auf selbstbewusste Synodale und Prädikantinnen, die sich selbst an der öffentlichen Verkündigung beteiligen wollen – und die zu Recht empfindlich reagieren, wenn Theologie als Machtmittel eingesetzt wird. Im Diskurs mit hochgebildeten und spezialisierten gesellschaftlichen Eliten wiederum wird eine religiöse Sprachfähigkeit erwartet, der Pfarrerinnen und Pfarrer heute nicht mehr selbstverständlich gerecht werden.

(e) Auch wenn es gegenwärtig nicht zum Thema gemacht wird: *es gibt eine tiefe amtstheologische Verunsicherung, deren Gewicht für die pastorale Identität der jungen Kandidatinnen und Kandidaten unterschätzt wird.* Im Raum der Evangelischen Kirchen in Europa (GEKE) und in Deutschland (EKD) gibt es seit Jahren eine festgefahrene theologische Debatte über die Bedeutung der Ordination. Die rein funktionale Bestimmung des Pfarramts, die sich eingebürgert hatte, hat das amtstheologische Missverständnis gefördert, durch die Taufe seien alle zum Pfarramt befähigt und zur öffentlichen Wortverkündigung und (potentiell) zur Sakramentsverwaltung ermächtigt. Durch die fehlende Unterscheidung zwischen allgemeiner Berufung, das Evangelium zu bezeugen, und spezieller Berufung, das Evangelium öffentlich(!) zu verkündigen scheint der Pfarrdienst grundsätzlich ersetzbar.

(f) Angesichts der Herausforderungen für die öffentliche Verkündigung spricht alles dafür, die Ansprüche an die theologische Ausbildung von Pfarrerinnen und Pfarrern eher zu erhöhen und gerade nicht zu vermindern. Wir brauchen nicht möglichst wenig Theologie, sondern mehr „öffentliche Theologie“, die in der Lage ist, das Evangelium in den pluralen Öffentlichkeiten der Gesellschaft auf entsprechendem Niveau und nachvollziehbarer gesellschaftlicher Relevanz im Gespräch zu halten. Die verhängnisvolle Alternative hieße, uns entgegen der Dynamik des Evangeliums in den binnenkirchlichen Raum zurückzuziehen. An diesem Anspruch wird sich auch die Ausbildung von Prädikantinnen und Prädikanten messen lassen müssen.

Die Pfarr-Person
Soziale Prägungen der Kandidatinnen und Kandidaten

11. Im 19. Jahrhundert war der Pfarrdienst – nicht zuletzt durch die neu eingerichtete gesamtkirchliche Besoldung und Ausbildung – zu einem bürgerlichen Beruf geworden und ein wesentlicher Teil der bürgerlichen

Eliten rekrutierte sich aus evangelischen Pfarrhäusern. Deshalb konnten Pfarrer von einer durch die gesellschaftliche Vernetzung gegebenen sozialen Wirksamkeit ausgehen. Auf eine solche Vernetzung konnte etwa der frühere EKD-Ratsvorsitzende Wolfgang Huber zurückgreifen. Dieser Zusammenhang löst sich in der zweiten Hälfte des 20. Jahrhunderts immer mehr auf. *Seit den 1950er Jahren stammen immer mehr Pfarrerinnen und Pfarrer aus so genannten „kleinbürgerlichen" Verhältnissen.* Die erhöhte soziale Mobilität der „nivellierten Mittelschichtsgesellschaft", die Bildungschancen, die in den 1960er Jahren in der Breite eröffnet werden, führen auch in der Pfarrer-innenschaft zu einer veränderten sozialen Zusammensetzung. Das macht die Kirche – neben der Politik – zu jenem gesellschaftlichen Bereich, in dem für eher dem kleinbürgerlichen Milieu entstammenden Bewerberinnen und Bewerber die größten sozialen Aufstiegschancen herrschen. Doch die veränderte soziale Herkunft hat auch einen Preis. Der selbstverständliche soziale Zusammenhang mit den und der Zugang zu anderen gesellschaftlichen Funktionseliten geht verloren. Damit schwindet das Zutrauen in eine ganz selbstverständliche Wirkung von Gleichen unter Gleichen. Der Zugang zu den oberen Schichten der Gesellschaft bleibt punktuell, da sich Aufsteiger an ihrem Habitus zu erkennen geben und aus dem inneren Kreis derer „da oben" ausgrenzen lassen. Pfarrerinnen und Pfarrer aus den unteren Mittelschichten haben zudem Teil an den Abstiegsängsten ihrer Eltern. Sie pflegen den „Habitus der Distinktion" nach unten. Daraus entsteht eine Zerrissenheit, die sich in dem Gefühl oder Wissen Ausdruck verschafft, zu denen „da oben" nicht gehören zu können und zu denen „da unten" nicht gehören zu wollen. Die Unsicherheit über den sozialen Ort kann zu übermäßigen Streben („Schaut her wie viel Geschmack ich habe und wie viel Kultur ich konsumiere!") wie zu rücksichtsloser Abgrenzung („Die haben ja keinerlei Geschmack und Kultur!") oder aber zu intellektueller Arroganz und Überheblichkeit („Mein Wissen ist mehr als Euer Getue!") führen. Dazu kommt eine Neigung, sich in übersichtlichen Kommunikationssituationen wohler zu fühlen, als in den unübersichtlichen pluralen Öffentlichkeiten. Der diffuse Druck, den viele im Pfarrdienst erleben, hat u.E. auch mit solchen

Herkunftsfragen zu tun. Sich den eigenen Ort im sozialen Feld bewusst zu machen, kann darum sehr entlastend wirken.

12. Heute kommt noch etwas anderes dazu. *Die Generation Y (wie die nach 1980 Geborenen genannt werden), die Generation also, die jetzt den Pfarrberuf aufnimmt, bringt eigene Prägungen ein.* Anders als die den Nachkriegsjahrgängen folgenden Babyboomer (1956–1965) und die Generation X (1965–1980) sind die heutigen Kandidatinnen und Kandidaten an einer strikten Abgrenzung von Arbeits- und Freizeit interessiert. Nicht nur junge Frauen, die in der Regel noch deutlich öfter als Männer die Familienarbeit mit einplanen, *versuchen die beruflichen Ansprüche zu begrenzen und wollen auch keine Karriere um jeden Preis.* Das mag schon eine Reaktion auf die Entgrenzung der Arbeit (einschließlich des Zugriffs auf das ganze „Arbeitsvermögen" einer Person) sein, die seit zwei Jahrzehnten um sich gegriffen hat. Das Berufsverständnis derjenigen, die aus der Generation Y in den Pfarrberuf streben, korrespondiert mit kirchenpolitischen Bestrebungen, die das Pfarramt immer berufsförmiger gestalten wollen. Dementsprechend lehnt diese Generation tendenziell auch den immer noch vorhandenen Anspruch ab, ihr ganzes Leben in Dienst nehmen zu lassen. Das Leben im Pfarrhaus, die ständige Ansprechbarkeit oder die Vereinnahmung der Familienmitglieder werden nicht mehr bejaht. So sehr sich das Bild vom freischaffenden Künstler (der keine Unterscheidung von Arbeits- und Freizeit kennt) erledigt hat, wird es im Blick auf die Generation Y nicht durch das Bild vom Filialleiter (von dem das ganze Arbeitsvermögen abgefordert wird, der also sein ‚Smartphone' immer und überall dabei und online hat) abgelöst werden.

13. In diesem Zusammenhang sollte auch die *These von der so genannten Feminisierung des Pfarrberufs* diskutiert werden. Zunächst einmal ist der Pfarrberuf – nach den Maßstäben der Berufssoziologie – mit ca. 70 % männlicher Kollegen immer noch eindeutig männlich bestimmt. Dass der Beruf heute von mehr jungen Frauen angestrebt wird – wir reden von 60 % der Studierenden – ist deshalb begrüßenswert. Sie tragen durch überdurchschnittliche Leistungen in Schule und Studium zum Bildungsniveau des Berufstandes bei. Allerdings ist ihre Berufswahl letztlich entscheidend davon beeinflusst, ob sie Beruf und Familie vereinba-

ren können. Anders als für die Männer, für die Karrierechancen, Bezahlung und gesellschaftlicher Status bei der Berufswahl wichtiger sind, ist es für sie oft kein Hindernis, dass der Pfarrberuf praktisch keine Karrieremöglichkeiten oder von jeder Leistung entkoppelte Gehälter kennt. Ob die wachsende Zahl von Frauen im Pfarramt die öffentliche Kirche befördert, kann gegenwärtig nicht gesagt werden. Einerseits könnte der Beruf für bürgerliche Frauen attraktiv genug sein, andererseits könnte es sein, dass die an sich fragliche Geschlechtsrollenzuschreibung oder die (unfreiwillige oder unbewusste) Annahme dieser Zuschreibung eine nach innen gerichtete Fürsorge-Haltung verstärkt. Es steht zu befürchten, dass so lange sich Frauen auf die Rolle als Seelsorgerin und Männer auf Leitungsaufgaben festlegen (lassen), die Gender-Festlegungen eine ungeahnte Verstärkung erfahren.

Spannungsfelder im Pfarrdienst der Zukunft

14. Die Folgen der Kirchenreformprozesse und die Bedingungen des Pfarrdienstes, die sich gegenwärtig abzeichnen, machen den Pfarrdienst nicht einfach zum Traumberuf. Dazu bedarf es der Gestaltung dieser Bedingungen. Im Geflecht unserer bisherigen Überlegungen lassen sich einige Spannungsfelder erkennen, die wir ernst nehmen und gestalten müssen.
    (a) Der kirchenpolitische Wille, an einer flächendeckenden pastoralen Versorgung festzuhalten, steht in Spannung zu den Bedürfnissen und den Möglichkeiten der Pfarrerinnen und Pfarrer, ihre Arbeit zu begrenzen. Vereinbaren lassen sich beide Pole u.E. dann, wenn es eine regionale Zuständigkeit von Pfarrkollegien gibt, in denen sich Pfarrerinnen und Pfarrer gegenseitig entlasten und stärken. Das spricht – noch deutlicher als bisher angenommen – dafür, die Bindung an bestimmte Stellen (z.B. durch Inhaberschaften von Pfarrstellen) zu lösen und die gesamtkirchliche Anbindung des Pfarrdienstes, sowie die Freiheit, die damit verbunden sein kann, deutlicher ins Bewusstsein zu heben.
    (b) Die Anforderungen an eine öffentliche Theologie stehen in Spannung zu den Voraussetzungen der Pfarramtskandidaten. Wir müssen einerseits davon ausgehen, dass die Aufgabe der öffentlichen Verkün-

digung – auch angesichts der atheistisch-naturalistischen und der religiösen Fundamentalismen – anspruchsvoller wird. Andererseits werden die Personen, die heute den Pfarrdienst anstreben, vor unübersichtlichen Öffentlichkeiten eher zurückschrecken und – so scheint es – der Theologie wenig zutrauen. Deshalb muss die Lust an der Theologie gestärkt und im Pfarrberuf als entscheidende Ressource gepflegt werden. Ein zukünftiges Leitbild sollte daher der theologischen Bildung während des Dienstes mehr Raum geben und die Fort- und Weiterbildung entsprechend ausbauen. Wir müssen den Mut zur „öffentlichen Theologie" fördern. Gleichzeitig muss an der Ängstlichkeit gearbeitet werden, die in der sozialen Herkunft der Pfarrerinnen und Pfarrer wurzelt. Nur wenn sie sich ihren Ort im sozialen Feld bewusst machen, werden sie frei von der Versuchung, ihren Geschmack zu verabsolutieren und können Menschen aller Milieus offen begegnen.

(c) Eine dritte Spannung ergibt sich für alle, die daran festhalten wollen, dass Pfarrerinnen und Pfarrer an der Leitung von Kirche beteiligt bleiben sollen: die Ausdehnung der Verantwortungsbereiche und die Konzentration auf die öffentliche Theologie stehen in Spannung. Hier können die Reduktion von Leitungsgremien und der Ausbau von Verwaltungsdiensten zwar weiterhelfen. Aber nur wenn die innerkirchlichen Organisations- und Reformprozesse ihre Dominanz verlieren, werden Lösungen möglich, bei denen Pfarrerinnen und Pfarrer getrost die öffentliche Verkündigung wahrnehmen können. Eine mögliche Maßnahme könnte darin bestehen, Pfarrerinnen und Pfarrer – zumal wenn sie in mehreren Kirchengemeinden Dienst tun – vom 1. und 2. Vorsitz in Kirchenvorständen zu befreien. Damit stärkte man den Dienst und das Selbstverständnis gemeindeleitender Kirchenvorstände. Angesichts der überall beklagten Überforderung von Ehrenamtlichen ginge das aber nur, wenn die professionelle Unterstützung der Kirchengemeinden in Fragen der Verwaltung und Bewirtschaftung verstärkt würde.

(d) Eine vierte Spannung hat mit den Finanzen der Kirche zu tun. Das eigentliche Problem besteht nicht darin, ob die Einnahmen weiter steigen oder nicht. Das Problem besteht darin, dass die Einnahmen in einem eklatanten Missverhältnis zu den Aufgaben stehen, die die Kirche wahrnehmen will. In der zweiten Hälfte des 20. Jahrhunderts hat sich die Kirche für fast alle gesellschaftlichen Problemlagen zuständig erklärt, neue Aufgaben definiert und Stellen eingerichtet. Sie wird nie genug Mittel haben, um diesen Ansprüchen gerecht zu werden und ist deshalb – selbst bei steigenden Einnahmen – chronisch unterfinanziert. Diese Spannung produziert ständig neue Debatten um „Ressourcenkonzentration", die jedoch ohne Aussicht auf Erfolg geführt werden, da jede Aufgabe theologisch begründet werden kann und jede „Prioritätenplanung" deshalb willkürlich wirkt. Eben deshalb, weil diese Fragen prinzipiell nicht zu klären sind, muss entschieden werden. Es wäre geistlich unverantwortlich, sich um eine Entscheidung zu drücken – auch und gerade in Sachen Pfarrstellenbemessung.

Praktische Vorschläge, die den Pfarrberuf erstrebenswert machen könnten

15. Deshalb sollen zum Schluss einige praktische Vorschläge gemacht werden, die u.E. den Pfarrdienst für die zukünftige Generation attraktiv machen und die gegenwärtigen Pfarrerinnen und Pfarrer in ihrem Dienst stärken würden:
   (a) *Die Ordination* – die den Anspruch auf einen das ganze Leben umfassenden Dienst an Wort und Sakrament beinhaltet – *darf nicht relativiert werden und die theologische Bildung muss hoch gehalten werden.* (Wer Bibelschulniveau für ausreichend hält, hat den Anspruch aufgegeben, das Wort Gottes in unserer Gesellschaft öffentlich ins Gespräch zu bringen.)
   (b) Gegenwärtig wird immer wieder vorgeschlagen, den Pfarrdienst auf bestimmte „Kern-Handlungen", wie z.B. den Gottesdienst, zu begrenzen. Es wäre aber *sachgemäßer anstelle eines Kerngeschäfts eine „Grund-Haltung" zu definieren, die sich am Auftrag orientiert, den „Christus diakonos" öffentlich zu verkündigen.* Biblisch meint „diakonein" das „Dazwischengehen" in sozialen Zusammenhängen. So wie der biblische Gott als Schöpfer in seine Schöpfung eintritt und Mensch wird, sich also einmischt und dazwischen geht, so ist Christus „dazwischen gegangen", wo sein Dazwischengehen gefor-

dert war. Er verkündete öffentlich das Reich Gottes, von dem er behauptete, dass es mitten unter seinen Zuhörerinnen und Zuhörern anbricht. Er heilte Kranke, indem er zwischen die Krankheit und den Erkrankten trat und sie von ihm und ihn von ihr trennte. Er trieb Dämonen aus, indem er zwischen den Besessenen und seinen Dämon trat und ihm gebot, von ihm abzulassen. Man fand ihn bei (festlichen) Mahlzeiten aller Art zwischen den Essenden und Trinkenden verschiedenster sozialer und religiöser Gruppen. *Der Pfarrdienst ist bestimmt durch den „diakonischen" Auftrag* in jedweden Lebenszusammenhängen mit Wort und Sakrament öffentlich *„dazwischen zu gehen", wo die gegenwärtige Lebenswirklichkeit gegenüber der frohen Botschaft verschlossen bleibt, wo die Verhältnisse heillos und die Menschen besessen sind*. Ähnlich wie in der jesuanischen Praxis kann das nur exemplarisch geschehen. Es wäre vermessen, den Christus diakonos übertreffen zu wollen.

(c) *Der Pfarrdienst sollte noch deutlicher als bisher gesamtkirchlich geordnet werden.* Das kirchliche Verfassungs- und Verwaltungsgericht der EKHN etwa hat nicht umsonst in seinem Urteil zur so genannten „10-Jahres-Bilanzierung" mit Nachdruck daran erinnert, dass der Kirchenvorstand (KV) nicht Dienstvorgesetzter der Pfarrerin / des Pfarrers ist. Dem entspricht die Pflicht aller Pfarrerinnen für die Gesamtkirche und füreinander Verantwortung zu übernehmen. Wir sollten nicht vergessen, dass die wohl entscheidende Säule der Volkskirche die Einführung der zentralen Pfarrbesoldung im 19. Jahrhundert war. Dadurch haben alle Menschen Zugang zu Pfarrerinnen und Pfarrern, die dieselbe gründliche Ausbildung und dasselbe Gehalt haben. Will heißen: Die Zentralisierung des Pfarrdienstes sichert seine Unabhängigkeit! Im Gegenzug muss ebenso klar bleiben, dass *Kirchenvorstände entscheiden, wer als Pfarrerin / als Pfarrer für die Kirchengemeinde zuständig ist.* Wer sich für überschaubare Gemeindegrößen einsetzt, muss deshalb – bei deutlich weniger Pfarrstellen – eine gemeinsame Pfarrwahl mehrerer Kirchengemeinden ermöglichen. Dort, wo sich Pfarrkollegien gebildet haben, sollte auch das Kollegium eine Mitsprache bei Pfarrstellenbesetzungen bekommen.

(d) Damit es bei einem ausgedünnten Netz von Pfarrstellen möglich ist, allen Menschen auf dem Gebiet der evangelischen Kirchen Pfarrerinnen und Pfarrer bereit zu stellen, *sollte die Praxis isolierter Inhaberschaften beendet werden*. Stattdessen muss eine Pfarrstellenbemessung mit einbeziehen, dass es die Vereinbarkeit von Familie und Beruf erforderlich macht, Auszeiten mitzudenken. Ziel kann daher nicht eine möglichst große Zahl von (unbesetzten) Planstellen sein, sondern sogar eine Zahl, die unterhalb der verfügbaren Zahl von Pfarrerinnen und Pfarrern liegt. Angesichts des noch zunehmenden allgemeinen Fachkräfte- und Nachwuchsmangels werden auch Werbemaßnahmen der Kirchen (z.B. „Mach, was du glaubst“) keine beliebig große Zahl von Kandidatinnen und Kandidaten herbeizaubern können.

(e) *Der Pfarrdienst sollte grundsätzlich in Kollegien geordnet werden*, die sich auf sinnvolle Räume, wie z.B. ländliche Kirchspiele oder städtische Quartiere (die in der Regel kleiner als Dekanate bzw. Kirchenkreise sind), erstrecken. Die Kollegien üben kollegiale Beratung, teilen sich die pastorale Verantwortung und stärken einander mit Wort und Sakrament. Pfarrdienstordnungen stellen die notwendige Verbindlichkeit her. „Springer“, d.h. Pfarrpersonal, das die Planstellen (und die jeweilige Pfarrstellenbemessung) übersteigt, sichern die Vereinbarkeit von Familie und Beruf und die notwendige Zeit für theologische Fortbildung. In diesem Bild der „Pfarrkollegien“ könnten sich die erwartete Erreichbarkeit für die Menschen vor Ort und ein attraktive Struktur des Pfarrdienstes für die Generation Y (aber auch die älteren und noch jüngeren Pfarrerinnen und Pfarrer) vermitteln lassen. Zusätzlich ist wichtig: In Dekanaten bzw. Kirchenkreisen sollten die Pfarr-Kollegien in einen größeren Zusammenhang eingebettet sein. *Diese „mittlere Ebene“ soll die kontinuierliche Arbeit an einer „öffentlichen Theologie“ unterstützen*, die das Evangelium in allen Angelegenheiten ins Gespräch bringt (und so die Absolutheitsansprüche aller Weltanschauungen und gesellschaftlichen Mächte begrenzt).

(f) *Der Pfarrdienst sollte vom 1. und 2. Vorsitz in Kirchenvorständen befreit werden*, aber immer noch an der „geistlichen Leitung“ durch den KV beteiligt bleiben. Da Pfarrerinnen und Pfarrer immer nur auf Zeit einer Kirchengemeinde zugeordnet werden, muss die Letztverantwortung bei den Mitgliedern und ihren gewählten Vertretungen liegen. In der Frage der Zuordnung von Pfarramt und KV lassen sich in der gegenwärtigen Diskussion drei Typen von Pfarr- und Kirchenbildern unterscheiden:

i. Ein Typus schlägt vor, dass sich *die Arbeit von Pfarrerinnen und Pfarrern auf den Kern der pfarramtlichen Aufgabe konzentriert*. Je nach theologischer Präferenz soll dieser Kernbereich im religiös-spirituellen Handeln liegen (wie etwa das Bild vom „Mystagogen", dem „Führer in das Heilige" und der „geistlichen Begleiterin" nahelegen), im Orientierung schaffenden Bildungshandeln (wie etwa das Bild vom „Amt der Erinnerung" nahelegt, bei dem die Pfarrerin ein allen gemeinsames „kulturelles Gedächtnis" professionell pflegt) oder in der Identifikation der „Seelsorge" als Kernaufgabe. Solche Pfarrbilder tendieren dazu, die religiös-orientierende Aufgabe von der organisatorischen Leitung des Kirchenvorstands zu trennen. Dies käme der Struktur von Synagogengemeinden gleich, in denen der Rabbiner nicht zur Gemeindeleitung gehört, sondern allein durch Auslegung der Lehre (und Rechtsgutachten) orientierend wirkt.

ii. Ein zweiter Typ von Vorschlägen will *die Pfarrerzentrierung ausbauen, damit der Pfarrer seine Macht nutzt, um die Gaben der Gemeinde frei zu setzen* und orientiert sich an dem freikirchlichen Modell eines Hauptpastors, der mit einer großer Machtfülle agiert. Hierfür wird gerne das Bild des „Spielertrainers" angeboten, neuerdings auch das Bild des „Intendanten". In diesen Vorschlägen wird die Förderung der Gaben der Gläubigen verbunden mit der Ausdehnung pastoraler Macht auf die organisatorischen Aufgaben und auf die Zielvorgaben gemeindlicher Arbeit. Der in der Regel männlich gedachte Pfarrer soll – wie ein drittes Bild nahelegt – „geistlicher Manager" sein bzw. „leitender Geistlicher". Diese Pfarrbilder sind deshalb in der Regel mit der Vorstellung gekoppelt, einen zielgerichteten Gemeindeaufbau anzustreben, um auf dem religiösen Markt konkurrenzfähig zu sein und zu wachsen.

iii. Ein dritter Typ von Vorschlägen versucht *das Pfarrbild von dem*

Auftrag der „öffentlichen Lehre" her neu zu bestimmen, hat also weniger die Kirche als vielmehr die Gesellschaft im Blick. Das Pfarramt wird hier „auf der Schwelle" zwischen Kirche und Welt (Kirche und Stadt / Kirche und Dorf) angesiedelt, weil sich der Auftrag der öffentlichen Verkündigung an alle Welt richtet. Aus dieser Perspektive wäre die Definition eines Kernbereichs, wie z.B. der Gottesdienst, problematisch. Vielmehr sollen Pfarrerinnen und Pfarrer in allen Lebenszusammenhängen mit dem Wort „dazwischen gehen" und „öffentliche Theologie" betreiben. Vorschläge dieser Art wollen den volkskirchlichen Anspruch nicht aufgeben. Sie rütteln daher nicht an der Architektur unserer kirchlichen Verfassung, wonach die Leitungsgremien aus gewählten und berufenen Mitgliedern einerseits und ordinierten Pfarrerinnen und Pfarrern als geborenen Mitgliedern andererseits zusammengesetzt sind.

(g) *Die Gesamtkirche muss die nötigen Mittel bereitstellen, um die kirchengemeindliche Selbstverwaltung durch Ehrenamtliche auch möglich zu machen.* Wir brauchen dafür einen Ausbau anderer kirchlicher Berufe. Um in allen Regionen das gottesdienstliche und das gemeindliche Leben zu stärken, brauchen wir mehr Kirchenmusikerinnen und Gemeindepädagogen. Und wir brauchen neue Berufsbilder im Bereich Gemeindemanagement und Gebäudebewirtschaftung, die an den bisherigen Tätigkeiten von Gemeindesekretärinnen, Hausmeistern und Küstern anknüpfen. Damit die moderne Volkskirche möglich wird, in der nicht alle mit letzter Kraft eine überdehnte Struktur verteidigen, müssen die Unterstützungssysteme für die ehrenamtliche „geistliche Leitung" gestärkt werden.

(h) *Insgesamt müssen sich Pfarrbild und Kirchenbild entsprechen.* So wie die Pfarrerin auf der Schwelle zwischen Kirche und Marktplatz steht, um mit Wort und Sakrament (mittels einer öffentlichen Theologie) dazwischen zu gehen, so steht die Kirche selbst im öffentlichen Raum, um *Gott in der Öffentlichkeit zu bezeugen*. Die Kirche ist kein Selbstzweck und unsere Fixierung auf Finanzmittel und unsere eigene Existenz ist kein Zeugnis unserer Hoffnung.

(i) Damit sind wir beim letzten und vielleicht schwierigsten Punkt. *Wir müssen unsere Überdehnung hinsichtlich der Aufgaben, die wir uns selbst gegeben haben, beenden.* Wir machen als Kirche auf jeder Ebene zu viel und doch scheint es immer noch nicht genug. In dieser Haltung zeigt sich eine gewisse Hybris. Prozesse der „Ressourcenkonzentration" durch Definition von „Posterioritäten" haben aber deutlich gezeigt, dass es unmöglich ist, theologisch Prioritäten zu begründen, so dass sich eine Beschränkung der Aufgaben quasi mittels dieser Priorisierung ergäbe. Der kybernetische Lehrsatz dazu lautet: *Gerade weil Dinge unentscheidbar sind, müssen wir entscheiden.* Bei „geistlicher Leitung" geht es eben um Entscheidungen, die tief in die Fülle der Aufgaben und Dienste eingreifen. Dafür braucht es Kriterien, die kommunizierbar und kritisierbar sind. Deshalb nennen wir zum Abschluss ein Kriterium, das u.E. für eine moderne Volkskirche leitend sein kann: *Es ist wichtiger öffentlich „geistlich orientierend" zu wirken, als wohlfahrtsstaatliche Strukturen zu doppeln oder christliche Parallelwelten zu unterhalten.* Um es praktisch zu machen: Es ist wichtiger evangelische Erzieherinnen auszubilden, die auch in säkularen Einrichtungen qualifiziert zu wirken in der Lage sind, als allerorten eigene Kitas durch Kirchengemeinden zu betreiben. Es ist dementsprechend sinnvoll, kirchliche Kitas durch Dekanate / Kirchenkreise oder eigene Trägergesellschaften betreiben zu lassen, die religionspädagogische Arbeit aber in den Händen von Ortspfarrerinnen und Kirchengemeinden zu belassen. Was die christlichen Parallelwelten angeht, so sollten wir Gemeindehäuser nur aufrechterhalten, wo sie – statt als Wohnzimmer der Gemeinde zu fungieren – eine „Bürgerhaus"-Funktion übernehmen. In ländlichen Räumen gibt es schon Kirchengemeinden, die ihre Gemeindehäuser aufgegeben haben und mit ihren Veranstaltungen in die örtlichen Bürgerhäuser gehen.

16. „Traumberuf Pfarrer/in?" – Auf jeden Fall! Damit das aber so bleibt, dürfen wir uns nicht scheuen, das zu benennen und anzugehen, was im Pfarrdienst Alpträume verursacht. Was dazu als praktische Schlussfolgerungen vorgeschlagen wurde, ist nicht alternativlos. Es ist überhaupt nichts alternativlos – weder in der gesellschaftlichen Entwicklung noch in der Entwicklung der Kirche. Wir müssen uns aber entscheiden. Und

wir tun gut daran, nicht aus den Augen zu verlieren, dass jede Entscheidung irrtumsfähig und vergebungsbedürftig bleibt. Denn darin sollten wir zumindest einig sein: Wir leben von der Hoffnung, dass Gott mit unseren Bemühungen etwas anfangen kann und wird. Aber wir sind nur Zeugen dieser Hoffnung, wenn wir auch Aufgaben lassen können.

Autorinnen und Autoren

STEFAN CLAASS, Jg. 1960, verheiratet, zwei Töchter. Studium in Erlangen, Hamburg und Heidelberg, Vikariat in Worms, Auslandsjahr in den USA an der First Presbyterian Church und an der Southern Methodist University in Dallas, Texas. Bis 2011 Pfarrer in Mainz, seit 2012 Professor für Homiletik und Liturgik am Theologischen Seminar der EKHN in Herborn. Autor bei verschiedenen Gottesdienst-Reihen, 1998–2006 in der Rundfunkarbeit im SWR, 2007–2015 Sprecher beim „Wort zum Sonntag" in der ARD.

DOROTHEA HILLINGSHÄUSER, Jg. 1962, Pfarrerin. Studium der evangelischen Theologie in Frankfurt, Marburg und Hamburg. 1993 Vikariat in Biblis, 1996 Gemeindepfarrerin in Hainburg, 2000 Pfarrstelle zur Unterstützung des Kunstbeauftragten der EKHN, 2002 Pfarrerin für Stadtkirchenarbeit in Mainz, von 1996–2005 freiberufliche Tätigkeit im Bereich evangelischer Erwachsenenbildung mit den Schwerpunkten Bibliodrama, Meditation im Alltag und spirituellem Körperlernen, ab 2005 Referentin für geistliches Leben im Zentrum Verkündigung der EKHN in Frankfurt.

HOLGER LUDWIG, Jg. 1971, verheiratet, zwei Töchter. Studium der Evangelischen Theologie in Mainz und Marburg. Vikariat in Mainz-Hechtsheim sowie Assistenz am Theologischen Seminar Herborn im Fachbereich Kirchentheorie und Kybernetik. 2005–2015 Pfarrer in der Ev.-luth. Kirchengemeinde Obereisenhausen. 2009 Promotion am Institut für Ethik und angrenzende Sozialwissenschaften der Westfälischen Wilhelms-Universität Münster bei Prof. Dr. Hans-Richard Reuter über eine Arbeit zur Frage nach der Sozialgestalt der Kirche. Verschiedene Veröffentlichungen zur Ekklesiologie und Kirchentheorie. Seit 2015 als Oberkirchenat Leiter des Referates Personalförderung und Hochschulwesen im Dezernat 2 Personal der Kirchenverwaltung der EKHN.

THORSTEN MOOS, Jg. 1961, verheiratet, ein Sohn. Studium in Wuppertal, Heidelberg und Tübingen, 1988 Vikariat an der Bergstraße, 1991 Gemeindepfarrer in Darmstadt, 1994 Promotion in Erlangen über Konfirmandenarbeit und missionarischen Gemeindeaufbau, 1994 Schulpfarrer und Schulseelsorger in Darmstadt, daneben Lehraufträge an den Universitäten Zürich und Heidelberg und dem Theologischen Seminar Adelshofen, 2006 Vorsitzender des Konventes der Schulseelsorger/innen in der EKHN, Mitglied der 10. Synode der Evangelischen Kirche in Hessen und Nassau, Veröffentlichungen in den Bereichen Religionspädagogik und Kybernetik, seit 2010 Professor für Religionspädagogik am Theologischen Seminar der EKHN in Herborn.

GABRIELE SCHERLE, Jg. 1952, Pfarrerin und Sozialarbeiterin, seit 2006 Pröpstin für Rhein-Main und Mitglied der Kirchenleitung der Evangelischen Kirche in Hessen und Nassau (EKHN); Studium der Ev. Theologie und Judaistik; Gemeindepfarrerin in der Johannesgemeinde Neu-Isenburg, Gemeindeberaterin; Pfarrerin für Friedensarbeit; Dozentin für den Bereich Führung und Leitung im Burckhardthaus / Gelnhausen; Mitglied der EKD-Synode und der AG Juden und Christen beim Deutschen Evangelischen Kirchentag; Vorstandsmitglied der Martin-Niemöller-Stiftung und der Frankfurter Bibelgesellschaft. Seit 2014 Vorsitzende des Kleinen Konvents der Evangelischen Akademie Frankfurt.

PETER SCHERLE, geb. Schüttke, Jg. 1956, Pfarrer der Evangelischen Kirche in Hessen und Nassau. M. Phil. (Ecum.) der University of Dublin 1988; Dozent an der Irish School of Ecumenics 1989 bis 1990 und seitdem ‚visiting lecturer'; Promotion zum Dr. theol. an der Ruprecht-Karls-Universität Heidelberg 1998 (Fragliche Kirche. Ökumenik und Liturgik – Karl Barths ungehörte Anfrage an die ökumenische Bewegung, 1998). Seit August 2000 Professor für Kirchentheorie und Kybernetik am und seit 2002 Direktor des Theologischen

Seminars der Evangelischen Kirche in Hessen und Nassau in Herborn; seit 2003 Mitglied im Theologischen Ausschuss der Union Evangelischer Kirchen (UEK); seit 2005 Mitglied im Vorstand der Hessischen Lutherstiftung.

KLAUS-VOLKER SCHÜTZ, Jg. 1956, Pfarrer und Pastoralpsychologe (DGfP), Theologiestudium in Frankfurt und Mainz, Promotion zum Dr. theol. an der Johannes Gutenberg-Universität Mainz bei Prof. Gert Otto im Fach Praktische Theologie mit einer Studie zur Rezeption von Gruppenverfahren in der Praktischen Theologie (Gruppenarbeit in der Kirche. Methoden angewandter Sozialpsychologie in Seelsorge, Religionspädagogik und Erwachsenenbildung, Mainz 1989), 1989 bis 2000 Gemeindepfarrer in Geisenheim im Rheingau, seit 2000 Propst für Rheinhessen der EKHN, Veröffentlichungen zu pastoralpsychologischen und liturgischen Themen (Gruppenforschung und Gruppenarbeit. Theoretische Grundlagen und Praxismodelle, Mainz 1989. Ein Leib viele Glieder. Die Beziehung von Körper und Gruppe. Versuch eines Überblicks, in: Hahn, Schraut, Schütz, Wagner (Hgg.), Beachte die Körpersignale, Mainz 1991, Früchte des Zorns. Gruppe, Gruppenleitung und Aggression gem. mit Christel Wagner, in: Hahn, Schraut, Schütz, Wagner (Hgg.), Aggression in Gruppen, Mainz 1994 u.a.m.), gruppenpädagogische und psychotherapeutische Ausbildung.

CONSTANZE THIERFELDER, Jg. 1962, Pfarrerin und Pastoralpsychologin (DGfP), 1981 Abitur in Pforzheim, Studium der Evangelischen Theologie in Kiel, Genf und Marburg. Studienaufenthalt in der Demokratischen Republik Kongo (Zaire). Lehr- und Pfarrvikariat in Karlsruhe und Lahr. 1991 Ordination zur Pfarrerin der EKiBa, 1992/93 Stipendium des ÖRK am Protestant Episcopal Seminary of Virginia in Alexandria und am Theological Consortium of Washington D.C., Promotionsstipendium am Graduiertenkolleg „Religion in der Lebenswelt der Moderne“ an der Philipps-Universität Marburg, 1998 Abschluss der Dissertation „Gottes-Repräsentanz – Kritische Würdigung des religionspsychologischen Ansatzes von Ana-Maria Rizzuto“). Post-doc-Stipendium am Graduiertenkolleg „Wahrnehmung der Geschlechterdifferenz in religiösen Symbolsystemen“ an der Julius-Maximilians-Universität Würzburg und der Lutherstiftung der EKHN. 2004 Abschluss der Habilitation („Durch den Spiegel der Anderen. Wahrnehmung von Fremdheit und Differenz in Seelsorge und Beratung“). Seit 2005 Privatdozentin am Fachbereich Evangelische Theologie Marburg. 2004 Wechsel in die EKKW. 2004 Pfarrerin in Rotenburg-Altstadt. 2006 Pfarrerin in Wetter. 2013 Wechsel in die EKHN an das Theologische Seminar in Herborn als Professorin für Seelsorge. Beraterin, Supervisorin und Lehrsupervisorin in der DGfP, Sektion Tiefenpsychologie, Vorstandsmitglied der IAPT (International Academy of Practical Theology).